U0566790

国家社会科学基金重大项目
“东北（辽宁）老工业基地‘劳模文化’史料编纂及
当代价值研究”（15ZDB052）阶段性成果

东北老工业基地劳模文化研究丛书

# 东北老工业基地劳模人物传（黑龙江卷）

BIOGRAPHY OF MODEL WORKERS IN NORTHEAST OLD INDUSTRIAL BASE (HEILONGJIANG)

田鹏颖 李正鸿／编著

社会科学文献出版社
SOCIAL SCIENCES ACADEMIC PRESS (CHINA)

# 总　序

信者，中心愿也。文化自信从根本上而言是在理论认识、价值旨趣层面的根本认同，是更为基本、更深沉、更持久的力量。习近平总书记在《在哲学社会科学工作座谈会上的讲话》中指出："我们说要坚定中国特色社会主义道路自信、理论自信、制度自信，说到底是要坚定文化自信。"① 习近平总书记所讲的文化自信是指具有时代精神的，有中国特色、兼容并蓄的，以制度自信、理论自信、道路自信为基础，以社会主义核心价值观为主要标识的社会主义文化自信，是以中华优秀传统文化为背景，以国外文化资源为借鉴，以马克思主义中国化最新成果为指引的当代先进文化自信。这种自信不是单一继承的，也不是舶来品、山寨品，而是中国特色社会主义伟大实践所生成的具有"中国气象"的当代中国文化自信。

在近代外来文化的侵袭下，中国的文化自信从"天朝上国"沦落为崇洋媚外，出现过否定中华文化，甚至要消灭已有文化的历史境遇。历史一再证明，中国"仁义"义理文化构建不起当代文化自信，而外来文化（主要是西方文化）在当代社会正以席卷全域的方式改变和影响着中国人，在某种程度上可以说这是新的文化殖民。从年轻人的语言服饰到流行音乐，西方文化正影响和改变着当代中国人的价值追求和基本信念，无所适从者多，有坚定信念者少，一系列文化不自信、不自觉的社会现象和社会心态正在肆虐，加之文化、亚文化格局的多元化，中华传统文化的时代化、外来文化的合理性和当代中国文化的生成就不可避免地成为一个显性问题。

---

① 习近平：《在哲学社会科学工作座谈会上的讲话》，人民出版社，2016，第 17 页。

“潮平两岸阔，风正一帆悬。”当前中国人文社会科学研究面临的一项重要任务就是摆脱对外来学术的“学徒状态”，积极构建中国特色、中国风格、中国气派的话语体系。中国学术话语体系的构建，必须立足我们民族自身的语言基础之上，也必然植根于中国特色社会主义现代化发展和中华民族伟大复兴中国梦的实践之中。“劳模”是一种中国现象，也是产生于新中国工业化进程中的“中国式语言”；劳模文化作为中国社会主义进程中形成的先进文化，为社会主义建设和发展积累了丰富的“中国经验”。当前，揭示劳模文化所蕴含的中国式发展模式及其价值，有助于在世界发展进程中充分彰显中国精神、中国力量、中国道路的独特性，为中国学术话语体系的生成提供语言基础和实践支撑。

习近平总书记指出：“‘爱岗敬业、争创一流，艰苦奋斗、勇于创新，淡泊名利、甘于奉献’的劳模精神，生动诠释了社会主义核心价值观，是我们的宝贵精神财富和强大精神力量。”① 东北老工业基地是劳模精神重要的发源地之一，王进喜、孟泰、尉凤英、张成哲等曾经是家喻户晓的劳动模范。对这些劳动模范的学习、宣传、树立，形成了独具特色的东北劳模文化现象，这是当前我们弘扬劳模精神、劳动精神最重要的资源。

在探索和实践中国特色社会主义建设的道路上，东北较早建立了以重工业为主的工业体系，在中国工业发展历程中具有独特的、领先的历史地位，这种独特的历史进程与东北老工业基地特有的“勤劳、担当、朴实”的“黑土地”文化相融合，是东北劳动模范不断涌现的现实基础，更是东北劳模文化的精神生产规律的逻辑支撑。

观乎天文，以察时变；观乎人文，以化成天下。弘扬和发挥东北劳模文化、劳动精神、劳动价值观的积极作用，有助于鞭策和鼓舞东北人民在全面振兴的关键时期，坚定地“滚石上山，爬坡过坎”，而且可以为实现中华民族伟大复兴中国梦提供重要的精神力量。

文化兴国运兴，文化强民族强。劳模文化是社会主义社会中产生的精神现象，是社会主义核心价值观的典型体现。东北老工业基地劳模文化与

---

① 习近平：《在庆祝“五一”国际劳动节暨表彰全国劳动模范和先进工作者大会上的讲话》，人民出版社，2015，第4页。

中国特色社会主义工业化道路紧密联系，成为社会主义核心价值观的重要体现，也是当代中国劳模文化的杰出代表，与东北老工业基地的历史和东北的“黑土地”文化有内在的联系，将为当前推进“五位一体”总体布局、“四个全面”战略布局提供精神支持和文化动力。

全面振兴是以文化振兴为主要标志的，东北全面振兴需要东北地方文化的重塑与创新。文化软实力在一个地区的影响力和核心竞争力中的地位日益凸显，关乎地区整体形象、发展机遇。培育东北新劳模文化，挺立劳动精神，树立东北振兴的时代风标。劳模文化曾经是弘扬劳动精神、体现社会主义价值的重要载体，在东北有着深厚的历史渊源和社会土壤，一个个劳动模范不仅是那个时代的精神化身，而且其所体现的劳动精神具有跨越时代的精神魅力。以劳模文化的重构与市场经济的理念转化为重要抓手，重新梳理东北劳模文化的历史演进与基本特征，找准劳模文化与市场经济的契合点，有助于东北老工业基地的全面振兴。

东北老工业基地劳模文化研究，拓展了中国化马克思主义理论的研究视角和领域，深入阐释了社会主义核心价值观的本质内容构成，弥补了东北老工业基地劳模文化全面系统研究的缺失。马克思、恩格斯、列宁、毛泽东、邓小平等马克思主义思想家，十分重视劳动在人类历史发展中的作用，对劳动及劳动者给予特别的关注。马克思从唯物史观的视角论证并揭示了劳动在人类社会存在、文化形成、经济发展中的基础性地位和作用，把劳动看作人类社会实践活动中最基本的形式。马克思认为，文化研究要从“抽象思辨”向“必须从最顽强的事实出发”这一根本方法转变。经验的观察在任何情况下都应当根据经验来揭示社会结构和政治结构同生产的联系，而不应当带有任何神秘和思辨的色彩，现实生活正是描述人们实践活动和实际发展过程的真正的实证科学开始的地方。因此，文化和文化史的研究要从历史（现实）出发，遵循“让历史说话，让史实发言”的基本方法论原则，让劳模文化“从历史走来”。劳模文化是东北老工业基地文化的重要组成部分，对其进行深入、系统、全面的挖掘，既有利于当代咨政育人，又有利于为后者提供劳模文化历史遗产。因此，无论从马克思主义理论、史料学、文化学和哲学等学科研究与发展方面来看，还是从文学艺术创作、精神生产、管理科学以及核心价值观建构等方面来看，劳模文化研究都具有重要的理论意义和现实价值。

具有爱国主义传统的东北大学，始终坚守振兴民族、振奋民心之念，始终与时代同呼吸共命运。东北大学的微文化脱胎于东北大格局的传承和共性，“学术上求真、探索中求异、实践中求新”造就了东北大学的精神群像，这也是东北劳模文化在东北大学的集中体现，也是东北一代代劳模刚正不阿、服务社会的精神写照。

奋进在“双一流”建设中的东北大学，致力于成为文化传承、知识创造、科技创新和成果转化的引领者。传承“自强不息、知行合一”的校训精神，与时偕行、开拓创新、克己自强、乐于奉献。坚持与国家富强和民族复兴同向同行，以培育英才支撑民族振兴，以创新科技引领国家强盛，在国家建设发展中担当起大学使命。“东北老工业基地劳模文化研究丛书”的出版，是东北大学“扎根社会、引领发展”的又一力作，充分体现了东北大学人的学术自觉和文化自信。丛书难免挂一漏万，希望海内外的读者多提宝贵意见！

是为序。

# 目　录

# 前　言

## 劳模精神是振兴东北老工业基地的重要精神力量

田鹏颖

在马克思主义视野中，人民是核心概念，劳动是第一范畴，劳动创造历史是第一原理。劳动最光荣、劳动最崇高、劳动最伟大、劳动者最美丽。劳模精神是社会主义核心价值观的生动展现，为东北老工业基地全面振兴提供精神动力和价值引领。正如习近平总书记在庆祝“五一”国际劳动节暨表彰全国劳动模范和先进工作者大会上的讲话中指出的：“爱岗敬业、争创一流，艰苦奋斗、勇于创新，淡泊名利、甘于奉献的劳模精神，生动诠释了社会主义核心价值观，是我们的宝贵精神财富和强大精神力量。”[①]劳模精神代表了新时代中国特色社会主义的价值取向，按照马克思唯物史观的理论逻辑和中国特色社会主义发展的历史逻辑，劳动模范应当备受尊重，劳模精神也应当成为一种广受追崇的文化。全社会都应该尊敬劳动模范、弘扬劳模精神，让诚实劳动、勤勉工作蔚然成风，这是中国特色社会主义进入新时代所做出的价值判断，符合新时代中国特色社会主义文化建设的根本要求。

东北（辽宁）老工业基地是劳模精神重要的发源地之一，王进喜、孟泰、张成哲等曾经是家喻户晓的劳动模范，对这些劳动模范的学习、宣传、

① 习近平：《在庆祝“五一”国际劳动节暨表彰全国劳动模范和先进工作者大会上的讲话》，人民出版社，2015，第4页。

树立形成了独具特色的东北（辽宁）老工业基地劳模文化现象，这是新时代我们弘扬劳模精神、劳动精神最重要的资源。因而从历史的角度系统地展现这种文化现象，并深入挖掘其本质与特征，进而发挥其文化软实力的功能是当代中国社会科学研究者面临的课题，更是关涉当代中国精神文化的塑造、民族复兴的中国梦乃至东北老工业基地的全面振兴的重大理论与现实问题。

《东北老工业基地劳模人物传》（辽宁卷上、下册）、《东北老工业基地劳模人物传》（吉林卷）、《东北老工业基地劳模人物传》（黑龙江卷）是国家社会科学基金重大招标项目“东北（辽宁）老工业基地‘劳模文化’史料编纂及当代价值研究”的阶段性成果。《东北老工业基地劳模人物传》通过系统、完整地收集和编纂东北老工业基地劳模文化史料，对其进行创造性挖掘、抢救性保护，遵循“让历史说话，让史实发言”的原则，让劳模文化“从历史走来”。首先，到东北（辽宁）老工业基地劳模文化现象深处，挖掘劳模文化与中国传统文化、劳模文化与经济关系、劳模文化与政治制度、劳模文化与精神生产的内在逻辑关联，从而深刻把握劳模文化生成的规律性和创造性。其次，按照劳模文化生成、深化、发展的时间逻辑，从20世纪50年代、60年代、70年代、80年代、90年代，一直到21世纪前15年，对不同历史时期的劳模文化进行系统梳理。同时，按照地理空间的差异，对东北三省——辽宁、吉林、黑龙江不同地域、不同结构的劳模文化进行纵横交叉研究，形成了具有较强历史感、立体感、时代感的劳模群像和劳模文化图谱。另外，通过跨学科、综合性、多角度的研究，揭示其内在逻辑关系和当代价值，为新时代东北全面振兴提供有力的史料支撑和重要理论启迪。

新时代实现东北老工业基地“两个一百年”奋斗目标，需要弘扬“劳模精神”，为振兴东北老工业基地汇聚磅礴的精神力量。今天，我们比历史上任何时期都更接近、更有信心和能力实现中华民族伟大复兴的目标。伟大的事业需要伟大的精神，伟大的精神来自于伟大的人民。东北老工业基地新的伟大征程离不开劳动人民的辛勤劳动，离不开社会对劳动精神、劳模精神的弘扬。向伟大时代的劳模精神敬礼！你、我、他，就是中国特色社会主义新时代劳模精神的承担者。

# 东北老工业基地（黑龙江）劳模人物史料研究概述

劳模是工人阶级的一面旗帜，劳模是一种精神，劳模的故事需要代代相传。习近平总书记指出广大劳模以“高度的主人翁责任感、卓越的劳动创造、忘我的拼搏奉献，为全国各族人民树立了学习的榜样”[①]。“人民创造历史，劳动开创未来。劳动是推动人类社会进步的根本力量。幸福不会从天而降，梦想不会自动成真。实现我们的奋斗目标，开创我们的美好未来，必须紧紧依靠人民、始终为了人民，必须依靠辛勤劳动、诚实劳动、创造性劳动。”[②] 我们说“空谈误国，实干兴邦”，实干首先就要脚踏实地劳动。“在迈向未来的征程上，我们必须充分发挥我国工人阶级的重要作用，焕发他们的历史主动精神，调动劳动和创造的积极性。”[③] 因此，我们要加强对劳模人物史料的研究。

劳模人物史料是劳模事件的见证和劳模事迹的可靠来源，它能比较真实地反映东北老工业基地的劳模事迹。就东北老工业基地黑龙江劳模人物史料而言，文件类史料尤其是地方志史料中的人物志、工业志、劳动志类史料全景展现了改革开放前的黑龙江省国家级劳模。书报类史料则较为详细和客观地还原了黑龙江劳模事件和劳模评选机构、原则，但还不能做到全貌还原黑龙江劳模事迹。口碑类史料则更集中于极少数劳模事件和劳模人物事迹。

---

① 习近平：《在庆祝“五一”国际劳动节暨表彰全国劳动模范和先进工作者大会上的讲话》，人民出版社，2015，第 4 页。

② 《习近平谈治国理政》，外文出版社，2014，第 44 页。

③ 《习近平谈治国理政》，外文出版社，2014，第 44 页。

一般将史料区分为第一手史料和第二手史料。前者是指接近或直接在劳模人物产生当时所记录，可较直接作为劳模评价依据的史料，后者是指经过后人运用一手史料所做的研究及诠释，在本文中所称的史料，二者的界限并不明确。本文所称的劳模人物史料，既包括第一手史料，亦包括第二手史料。文中论述的黑龙江省史料分为四类。第一类为文件，包括黑龙江省人民政府地方志传文件、黑龙江省工会评选劳模文件和劳模个人书信文件等。第二类为书报，包括黑龙江省关于劳模的历史记录、历史著作、文献汇编。第三类为实物，包括生产工具、生活资料和历史事件的遗迹。第四类为口碑，包括黑龙江省劳模回忆录、劳模调查记录、黑龙江群众传说和劳模文艺作品等。

中华人民共和国成立以来，中央召开过全国性的劳模会议或以书面形式表彰全国劳模约 18 次。黑龙江省全国劳动模范、先进生产者、先进科技工作者、先进工作者约 1111 名。这些劳模为中华人民共和国的成立和建设以及改革开放做出了巨大贡献，有的甚至献出了生命。他们在全国政治生活、国家社会发展中，享有崇高的政治地位，受到党和国家的表彰，人们的高度赞扬，在全国人民的心目中享有崇高的威望。他们不愧是我们共和国的脊梁和支柱，是人们学习的榜样。但迄今为止，还没有一本为他们立传的书。

为了传播全国劳模的先进思想和先进事迹，为了铭记劳模的奋斗精神，弘扬铁人精神、北大荒精神、劳模精神，启迪后人，我们需要对东北（黑龙江）老工业基地劳模人物史料进一步进行挖掘和整理，以激励人民继承和发扬劳模精神、工匠精神，积极投身到社会主义现代化建设中去，不断做出新贡献。

## 一　东北（黑龙江）老工业基地劳模人物文件史料

东北（黑龙江）老工业基地劳模人物文件史料包括黑龙江省总工会评选劳模文件、黑龙江省人民政府地方志传文件和劳模个人书信文件等。

第一，东北（黑龙江）老工业基地劳模人物文件中的黑龙江省总工会评选劳模的文件。黑龙江省总工会评选劳模文件（至 1989 年的文件），已经移送到黑龙江省档案馆。1945 年，日本投降后，中国共产党很快进入东北黑龙江地区，成立了工会组织。黑龙江、嫩江、松江、合江四省和哈尔滨市总工会相继成立。1949 年 5 月，黑龙江、嫩江省合并为黑龙江省，松江、合江省合并为松江省，四省职工总工会合并为黑龙江、松江两省职工总工会。1954 年 8 月，黑龙江地区解放。黑龙江省、松江省合并为黑龙江省，两省职工总工会合并组成黑龙江省工会联合会。1959 年 2 月，黑龙江省工会联合会改称黑龙江省总工会。

第二，东北（黑龙江）老工业基地劳模人物文件史料中的黑龙江省地方志传文件。地方志史料中，具有较高史料价值的如下。

一是黑龙江省人物志类地方志史料。有黑龙江省志－第七十六卷－人物志[①]、哈尔滨市志－第 36 卷－人物志[②]、齐齐哈尔市志稿·人物志[③]、鸡西市志[④]、鹤岗市志[⑤]、双鸭山市志[⑥]、大庆市志[⑦]、伊春市志[⑧]、佳木斯市志[⑨]、七台河市志[⑩]、牡丹江志[⑪]、黑河地区志[⑫]、绥芬河市志[⑬]等。以上地方志中记载了黑龙江已故去的全国劳模。黑龙江省总工会评选劳模文件（至 1989 年的文件）已经移送到黑龙江省档案馆，不能全部公开，因此，公开出版的地方志当中编纂的劳模人物志成为了解劳模事迹和事件的不可多得的文件类史料。

二是黑龙江省工业志类史料。有黑龙江省电力工业志[⑭]、黑龙江省志石油工业志[⑮]、黑龙江省志－第二十四卷－机械工业志[⑯]、黑龙江省志－第二

① 黑龙江省地方志编纂委员会：《黑龙江省志－第七十六卷－人物志》，黑龙江人民出版社，1999。
② 哈尔滨市地方志编纂委员会：《哈尔滨市志－第 36 卷－人物志》，黑龙江人民出版社，1999。
③ 褚唤民：《齐齐哈尔市志稿·人物志》，齐齐哈尔地方办公室，1998。
④ 鸡西市地方志编纂委员会：《鸡西市志》，方志出版社，1996。
⑤ 鹤岗市地方志编纂委员会：《鹤岗市志》，黑龙江人民出版社，1990。
⑥ 双鸭山市地方志编纂委员会：《双鸭山市志》，中国展望出版社，1991。
⑦ 大庆市地方志编纂委员会：《大庆市志》，南京出版社，1988。
⑧ 伊春市地方志编纂委员会：《伊春市志》，黑龙江人民出版社，1995。
⑨ 佳木斯市地方志编纂委员会：《佳木斯市志》，中华书局，1996。
⑩ 七台河市编纂委员会：《七台河市志》，档案出版社，1992。
⑪ 编审委员会：《牡丹江志》，黑龙江人民出版社，1993。
⑫ 黑河地区编纂委员会：《黑河地区志》，三联书店，1996。
⑬ 绥芬河市地方志编纂委员：《绥芬河市志》，黑龙江人民出版社，2000。
⑭ 马世民：《黑龙江省电力工业志》，黑龙江人民出版社，1992。
⑮ 黑龙江省地方志编纂委员会：《黑龙江省志石油工业志》，黑龙江人民出版社，1988。
⑯ 时钟常：《黑龙江省志－第二十四卷－机械工业志》，黑龙江人民出版社，2003。

十八卷－手工业志[①]、黑龙江省志－第二十六卷－轻工业志[②]、黑龙江省志－第二十五卷－化学工业志[③]、黑龙江省志－第三十卷－建材工业志[④]、黑龙江省志－第二十四卷－电子工业志[⑤]、齐齐哈尔市志稿－工业志[⑥]。进一步梳理东北（黑龙江）老工业基地的工业志类史料，成为解读黑龙江国家级劳模的前提。

三是黑龙江省劳动志类史料。有黑龙江省志－第六十八卷－劳动志[⑦]、哈尔滨劳动志[⑧]、哈尔滨市志－23－劳动人事档案[⑨]、佳木斯市劳动志[⑩]。黑龙江劳动志类史料中包括劳动计划管理、城市劳动力管理、企业劳动力管理、技工培训、劳动争议管理、劳动工资管理、劳动保护安全管理等内容。进一步梳理东北（黑龙江）老工业基地的劳动志类史料，成为解读黑龙江国家级劳模的钥匙。

从整理和梳理的东北（黑龙江）老工业基地劳模人物文件史料来看，黑龙江省总工会评选劳模文件（至1989年的文件），已经移送到黑龙江省档案馆，不能全部公开。因此，地方志史料中的人物志、工业志、劳动志类史料成为全景展现改革开放前劳模的主要史料，也成为掌握黑龙江省国家级劳模全貌的重要支撑史料。

## 二 东北（黑龙江）老工业基地劳模人物书报史料

东北（黑龙江）老工业基地劳模人物书报史料包括黑龙江省关于劳模

---

① 李春阔：《黑龙江省志－第二十八卷－手工业志》，黑龙江人民出版社，2000。
② 金士儒：《黑龙江省志－第二十六卷－轻工业志》，黑龙江人民出版社，2001。
③ 刘守运：《黑龙江省志－第二十五卷－化学工业志》，黑龙江人民出版社，2003。
④ 杨丽彬：《黑龙江省志－第三十卷－建材工业志》，黑龙江人民出版社，2003。
⑤ 陆明山：《黑龙江省志－第二十四卷－电子工业志》，黑龙江人民出版社，2003。
⑥ 邢永绵：《齐齐哈尔市志稿－工业志》，齐齐哈尔市志总编室，1999。
⑦ 黑龙江省地方志编纂委员会：《黑龙江省志－第六十八卷－劳动志》，黑龙江人民出版社，1995。
⑧ 哈尔滨市劳动志编纂委员会：《哈尔滨劳动志》，黑龙江科学技术出版社，1991。
⑨ 哈尔滨市地方志编纂委员会：《哈尔滨市志－23－劳动人事档案》，黑龙江人民出版社，1997。
⑩ 佳木斯市劳动志编纂委员会：《佳木斯市劳动志》，佳木斯市劳动局，1993。

的历史记录、历史著作等文献。

第一，东北（黑龙江）老工业基地劳模人物历史记录史料中包括当时的通讯、报纸和期刊类史料等。

通讯类史料中，具有较高价值的有1950年新华社通讯报道的劳模评选原则。[①] 该报道详细论述了1950年工业劳模评选的甲、乙、丙三原则，具体如下。甲，当选条件：一切公营、私营的交通、工矿企业部门的工人、工程技术人员、管理人员、职员、工厂医务人员、工厂工会工作人员，具备下列条件之一者，即可当选为劳动模范代表：生产节约中有特殊贡献者；生产技术的发明者与改进者及重大合理化建议者；护厂斗争有特殊功绩者；支援前线有特殊功绩者；恢复交通有特殊功绩者；组织生产有显著成绩者；医务工作有显著成绩者；其他有特殊功绩者。乙，参加大会的工业劳动模范定为二百名，按地区分配如下：东北区五十名，华北区四十名，华东区四十名，中南区十七名，西南区十三名，西北区十名，内蒙古三名，铁路二十名，另由中华全国总工会直接评选七名。丙，参加大会的劳动模范代表的产生办法如下：除铁路劳动模范按产业由中国铁路工会全国委员会指导所属各级工会组织推选外，其余均按地区由大行政区总工会（或全国总工会办事处）指导所属各城市工会组织负责推选，华北区直接由中华全国总工会负责分配，由直属市总工会及省总工会负责推选。其中东北劳模共50人，分别为赵国有、马恒昌、赵岚、聂秉举、赵德惠、李景民、孟泰、杨明远、张文翰、孙照森、郭英忱、张子富、段忠珠、魏国钧、张秀英（女）、贾鼎勋、曲福明、王凤翔、李庆萱、刘献廷、施玉海、李乐廷、赵化南、赵庆夫、刘金良、贾德仁、徐万福、刘金贵、王纯文、刘芬江、王绍曾、常永芬（女）、王维本、卢兴文、方枕流、柳国喜、赵桂兰（女）、王兆达、刘茂有、宋世发、聂忠义、赵清、朱国华、邹奎文、马来吉、修龙起、董晨、王亚洲、邢兆开、刘长贵。

通讯类史料中，具有较高史料价值的还有1958年新华社通讯报道的有关王进喜的事迹，这也是王进喜的名字第一次出现在通讯类的史料。新华社报道内容的一部分是："去年，全国没有一个钻机能月进千公尺的，而今年9月份月进千公尺的井队就有九十二个。玉门王进喜钻井队更创造了月进五千零

---

① 新华社通讯，1950年7月30日。

九公尺的全国最高纪录。这个纪录在世界上也是少有的。这些情况表明，我国钻井速度已跨进世界先进行列。”[①] 20 世纪 50 ~ 70 年代报道劳模的报纸期刊类史料显得相对珍贵，亦成为了解这一时期黑龙江省全国劳模的重要支撑史料。其中，收集和整理比较完整的有王进喜等极少数劳模人物的史料。

报道王进喜的报纸类史料有：《中国青年报》1964 年 4 月 21 日刊登的大庆油田五面红旗王进喜、马德仁、段兴波、薛国邦、朱洪昌的合影；《人民日报》1964 年 4 月 20 报道的“大庆精神、大庆人”；《北京晚报》1966 年 1 月 6 日刊登的铁人王进喜的照片；《凉山报》1966 年 1 月 6 日报道的“工人阶级的光辉形象——王铁人”；《新民晚报》1966 年 1 月 13 日刊登的铁人王进喜的照片；《山西青年报》1966 年 1 月 11 日报道的“为革命艰苦奋斗一辈子——王进喜”；等等。1964 年 4 月 20 日，《人民日报》发表了记者袁木、范荣康撰写的报道“大庆精神、大庆人”，重点介绍了王进喜的先进事迹。[②] 王进喜当时对报道不满意（根据对王进喜进行访谈的孙宝范的回忆，王进喜认为这一稿件光写他一个人，没怎么写党的领导和大庆工人群众）。也有学者认为，这一稿件的很多内容来自新华社记者田流在大庆期间写的报道史料。但是，这篇报道是王进喜成为全国家喻户晓劳模的关键性事件，在王进喜劳模报纸类史料中具有极高的地位。

王进喜劳模期刊类史料有：《中国画报》1971 年第 9 期刊登的铁人王进喜的照片，《红小兵》1972 年第 5 期收录的铁人王进喜的连环画，《科学大众》1964 年第 6 期刊登的王进喜的照片，等等。其中《中国画报》1971 年第 9 期刊登的铁人王进喜的照片在期刊类和照片类史料中具有较高地位。

仅以 1950 年黑龙江国家级工业类劳模人物而言，有马恒昌、李庆萱、王维本、邢兆开四人，其中马恒昌的报纸期刊类史料较为典型。报纸类有：《吉林日报》1950 年 8 月 21 日报道的“劳模刘天惠学习马恒昌”；《工人日报》1951 年 1 月 23 日第 1 版报道的“开展马恒昌小组竞赛活动”；《人民日报》1951 年 6 月 13 日报道的“北京市庆各厂先进小组代表集会交流参加马恒昌小组竞赛经验”；《人民日报》1951 年 6 月 13 日第 3 版报道的“推广马

---

① 新华社通讯，1958 年 10 月 17 日。

② 袁木、范荣康：《大庆精神、大庆人》，《人民日报》1964 年 4 月 20 日。

恒昌小组的先进生产经验”；《宁夏日报》1978年8月28日报道的“授予马恒昌小组三大革命斗争的英雄集体称号”；等等。期刊类有：《新观察》1955年第15期刊登了马恒昌撰写的“用创造性的劳动实现五年计划”；《人民画报》1959年第23期刊登的马恒昌的照片；《机械工人技术资料》1978年第10期封面刊登的毛主席、华国锋接见马恒昌的图片；等等。

第二，东北（黑龙江）老工业基地劳模历史著作中包括传记、连环画、小说等文献。其中史料价值较高的有王进喜和马恒昌的相关历史著作。

与王进喜相关的历史著作有：《大庆“铁人”王进喜》[①]，《工人阶级的光辉形象——王铁人》[②]，山东人民出版社的《中国工人阶级的先锋战士铁人王进喜》[③]，人民出版社的《中国工人阶级的先锋战士铁人王进喜》[④]，河北人民出版社的《中国工人阶级的先锋战士铁人王进喜》[⑤]，湖北人民出版社的《中国工人阶级的先锋战士铁人王进喜》[⑥]，广西人民出版社的《铁人王进喜》[⑦]，甘肃人民出版社的《中国工人阶级的先锋战士铁人王进喜》[⑧]，人民美术出版社的《铁人王进喜》[⑨]，湖南人民出版社的《中国工人阶级的先锋战士铁人王进喜》[⑩]，《为革命艰苦奋斗一辈子》[⑪]，《当代工人学习铁人王进喜读本》[⑫]，《工人阶级的硬骨头：铁人王进喜》[⑬]，《铁人精神赞》[⑭]，《铁人王进喜伯伯的故事》[⑮]、中国和平出版社出版的《王进喜》[⑯]，《创业

① 《大庆“铁人”王进喜》，人民出版社，1966。

② 工人日报编辑部编《工人阶级的光辉形象——王铁人》，工人出版社，1966。

③ 《中国工人阶级的先锋战士铁人王进喜》，山东人民出版社，1972。

④ 王进喜：《中国工人阶级的先锋战士铁人王进喜》，人民出版社，1972。

⑤ 大庆革委会报道组：《中国工人阶级的先锋战士铁人王进喜》，河北人民出版社，1972。

⑥ 湖北人民出版社：《中国工人阶级的先锋战士铁人王进喜》，湖北人民出版社，1972。

⑦ 《铁人王进喜》，广西人民出版社，1972。

⑧ 《中国工人阶级的先锋战士铁人王进喜》，甘肃人民出版社，1972。

⑨ 《铁人王进喜》，人民美术出版社，1974。

⑩ 《中国工人阶级的先锋战士铁人王进喜》，湖南人民出版社，1972。

⑪ 王进喜：《为革命艰苦奋斗一辈子》，黑龙江人民出版社，1977。

⑫ 关志立：《当代工人学习铁人王进喜读本》，陕西人民出版社，1990。

⑬ 中共山东省委宣传部：《工人阶级的硬骨头：铁人王进喜》，山东文艺出版社，1996。

⑭ 中共黑龙江省委党的生活杂志社编《铁人精神赞》，上海人民出版社，1990。

⑮ 陈昆满、张小泉：《铁人王进喜伯伯的故事》，湖北少年儿童出版社，1991。

⑯ 刘深：《王进喜》，中国和平出版社，1996。

者》[1]，团结出版社出版的《王进喜》[2]，《铁人传》[3]，《铁人之歌》[4]，石油工业出版社出版的《铁人王进喜》[5]，《石油人生》[6]，《王进喜的故事》[7]，《为国争气的铁人王进喜》[8]，内蒙古少年儿童出版社出版的《王进喜》[9]，《读懂铁人》[10]，吉林人民出版社出版的《铁人王进喜》[11]。

马恒昌的相关历史著作如下。

《马恒昌先进生产小组》[12]、《推广马恒昌小组先进生产经验》[13]、《生产小组的好样子》[14]、《工厂工会如何领导开展马恒昌小组运动》[15]、《向马恒昌小组学习与应战》[16]、《马恒昌小组竞赛运动》[17]、《先进生产小组马恒昌的故事》[18]、《开展马恒昌小组竞赛运动》[19]、《上海工人向马恒昌小组应战中的创造改进》[20]、《上海工人学习马恒昌小组的经验》[21]、《谈谈马恒昌小组竞赛》[22]、《开展马恒昌小组竞赛运动》[23]、《向马恒昌小组学习》[24]、《我们为什

① 〔美〕杰弗里·蒂蒙斯：《创业者》，周伟民译，华夏出版社，2002。
② 王青云：《王进喜》，团结出版社，1999。
③ 大庆铁人传写作组：《铁人传》，石油工业出版社，2000。
④ 李国昌：《铁人之歌》，作家出版社，1992。
⑤ 张海韵：《铁人王进喜》，石油工业出版社，2009。
⑥ 薛涛：《石油人生》，红旗出版社，2005。
⑦ 李智：《王进喜的故事》，湖南人民出版社，2012。
⑧ 赵秋实：《为国争气的铁人王进喜》，吉林人民出版社，2011。
⑨ 范璐丹：《王进喜》，内蒙古少年儿童出版社，2002。
⑩ 田立英：《读懂铁人》，中共党史出版社，2012。
⑪ 许俊德：《铁人王进喜》，吉林人民出版社，2013。
⑫ 天津市总工会：《马恒昌先进生产小组》，知识书店，1950。
⑬ 东北总工会生产部：《推广马恒昌小组先进生产经验》，新华书店东北总分店，1950。
⑭ 东北总工会文教部：《生产小组的好样子》，东北新华书店，1950。
⑮ 云川、靖华：《工厂工会如何领导开展马恒昌小组运动》，山东人民出版社，1951。
⑯ 云川、靖华：《向马恒昌小组学习与应战》，山东人民出版社，1951。
⑰ 《马恒昌小组竞赛运动》，劳动出版社，1951。
⑱ 朱泽甫：《先进生产小组马恒昌的故事》，上海广益书局，1951。
⑲ 《开展马恒昌小组竞赛运动》，劳动出版社，1951。
⑳ 劳动编辑部编《上海工人向马恒昌小组应战中的创造改进》，劳动出版社，1951。
㉑ 上海总工会生产部：《上海工人学习马恒昌小组的经验》，劳动出版社，1951。
㉒ 王青：《谈谈马恒昌小组竞赛》，劳动出版社，1951。
㉓ 《开展马恒昌小组竞赛运动》，劳动出版社，1951。
㉔ 云川、靖华：《向马恒昌小组学习》，山东人民出版社，1951。

么需要和平》[①]、《마항창소조》[②]、《马恒昌小组的传家宝》[③]、《高举红旗十五年的马恒昌小组》[④]、《马恒昌小组在前进》[⑤]、《机械工业战线的英雄集体马恒昌小组》[⑥]、《马恒昌和他的小组》[⑦]、《桑恒昌论》[⑧]、《桑恒昌诗歌欣赏》[⑨]、《一位开国劳模的家事》[⑩]、《班组建设的旗帜》[⑪]、《马恒昌》[⑫]。

## 三　东北（黑龙江）老工业基地劳模人物和口碑史料

第一，东北（黑龙江）老工业基地劳模人物实物类史料。

劳模实物史料是劳模事件的见证和劳模事迹的可靠来源，它能比较真实地反映东北老工业基地的劳模事迹，具有形象直观性。劳模实物类史料指劳模工作过的工厂中的各类生产工具和工作遗址、工作建筑以及劳模生活中留下的各种生活用品等，这类劳模史料虽然多为片段性的，但也是劳模事件的见证和劳模事迹的可靠来源。因此，在劳模文化研究中，实物史料占有极为重要的地位。黑龙江劳模人物中，实物类史料具有典型意义的有王进喜劳模实物类史料和马恒昌劳模实物类史料。王进喜劳模实物类史料大多在大庆的王进喜纪念馆，还有一部分在甘肃玉门市铁人王进喜纪念馆，马恒昌劳模实物类史料大部分在马恒昌小组展览馆。

王进喜劳模实物类史料如下。一是王进喜带队的1205队参加大庆石油会战时打第一口井时用过的工具，贝乌－40型钻机刹把。40型钻机刹把是打井过程中使用的一种工具，在钻井过程中通过操控钻机刹把调整钻杆起

---

① 《我们为什么需要和平》，工人出版社，1951。

② 묘배시글:《마항창소조》, 연변교육출판사, 1952。

③ 聂兆昌、吴放：《马恒昌小组的传家宝》，工人出版社，1962。

④ 机械工业杂志编辑部编《高举红旗十五年的马恒昌小组》，中国工业出版社，1964。

⑤ 齐齐哈尔第二机床厂政治部：《马恒昌小组在前进》，黑龙江人民出版社，1977。

⑥ 《马恒昌小组》编委会：《机械工业战线的英雄集体马恒昌小组》，机械工业出版社，1979。

⑦ 丁世发：《马恒昌和他的小组》，沈阳出版社，1991。

⑧ 马启代：《桑恒昌论》，内蒙古人民出版社，1993。

⑨ 马启代：《桑恒昌诗歌欣赏》，天津人民出版社，1993。

⑩ 马春忠：《一位开国劳模的家事》，中国工人出版社，2007。

⑪ 中国机械工业企业管理协会：《班组建设的旗帜》，机械工业出版社，2009。

⑫ 马春忠编《马恒昌》，吉林文史出版社，2012。

落和钻机速度。其长 158 厘米、宽 9 厘米、厚 2.5 厘米，为国家一级文物。二是 1966 年 10 月 4 日，铁人王进喜在首都剧场遇见 19 岁的李光复时，为他签名留念的《毛主席语录》，铁人为他题写了五句话，五句话的内容为“讲进步不要忘了党，讲本领不要忘了群众，讲成绩不要忘了大多数，讲缺点不要忘了自己，讲现在不要割断历史”。三是铁人王进喜在出访阿尔巴尼亚时使用过的棕榈箱，2015 年被甘肃省文物部门鉴定为国家一级文物。该棕榈箱正前方有“王进喜 1965”的字样，这是 1965 年周恩来总理提议并批准王进喜作为中国石油代表团成员出访阿尔巴尼亚前专门订制的箱子，后由王进喜的亲属无偿地捐赠给了甘肃玉门市铁人王进喜纪念馆。四是王进喜带领 1205 钻井队在大庆打的第一口油井——萨 55 井。1960 年 4 月，铁人王进喜和队友们在极其困难的条件下，基本上通过人工安装钻机，打井开钻，并用 5 天零 4 个小时打完了这口井，创造了当时世界石油钻井史上的中国奇迹。“铁人第一口井”成为第七批全国重点文物保护单位。以上四件劳模实物在黑龙江劳模实物类史料中具有较高地位。

马恒昌劳模实物类史料大部分在马恒昌小组展览馆，馆内 10 个展台共展示了 220 件实物。有沈阳中捷镗床厂、沈阳中捷摇臂钻厂所送锦旗，马恒昌小组中日本籍老组员中村良一夫妇赠送的名为“中华巨龙”的瓷雕瓶等物品。

第二，东北（黑龙江）老工业基地劳模人物口碑类史料。

口碑类史料包括调查记录、回忆录、群众传说和文艺作品等。以王进喜劳模人物口碑类史料为例，调查纪录类史料中有较高史料价值的是 1966 年中央新闻电影纪录制片厂拍摄的“铁人王进喜”。1964 年是王进喜劳模事件的关键事件年，在诸多口碑类史料中，一是这一史料编辑的年份与 1964 年最近，二是编纂者为专业性很高的中央新闻电影纪录制片厂。因此，其在口碑类史料中更接近原状。

回忆录、群众传说类史料中有较高史料价值的有黑龙江人民出版社 2012 年出版的《听亲历者口述铁人》。由于编纂者孙宝范为研究铁人王进喜 50 年的学者，其把握口述史料的能力极高。此外还有玉门市赤金镇和平村农民王月明（王进喜的侄子）的口述，由甘肃记者张子艺整理，这一史料呈现的是王进喜早期的生活轨迹。

文艺作品类史料中有较高史料价值的有孙宝范编纂的大型纪实文学《铁人传》和《铁人：永远的旗帜》。此外还有长春电影制片厂1974年出品的《创业》以及长春电影制片厂2011年拍摄的《铁人王进喜》等。

综观东北（黑龙江）老工业基地劳模人物史料，文件类史料尤其是地方志史料中的人物志、工业志、劳动志类史料全景展现了改革开放前的黑龙江省国家级劳模。但也有遗憾：一是作为劳模第一手资料的黑龙江省总工会评选劳模的文件还不能全部公开；二是除了国家级劳模，省级和地方的劳模还无法全貌展现。书报类史料中历史记录类史料展现了改革开放前劳模评选的原则。历史著作类史料则较为详细和客观地还原了劳模事件，但没能全貌还原。口碑类史料则更集中于极少数劳模人物和劳模事件。

# 第一章　1950～1959 年东北（黑龙江）老工业基地全国劳动模范和全国先进生产者

## 苏广铭

苏广铭（1913～2005），男，山东平原县人。1927 年 1 月，苏广铭到哈尔滨市绩成铁工厂当学徒，之后进入哈尔滨机车车辆修理工厂做铣工。中华人民共和国成立之后，他历任哈尔滨机车车辆修理工厂工人技师、工程师，黑龙江省总工会副主席，省职工技术协作委员会主任。1956 年，他加入中国共产党，曾担任第二届至第五届全国人大代表，1956 年和 1959 年两次获得“全国先进生产者”称号。1959 年，周恩来总理在人民大会堂设国宴招待参加全国群英会的劳模们时对苏广铭说：“哈尔滨车辆厂是个老厂，你回去要带头搞设备改造啊。”[①] 自此，周总理的期望成了苏广铭终生奋斗的坚定信念。“据统计，从 1956 年起的 24 年间，他在车间里、机床旁实现技术革新 320 项，最多一项革新可以使功效提高 88 倍。”[②] 其中，他研制成功的“错齿片铣刀”“玉米铣刀”使工作效率提高 4～5 倍。1965 年，苏广铭创下四分钟加工一块轴瓦的全国最高纪录，是全国著名的技术革新能手，

① 曾江：《走在时间前面做时间的主人：金属加工领域的全国著名劳模苏广铭、王崇伦》，《金属加工》2008 年第 19 期。

② 曾江：《走在时间前面做时间的主人：金属加工领域的全国著名劳模苏广铭、王崇伦》，《金属加工》2008 年第 19 期。

被誉为“时间的主人”。

苏广铭出生于工人家庭，童年时期只念了一年的书。十二岁那年，他的母亲去世了，父亲失了业。苏广铭便跟着父亲东奔西跑，后来想了许多办法，托亲靠友，才找到了一个吃饭的地方。1927 年 1 月，苏广铭在哈尔滨市绩成铁工厂当学徒，学了六年才允许满徒。他在旧社会从事钳工和铣工二十年之久，受尽了资本家和日伪统治者的剥削和压迫。中华人民共和国成立后，苏广铭怀着翻身的喜悦，决定撸起袖子大干一场。当时，领导对他委以重任，把一项加工“钢背瓦”的任务交给了他。起初，苏广铭采用油钢刀加工，费力又不出活儿，这使他很是苦恼。此时，苏联专家给了他一把硬质合金刀，尝试之后，他深刻地体会到“手巧不如家什妙”。[①] 要完成任务不仅需要苦干，还要学会动脑筋想窍门。一次，苏广铭制作了一个一次可以上两个工作件的胎型，轮流卡活，减少了停车时间。不仅如此，他将高速切削运用于这个胎型，使生产效率提高了 8 倍。自此，苏广铭一门心思搞研究，不断提高技术和改进技术，攻克了许多生产难题。

苏广铭凭借着一股冲天的革命干劲儿，一方面贯彻实事求是的精神，另一方面又牢牢抓住技术革新这个法宝，积极采用先进刀具。1954 年，厂内急需完成生产二百个摇杆的艰巨任务。面对这种紧急情况，苏广铭毅然决定改进刀具，不仅保质保量完成了任务，而且节省了大量的钢材。在完成“大钩眼”任务时，他改用合金铣刀来操作，使工作效率提高了 3 倍。凭借着坚持不懈的努力和大胆的创新，他始终走在时间的前面。以生产定额水平计算，苏广铭用三年零一个月的时间提前完成了第一个五年计划的工作量，“共实现技术革新三十三项”。[②] 在第二个五年计划期间，他完成了九年半的巨大工作量，而且质量完全合乎标准，几乎不存在废品。“苏广铭用五年又两个多月完成了两个五年计划的工作量。”[③] 这一消息传出后，他收到了从全国各地寄来的热情洋溢的祝贺信。工人们来信要和他做朋友，向他学习；学生来信愿做他的孩子，立志将来做一个好工人；著名的中医

① 高明岐、黄耀道编著《中国职工劳模列传》，工人出版社，1985，第 77 页。

② 高明岐、黄耀道编著《中国职工劳模列传》，工人出版社，1985，第 78 页。

③ 姚平、安静：《苏广铭和孙茂松》，《中国工人》1959 年第 14 期。

来信，愿意在他生病的时候免费为他诊断……他的事迹广为流传，成为工人阶级队伍的表率。苏广铭像爱护自己的眼珠一样爱护自己的机床，模范地遵守劳动纪律和安全操作规程，没有出现过一次机器和人身事故。为表彰他做出的突出贡献，1956年，苏广铭出席了全国先进生产者代表会议，同时，被授予"全国先进生产者"称号。1959年，他再次光荣地出席了全国群英会，被再次评为"全国先进生产者"。

1956年，正值苏广铭出席全国先进生产者代表会议期间，根据国家铁道部的指令，要求在一个月内为越南生产2840个防止列车出轨的"卡子"。这种卡子有道槽，宽7毫米，深15毫米，槽里面还是弧形底，在用刨床加工的过程中存在一定难度，生产进度非常慢。鉴于这种产品的特殊性，苏广铭决定用两把刀共同作业，一把铣"平面"，一把铣道槽。同时，在机床上一次卡二十三个活，生产效率快速提高，仅用两天时间就加工出八百多个防止列车出轨的"卡子"，提前完成了这项艰巨的任务。

苏广铭坚持勤俭生产，爱厂如家。他一贯注重节约原材料，节约工具，积极收集废刀具进行翻新和再利用。"光从废品堆中拣来的废旧钻头一项，就为国家节约了上万元的资金。"[①] 1957年期间，他基本没有领用新的工具，坚持使用旧刀具。仅1956年和1957年两年，就翻新刀具182把，节约价值达3000余元。[②] 在工作中，苏广铭使用的是一台1928年出品的德国机床，在中华人民共和国成立前就已经报废了。但是，经过苏广铭的修理和改造，这台老机床的工作效率明显提高，从一分钟150转提高到一分钟450转，变废为宝。1959年初，哈尔滨机车车辆修理工厂从修理破旧车辆改为制造新货车。那么，这就面临着许多问题，不仅缺少必要的生产设备，而且生产任务繁重。顶着巨大的压力，苏广铭决定废物利用，用废旧铁轨和废旧材料制造土机床，以满足生产发展的需要。经过三天三夜加班加点地赶制，终于制造出一台小牛头刨床，并投入生产使用。1950～1959年，苏广铭带领同事们制造出二十四台土设备，为厂里节约了大量资金，收获了"节约能手""红管家"等赞誉。

---

① 高明岐、黄耀道编著《中国职工劳模列传》，工人出版社，1985，第80页。

② 机械工人编辑部编《先进铣工苏广铭》，机械工业出版社，1958，第6页。

苏广铭不仅自己搞技术革新，而且热心帮助其他员工解决技术难题；不仅虚心学习先进经验，而且自愿分享自己的经验心得。工人李春兰在加工“拱架柱”的时候遇到了瓶颈，苏广铭就主动帮助他改进了操作方法，生产效率提高了4倍。又一次，车间工人辛成国也热衷于改造工具，为了提高工作效率，他创造出在一个刀杆上安装三把刀的办法，计划将之运用到皮带运输小轴的加工过程中，但是，在试验的过程中遇到了难题，第三把刀因和顶尖抵触而行不通。苏广铭知道后，就帮他想办法，决定把顶尖铣去一块，成功地解决了这个生产难题。1958年1月，黑龙江省和哈尔滨市召开职工跃进广播大会，这时，苏广铭接受了孙茂松的挑战，二者开始了一场激烈而不失友谊的竞赛。也正是在竞赛的激励下，苏广铭取得了突出的成绩。苏广铭经常出去参加各种会议，主动支援外厂，仅1958年这一年，他的实际工作时间只有六个半月，但是，在这期间“实现了27项技术革新，完成了三十六个月的工作量”①。当时，尽管苏广铭的工龄（三十二年）和孙茂松的年龄一样大，虽然他比孙茂松更早成为全市、全省的劳动模范，但是，苏广铭仍旧主动向青年工人孙茂松学习，互相借鉴，共同进步，而且他还手把手地教会孙茂松使用苏联的玉米铣刀。

苏广铭不仅投身于技术革新，而且强调技术传承，具有高度的社会主义思想觉悟。1950～1959年，苏广铭培养出25名徒工，其中有15名成为车间的技术骨干，荣获车间红旗手的称号。十年内战结束后，苏广铭又恢复了往日的干劲儿，担任黑龙江省总工会副主席和黑龙江省职工技术协作委员会主任等职位。他带领技术协作委员会的队员们，走遍全省，努力搞好工农联盟，竭尽所能帮助农业社修理和安装农业设备，为农业生产提供保障。不仅如此，苏广铭积极投身于工业建设，先后帮助县办工业攻克技术难关；通过改进花色品种提高轻工业工厂产品质量，进一步提高经济效益和社会效益；救活了许多连年亏损的企业，为国家“四个现代化建设”做出了巨大贡献。

创新是引领发展的动力。苏广铭同志将毕生心血都投入到技术革新之中，具有高度的社会主义觉悟，牢固树立了自觉地为社会主义劳动的工人

① 姚平、安静：《苏广铭和孙茂松》，《中国工人》1959年第14期。

阶级高贵品质。多年来，党指向哪里，苏广铭就奔向哪里，他将满腔热血都投入到社会主义建设事业中。苏广铭的先进事迹深刻影响着一代又一代的青年工人，激励他们树立胸怀全局、献身“四化”的崇高理想。作为当代工人阶级中的一员，要以苏广铭同志为学习的榜样，关心祖国的前途和命运，为社会主义现代化建设贡献自己的智慧和力量。

编辑：豆莹莹

## 王进喜

王进喜（1923～1970），男，甘肃省玉门县人，中国共产党党员。他是中华人民共和国第一批石油钻探工人，中国工人阶级的杰出代表。1958年9月，王进喜钻井队实现了月钻井进尺的巨大突破，荣获“钢铁钻井队”的称号。1959年，他获得全国劳动模范荣誉称号，参加了全国群英会。他曾担任大庆油田钻井指挥部副指挥、大庆革委会副主任等职务。1969年4月，他出席党的第九次全国人民代表大会，并被选为中共中央委员。提及石油工人王进喜，人们总是习惯上称他为“铁人”。油井发生井喷的危急时刻，他毫不犹豫地冲出去，以身体为搅拌机，故有“铁人”之赞誉。他以实际行动诠释了何谓“铁人精神”，树立了中国工人阶级的典范，激励了一代又一代的石油工人努力拼搏。

由于家境贫寒，王进喜6岁时就和父亲沿街乞讨，后来给地主家放牛，9岁，和父亲一起出劳役。15岁时，他进入玉门石油公司当学徒。某种意义上，王进喜的童年为他积累了宝贵的人生财富，奠定了他以后的人生道路。王进喜送走了洋油时代，开创了中国石油工业的春天。

1938年，在玉门石油公司当学徒期间，王进喜在工作中砸伤了腿，资本家厂主把他赶出了大门。等到他的腿伤痊愈后，才重新谋了个差事。当时，玉门油矿的采油技术被美国师傅垄断了，工作十余年以来，他一直没有机会近距离接触钻井。不仅如此，工人的待遇不尽如人意，多年来，王进喜睡觉盖的是一张老羊皮，铺的是麦秸草，连一副铺盖卷也没有。苦难的经历和恶劣的生存环境，不仅没有使他退缩，反而给予了他努力拼搏的无限动力，增强了他对光明、自由生活的向往和期盼。中华人民共和国成立后，王进喜在甘肃玉门石油管理局勘探公司三大队从事石油开采工作，任副司钻。1956 年，他升任一二五九钻井队队长，以身作则，积极向党组织靠拢，同年加入中国共产党，自此开始了石油奋战的新征程。当时，中国的钻井技术还很落后，器材和经验都很匮乏。为了改变缺油的状况，支援我国的工业建设和发展，王进喜带领全队工人攻坚克难，并且提出了“月上千，年上万，钻透祁连山，玉门关上立标杆”① 这样一个鼓舞人心的口号，致力于多打井、多进尺。终于，1958 年，一二五九钻井队取得了新进展，创造了月进尺五千米的全国最高纪录，在我国中型钻机中处于领先水平，荣获“卫星井队”红旗一面，同时被授予“钢铁井队”称号。

王进喜爱井如命，一门心思全扑到石油上。1959 年，他搬到井上去住，为了多打井、多出油，几乎昼夜不停地拼命干。在老君庙打高压油井期间，发生了井喷，原油喷出一层楼台，在这种紧急情况下，王进喜冲上井台，扶住刹把，有序操作。最终，大家齐心协力控制了井喷，保住了油井。“到一九五九年，他带领钻井队共钻井进尺七万一千米，相当于旧中国四十二年钻井进尺的总和。”② 同年，王进喜出席全国群英会。在北京街头，他看见公共汽车上有人背着一个大口袋就感觉很奇怪，经询问得知是因为缺油不得不背着煤气包。顿时，王进喜感到很惭愧，“我是一个石油工人，眼看着没有油烧，让国家作这么大的难，还有脸问!”③ 自此，他清楚地认识到中国石油资源的状况，于是暗下决心，一定要开发出中国自己的大油田。当时，我国在大庆发现了一个大油田，中央决定抽调力量展开石油大会战。这个振奋人心的消息迅速传开了。面对西方国家对中国经济的限制，我国不得不依靠进口获得原油。1960 年，国际局面日益恶化，中苏关系已经开始紧张，苏联对我国实行经济和技术封锁。面对严峻的国际和国内局势，王进喜毅然决定向上级申请，要求去开发新油田。经上级批准后，王进喜随即率领钻井队三十二个石油工人动身去大庆参加夺油大会战。

钻井队刚到大庆市马家窑村时，条件相当困难。在如此寒冷的条件下，

---

① 高明岐、黄耀道编著《中国职工劳模列传》，工人出版社，1985，第 204 页。
② 高明岐、黄耀道编著《中国职工劳模列传》，工人出版社，1985，第 205 页。
③ 高明岐、黄耀道编著《中国职工劳模列传》，工人出版社，1985，第 205 页。

王进喜钻井队吃的是苞米面炒面，住的是四面透风的马棚。由于缺少必要的设备，工作进展得并不是那么顺利，钻机在火车上一时没办法卸下来。面对诸多困难，王进喜喊出："有条件要上，没有条件创造条件也要上，天大的困难都要上"[①]。他带领全队三十多个战友，想尽各种办法，手拉肩扛，硬是用一些简单的工具把 60 多吨重的钻机从火车上卸下来，搬运到作业场地，又依靠人力奋战三天三夜，安置好四十多米高的钻机。打井需要水，可是当时设施还不完备，没有水管线，开钻等水需要时间。为了抢时间，王进喜决定端水打井，他带着队员们，又动员附近的村民拿着脸盆、水桶到附近的水塘里取水。就是运用这种"笨拙"的方法，他们硬是"端出"了大庆油田第一口井。王进喜与钻井队的工人们不分昼夜奋战在井场，毫不懈怠，因此，人们称赞这支钻井队为"硬骨头钻井队"。

在大庆油田奋战的日子里，王进喜一门心思扑在石油上，不怕苦，不怕累。在生产作业的过程中，王进喜的腿被滚落的钻杆砸伤了，他毫不在意，伤还没好就偷着跑回了井队。由于行动不方便，王进喜就坐在井场上指挥。一次，第二口油井突然发生了井喷，钻机上六十多斤重的方瓦飞出了几十米高，如不立即采取措施，几十米的井架和钻机就可能被淹没。面对这种危急时刻，在没有重晶石粉的情况下，他立刻决定用水泥代替。当时没有搅拌机，他奋不顾身跳进了齐胸深的泥浆池里，用身体搅拌水泥和土。队员们都被他的精神所鼓舞，纷纷跳进去搅拌泥浆。经过三个多小时的连续奋战，终于制止住了井喷，为国家挽回了损失。等队员们把王进喜从泥浆中拉出来时，他身上却被碱性很强的泥浆烧起了大泡，伤腿也疼得动不了了。工人们深深地被王进喜的精神所折服，打心眼里敬佩他，称赞他为"铁人"。

在铁人精神的鼓舞下，钻井队的工人们齐心协力拿下了大油田，结束了中国使用"洋油"的历史。可以说，艰苦奋斗、自力更生的作风是大庆石油会战的传统，这种开拓进取的精神给中国石油工业带来了历史性突破。1966 年，在王进喜的领导下，钻井队经过十一个月的连续奋战，"突破钻井

① 高明岐、黄耀道编著《中国职工劳模列传》，工人出版社，1985，第 206 页。

进尺十万大关，创造了当时世界上的钻井最高纪录”[①]，为中国石油工业的发展做出了巨大的贡献。1966 年 6 月，王进喜随同中国石油代表团访问阿尔巴尼亚，借鉴欧洲革命的经验，主张“反帝反修”[②]，与阿尔巴尼亚建立了友好联系。

王进喜清楚地认识到，石油是国家工业发展的血液，而石油工人作为中国工人阶级的重要组成部分，担负着打井、出油的艰巨使命。王进喜相信共产党的领导，认为拼尽全力快速发展我国的石油工业就是对党、国家、人民负责。他坚持用马克思列宁主义、毛泽东思想指导实践，带领石油工人们学习《毛泽东选集》，紧抓“两论”，提高思想觉悟，不怕苦不怕难，紧跟毛主席，继续干革命，努力为人民创造幸福生活。

王进喜认为吃苦就是福，艰苦就是光荣，就像他说的“宁肯少活二十年，拼命也要拿下大油田”[③]。面对国家石油短缺的状况，作为共产党员，就要率先与各种困难作斗争，力争拿下大油田。

王进喜强调作风要严谨细致，把党的原则看得比生命还宝贵，做人做事始终坚持“三老四严”[④]，“三老”即当老实人，说老实话，办老实事；“四严”即严格的要求，严密的组织，严肃的态度，严明的纪律，要表里一致。油田的勘探和开采不仅需要一股子猛劲儿，更需要一股子钻劲儿，质量和产量并重，这一代石油人的工作要经得起子孙后代的检验，为油田负起责任。

王进喜坚持走群众路线，以身作则，带领群众参加劳动。他指出，即使晋升为一名领导干部，也不能忘了一个钻工的本分，离开劳动，离开群众就一定会犯错误。他坚持遇事向群众请教，多听取群众的意见和建议，能够切实维护群众利益，关心群众生活疾苦。

谦虚谨慎是王进喜一贯持有的人生态度，他总是将成绩和荣誉归功于党、国家和人民，总是能认清差距，激励自己不断进步。他坚持用毛主席“一分为二”的观点看大庆油田的发展状况，在实践中总结经验。正如他所

---

① 高明岐、黄耀道编著《中国职工劳模列传》，工人出版社，1985，第 208 页。

② “反帝反修”指中苏交恶，帝：帝国主义，修：南斯拉夫修正主义。

③ 高明岐、黄耀道编著《中国职工劳模列传》，工人出版社，1985，第 207 页。

④ 郭强：《“工业学大庆”：一面始终高扬的旗帜》，《工人日报》2009 年 7 月 6 日。

认为的那样，尽管我们在井喷的情况下跳进泥浆池压井受到了表扬，但是也要认识到油田开采过程中技术不足、作风不够过硬等缺陷，只有踏踏实实干，才能拿下大油田。

提及王进喜这个名字，其实就是在赞颂一代又一代为中国石油工业做出巨大贡献的石油工人。以王进喜为代表的一批石油工人用实际行动诠释了何谓“铁人精神”，铁人就要为国分忧，就要艰苦奋斗，就要克服困难，就要不断学习，就要严细作风，就要联系群众，就要谦虚谨慎。他们满怀斗志，迎难而上，改变了中国在石油领域落后的状况，使其一跃处于国际领先地位。伴随时代的进步，“铁人精神”焕发出新的生命力。习近平总书记在参加十二届全国人大四次会议黑龙江代表团审议时强调指出：“大庆就是全国的标杆和旗帜，大庆精神激励着工业战线广大干部群众奋发有为。中华民族从来都是在压力和挑战中前进的，也一定能继续在压力和挑战中不断前进。”① 因此，我们要打心底以王进喜为榜样，在他那奋发图强、艰苦创业、吃苦耐劳的“铁人精神”的指引下继续前进。

编辑：田鹏颖　豆莹莹

## 薛国邦

薛国邦，男，出生于1927年11月，甘肃省酒泉县人，1949年参加工作，1954年加入中国共产党，曾是甘肃省玉门石油管理局老君庙采油厂二矿场综合三队采油队长和修井技师，20世纪50年代全国石油战线上的“采油尖兵”。1954年，他被评为全国石油系统先进生产者，1958年，光荣地出席了全国社会主义建设积极分子代表大会，1959年，被评为全国劳动模范，出席甘肃省和全国工业建设“群英会”，并参加了中华人民共和国成立10周年的国庆大典。他于1960年参加大庆石油会战，同年被树为大庆会战初期的“五面红旗”之一，被誉为“永不卷刃的钢刀”。② 薛国邦历任大庆

① 转引自孟庆璐《习总书记一席话鼓舞了百万石油人》，人民网，http://energy.people.com.cn/n1/2016/0322/c71661-28218455.html，最后访问日期：2018年7月10日。

② 中华全国总工会编《中国工会百科全书》（上卷），经济管理出版社，1998，第826页。

采油指挥部二大队大队长，大庆采油一部副指挥、党委书记，大庆党委副书记兼总工会主席，1981 年 4 月起任大庆市委副书记、市人大常委会主任。他曾当选为第六届黑龙江省人大代表。薛国邦是大庆油田第一位采油队队长，[①] 1977 年被石油工业部授予“会战初期五位著名老标兵之一”的称号，1978 年，被评为黑龙江省劳动模范。

薛国邦的童年充满了苦难。13 岁时，他给地主家放牛，16 岁时就进入玉门油矿，在扬子公司当小工，靠劳力谋生，受尽官僚资本的统治和剥削，曾三次被赶出油矿。玉门解放之后，他成为中华人民共和国第一代采油工人，他以极大的热情、坚定的信念投入到社会主义建设中来。1958 年，薛国邦担任老君庙采油厂二矿场综合三队的队长，开始带领全队工人打采油战。玉门油矿是老矿，油田地下情况比较复杂，为此，薛国邦带领工人们进行地下摸索，并总结出一套“摸透油井脾气，熟悉油井历史，细致分析情况，大胆采取措施”[②] 的开采经验，发挥出玉门油矿更多的潜力。在薛国邦团队的共同努力下，原油日产量由 300 吨提高到 500 吨、700 吨、840 吨，到年底突破了千吨生产大关，全年提前 37 天完成 4234 吨原油生产计划。老君庙采油厂有一批长期停产的“顽固井”，造成了资源的浪费。工厂党委提出“围攻顽固井，提高油井利用率”的生产口号，决定改造这些闲置的油井，使其焕发出新的活力。凭借着一股钻劲儿，薛国邦采用大型压裂方法成功“唤醒”了已经停止生产的油井，为油田创造了新的价值。

1959 年春天，由于采油区地势低洼，玉门油矿发生了一场水灾。薛国邦采油队有 4 口高产油井被淹没，14 口油井的含水量逐日上升，严重影响了原油的产量。面对这种突发情况，薛国邦及时采取措施有效地解决了这一难题，不仅为油田挽回了损失，而且到年底超产原油 2000 多吨，保质保量地完成了国家计划。因此，薛国邦带领的采油队先后被命名为“红旗采油队”“跃进采油队”“标杆采油队”[③]。

20 世纪 60 年代初，薛国邦率领采油队从玉门油田奔赴我国东北参加大

① 大庆油田有限责任公司编《大庆油田企业文化辞典（50 年）》，石油工业出版社，2009，第 428 页。

② 童一秋：《红星闪闪进校园：劳模巡礼》，北京燕山出版社，2012，第 30 页。

③ 高明岐、黄耀道编著《中国职工劳模列传》，工人出版社，1985，第 268 页。

庆石油会战，为开发大庆油田做出了巨大的贡献。为了摘掉中国贫油国的帽子，薛国邦以“铁人”王进喜为榜样，充分发扬了革命加拼命的精神，力争拿下大油田。采油队刚到大庆时，他们先是在南部太平屯油田开井、投产采油。为了多打井、多出油，在没有运输工具的情况下，薛国邦带领队员们去抬运绞车，尽管他身患关节炎和肺病，但是仍然坚持抬着绞车走了二十里路，刚到家就累倒了。1960年3月11日，生产试验区的第一口油井——萨66井喷油，他带领采油队的同志们接管了这口井和附近几口陆续投产的油井。薛国邦带领采油的同志们忘我工作，艰苦创业，他强调：“石油是工业的血液，社会主义的命脉。现在国家缺油，我们豁出命来也要管好井，早出油、多出油，国家要多少，就出多少。只能多不能少！”① 为了管好这口油井，取得“四全四准”资料，为了给国家多生产原油，薛国邦不分昼夜地围着采油树转，摸摸这儿，听听那儿，看看压力，随时随地记录数据。遇到风雨天气，他更加认真谨慎，毫不懈怠。

一天，油井突然发生变化，原油产量急剧下降，费了半天力气也找不出原因，大家都急不可耐。这时，薛国邦抑制住心中的不安，冷静地思考解决的办法。他站在采油树跟前，侧着身子，静静地听出油的声音，继而蹲下观察套管的压力，又走上清蜡操作台，看看油管的压力，最后跳下操作台，迅速走到土油池旁边，看着油间歇地喷了半天，便豁然开朗了，原来是地面管线结了硬蜡所致。薛国邦和其他同志迅速排除了故障，油井又恢复了正常生产。大庆油田就是从薛国邦接管的这口油井首先取得了20项72个“四全四准”的资料，准确地掌握了油层情况，为石油大会战的全面展开创造了条件。

在大庆油田奋战的日子里，薛国邦经常不分昼夜地工作。白天带领工人们上井生产，晚上坚持学习和搞研究。1960年6月1日，在大庆油田刚出油的时候，上级领导决定为中华人民共和国运出第一列车原油。为了尽快把原油输送出去，上级决定把输送第一列车原油的艰巨任务交给薛国邦带领的采油队。当时，薛国邦因病住院，他没等病好，就跑回了采油队。接到任务之后，他夜以继日地在油井上工作，饿了就啃几口凉馒头，困了

---

① 童一秋：《红星闪闪进校园：劳模巡礼》，北京燕山出版社，2012，第31页。

就打个盹儿，休息完就接着干，毫不懈怠。由于天气寒冷，原油从井管里流进土油池时就凝固了，造成了输油泵打油受阻的问题。薛国邦知道这种情况后，带领队员们及时赶到。鉴于时间紧迫，为了把原油按时输送出去，他不顾重病在身，毅然脱掉棉衣，双手抱住高温蒸汽管，纵身跳进土油池，用蒸汽给凝固了的原油加温。在土油池里，薛国邦被熏得头昏脑涨，两眼模糊，脸色苍白，身体有些站立不稳。蒸汽管的高温把他的手灼伤了，他却全然不顾，凭借着顽强的毅力，一直坚持到将油罐车装满为止。工人们都被他这种不怕苦、不怕累、不怕牺牲的革命精神深深打动了，赞誉他为“永不卷刃的钢刀”“拼命干革命的先锋”①。

为了使工人们保质保量地生产，为了给国家多产油，1960 年 7 月 1 日，担任采油大队大队长的薛国邦带领工人们积极学地质，办“地宫”。“‘地宫’其实就是一个小型地下情况展览，通过资料、图片、曲线，甚至找点岩芯什么的把地下情况搬到地面上来展示，让工人们参观学习。”② 通过收集资料，集思广益，薛国邦为工人们呈现了一个生动形象的大油矿，清楚地展示了油田的地面情况和地下情况，以及油井的井史、井深结构图、地质曲线等资料。自此，“地宫”成为油田工人们学习和研究的“技术学院”，是提高技术水平的“研究室”。石油部、会战领导参观了他创办的“地宫”，给予了高度的肯定和表扬，号召大家向薛国邦同志学习。

薛国邦对待工作勤勤恳恳，任劳任怨，始终将国家利益和集体利益放在首位，从不计较个人得失和安危。他曾多次冒着生命危险抢救发生事故的油井。一次，薛国邦正冒着刺骨的寒风在 237 号井进行压裂保油，不料供油管线脱扣，原油喷射而出。在这种危急时刻，他顶着钢针一般喷射的原油，奋不顾身地冲了上去，用棉衣裹住脱扣的管线，用胸膛顶住喷出原油的管口，高压原油的强力打得他浑身发麻，几乎失去了知觉。尽管如此，凭借着顽强的毅力，他咬紧牙关坚持到了最后。经过工人们一个多小时的奋战，终于“制服”了油井，为油田挽回了损失。在工作中，薛国邦同志处处以身作则，在危险时刻公而忘私，而且大搞创新，是著名的技术革新

① 高明岐、黄耀道编著《中国职工劳模列传》，工人出版社，1985，第 270 页。
② 童一秋：《红星闪闪进校园：劳模巡礼》，北京燕山出版社，2012，第 33 页。

能手。1958～1959年，薛国邦针对生产过程中的薄弱环节和技术难题，在工作实践中先后提出革新建议五百多条，包括不起泵压裂，挤碴油堵水、堵气，油管爆裂，等等，延长了油井的使用时间，提高了原油产量，创造了巨大的经济效益。

尽管担任了诸多职位，取得了诸多荣誉，但是薛国邦一直保持着劳动人民的本色，一心投入大油田，表现出一个共产党员的高贵品质。在祖国各地迫切需要石油的时候，他克服重重困难，为我国石油工业做出了突出的贡献，是我国石油系统的“采油尖兵”、一级五好红旗手。他那迎难而上、艰苦创业、忘我工作的精神是大庆精神的生动体现，是工人阶级学习的榜样。

编辑：田鹏颖　豆莹莹

# 第二章　1979～1989年东北（黑龙江）老工业基地全国劳动模范和全国先进生产者

## 马永顺

马永顺，男，河北宝坻人，中华人民共和国第一代伐木工人，后成为荒山卫士，曾任黑龙江省伊春市铁力林业局副局长。1937年他进入东北林区当伐木工人，1951年，加入中国共产党。1956年和1959年，马永顺两次出席了全国先进生产者代表会议，他领导的“马永顺采伐小组”被选为全国先进集体。1998年，他获得联合国环保奖，1999年，获得全国“五一劳动奖章”和“全国十大绿化标兵”称号，曾当选为第二届、第三届全国人大代表和中共第十次、第十一次全国代表大会代表。20世纪50年代时，马永顺曾创造了安全伐木法、四季锉锯法、流水作业法，在我国森林采伐中广为推广。马永顺先后十一次被评为黑龙江省、东北林业总局劳动模范。他的事迹被选入中小学课本，家喻户晓。2009年9月14日，他被评为100位中华人民共和国成立以来感动中国人物之一。他的一生始终与大山紧紧联系在一起，他用毕生心血描绘出一幅幅绿色画卷。

马永顺家境贫寒，可以说是房无一间，地无一垄。尽管父亲常年给地主扛活儿，但仍然不能维持基本的生活。从三岁起，他便跟着母亲讨饭；8岁时给地主放猪；12岁时，去给一个小业主挑水打杂。就这样辛辛苦苦十年，仍然是吃不饱，穿不暖。为了生存，他后来到煤矿当工人，又到吉林小丰满修铁路。1937 年，为生活所迫，马永顺来到黑龙江铁力林区，这个当时的“绿色监狱”，当了林业工人。

在日伪统治时期，林区工人的生活非常艰苦，受尽了日本侵略者的压迫和剥削。他们吃的是发霉的高粱米和橡子面，穿的是麻布袋，住的是四面透风的地窖子。由于天气寒冷，工人们经常被冻坏，但仍然被迫作业，挣扎在死亡线边缘。1945 年 8 月，日本投降的消息传到了铁力林区的密林深处，苦难的林业工人迎来了春天。东北解放之后，马永顺积极响应组织号召，再次进山伐木支援铁路建设，成为真正意义上的林业工人。同时，在人民政府的关怀下，他在林区安了家，将全部精力和心血都贡献给了大山。

马永顺不仅扎实苦干，而且注重在生产中总结经验，勤于思考，敢于创新。1950 年采伐作业时，伐木工人都是站着伐木头，造成树根过高。鉴于这种情况，马永顺提出改进办法，伐木时使锯紧挨着树根，“使伐根由过去的六七十公分高降到十公分以下”①。将这种降低伐根的方法在东北林区推广使用后，在一年的时间内，为国家多创造价值 1400 多万元，实现了巨大的经济效益和社会效益。凭借着不怕苦、不怕累的坚毅品格和忘我的工作热情，他一个人每年完成的采伐量就相当于六个人的工作量，“创造了手工年代伐木 1200 立方米的全国纪录”②。于是，马永顺很快被评为黑龙江林业区的特等劳动模范。1949 年，马永顺积极响应铁力林业局党委的号召，当选为伐木小组组长，带领小组工人取得了卓越的成绩，他所在的小组成为全国林业战线著名的“马永顺采伐小组”。在马永顺的带领下，该小组常常超额完成工作量，仅在第一个五年计划期间就完成了六年零三个月的工作量。截止到 1959 年，马永顺小组创造了“多种运材法”“流水作业法”“量材造材法”等多种先进工作方法，使工作效率大幅度提升，为国家建设做出了巨大的贡献。

随着林业生产的发展，林业工人的队伍也在日益壮大。中华人民共和国成立初期，工人在伐木过程中使用的工具是老式的快马锯，要靠两个人拉，不仅浪费人力，而且生产效率低，特别是掌握不了树倒的方向，在操

① 董彦琳、杨德山编《党员语录》，国家行政学院出版社，2014，第 120 页。

② 董彦琳、杨德山编《党员语录》，国家行政学院出版社，2014，第 120 页。

作过程中时常发生人身事故。如何保证采伐工人的生命安全，同时又提高工作效率呢？马永顺边作业边思考。他根据自己多年积累的采伐经验，对十多种放树方法诸个进行试验和比较，终于研究出一种既安全又高效的“安全伐木法”，经过多次试验，在林区作业中推广使用。马永顺不仅掌握了一套伐木技术，而且对锉锯也很有研究。他凭借多年的采伐经验，根据不同季节木质的具体情况，摸索出一套一年四季都可以作业的“四季锉锯法”，极大地提高了工作效率。为此，“马永顺创造的‘安全伐木法’和‘四季锉锯法’成了全国手工采伐作业的教科书。”[①] 这两种伐木经验迅速在全省林区推广使用，使工作效率普遍提高了35%～50%，并且这两种方法很快成为全国林区四大采伐经验中的两项重要经验。就这样，在马永顺的带领下，马永顺工组连续多年安全生产，完成了极大的工作量，成为黑龙江省林业战线的一面红旗。

马永顺擅于总结经验，并且主动分享积累的操作经验。他不仅强调要埋头苦干，更注重发掘采伐作业中的方法和技巧。一次，马永顺到胜利伐木场做技术表演，一位经验丰富的老工人准备考验一下他，挑了一棵最难放的榆树让马永顺放倒。他仔细地观察这棵树，发现树向河心倾倒，要是采用老方法伐木，树一定会倒到河里，要是反了茬，可能会砸到自己，甚至会造成生命危险。面对这种情况，马永顺谦虚地对围观的人说：“同志们，我割这种弯度的树还是头一回，成不成，不一定，请大家多帮助”[②]。说完之后，他就抡起斧头砍向树的上额，之后用锯子拉起来，那棵树很快便按照他预定的方向倒下去了，平稳地倒在了河岸上。众人看到这种场面都纷纷鼓起掌来，老师傅也非常信服。

1959年，马永顺出席了全国群英会，受到周恩来总理的亲切接见。周总理握着马永顺的手，亲切地说：“你们林业工人不但要多生产木材，还要多栽树，实现‘青山常在，永续利用’”[③]。自此，马永顺始终牢记周总理的教导，积极响应党中央的号召，投身于绿化事业。他深刻地认识到身为一

---

① 栾传大：《价值观故事书系——志趣》，吉林文史出版社，2014，第174页。

② 高明岐、黄耀道编著《中国职工劳模列传》，工人出版社，1985，第107页。

③ 吴宝三、曹锋：《马永顺传》，黑龙江人民出版社，1999，第2页。

个林业工人不仅要爱岗敬业，进行伐木生产，更要扛起植树造林的责任，加入生态保护的队伍。于是，在每天上工之前，他都要去栽几棵树，利用中午休息时间也要栽上几棵，一天伐木结束后，他也利用傍晚时间抓紧栽树。看着小兴安岭逐渐变成“秃山”，林区生态环境日益恶化，马永顺寝食难安，感到非常愧疚，为此他下定决心要把自己伐的36500棵树补栽上，弥补欠大山的一笔“账”。1982年，林业工人马永顺光荣地退休了，开始“一心一意”地还采伐“欠的账”。1991年，为了兑现自己的承诺，也为了完成自己的心愿，他带领全家三代人上山植树造林，还清了多年欠大山的“账”。在他的影响和带领下，“马家军”每年都上山植树造林，为大山添新绿。从1992年到1998年5月，马永顺全家共义务植树5万多棵，为我国绿化事业的发展做出了巨大的贡献。马永顺的先进事迹在林区引起了极大的反响，林业工人们也纷纷加入到植树造林的队伍中来，为当地林业的发展承担起一份责任。1994年9月，黑龙江省领导在向江泽民总书记汇报工作时，特别提到了马永顺的先进事迹，受到了总书记的肯定和表扬：“马永顺了不起，请代我向他问候！”① 听到这个消息后，马永顺更加具有动力，决定建立“马永顺林”育林基地，为国家绿化事业再做贡献。省长田凤山亲笔写下“马永顺林”四个大字，以示鼓励和表扬，号召大家学习他爱岗敬业、甘于奉献的崇高品质。

1998年，马永顺获得联合国环境规划署的嘉奖。同年6月12日，马永顺受到省委、省政府领导的隆重接待。他表示：“荣获联合国环保奖，是我们国家的光荣。这次赴俄罗斯颁奖，我大开眼界，受的教育太大了！我决心率全家人办生态工程林，实行科学育林、标准化管理，让子孙一代一代接好我造林的班。”② 1998年8月31日，朱镕基总理在黑龙江省考察灾情、研究部署抗灾工作的行程中接见了马永顺，高度肯定了他在国家建设需要木材的时候积极采伐，在国家需要生态保护的时候投身于绿化事业，号召大家向马永顺同志学习。

马永顺同志作为中华人民共和国第一代伐木英雄、造林模范，将毕生

① 吴宝三、曹锋：《马永顺传》，黑龙江人民出版社，1999，第4页。

② 吴宝三、曹锋：《马永顺传》，黑龙江人民出版社，1999，第4页。

心血都投入到我国林业建设事业的发展中，体现了林业工人为国家建设以及国土绿化艰苦奋斗的创业精神和一心为公的奉献精神，在平凡的工作岗位上做出了无愧于时代和人民的不平凡业绩。因此，我们要以马永顺同志为学习的榜样，把个人的成长成才与国家的发展需要密切结合起来，为国家建设贡献自己的智慧和力量。

编辑：豆莹莹

## 梁彦德

梁彦德，男，汉族，山东平邑县人，1947 年参加中国人民解放军，1950 年加入中国共产党，1951 年调到全国总工会华东办事处，1953 年被上海技工制造学校录取，1954 年毕业之后到黑龙江省哈尔滨锅炉厂工作，历任哈尔滨锅炉厂电焊工、焊接工程师、副厂长，中共哈尔滨市委副书记兼市总工会主席（连任三届，任职时间最长的一位工会主席），哈尔滨市委常委。他曾担任全国总工会执行委员、中国人民政治协商会议黑龙江省哈尔滨市委员会副主席等职务。他还担任过全国焊接学会理事、常务理事，著有《电弧气刨的实践》一书。1959 年在全国群英会上，他被授予全国先进生产者称号。梁彦德是中共十大代表、第六届全国政协委员。

梁彦德对于每项工作、每个职务都认真负责，将自己最美好的年华奉献给了自己热爱的祖国、热爱的事业，为东北老工业基地的建设贡献了力量。1956～1973 年，他连续被评为青年突击手、模范团干部、转业复员积极分子、技术革新能手，厂、市、省、机械部劳动模范、特等劳动模范、劳模标兵。“1959 年，他光荣地出席了全国群英会，荣获了全国劳动模范的光荣称号，四次见到伟大领袖毛泽东、刘少奇、周恩来、朱德、邓小平等党和国家领导人。1990 年初，江泽民总书记和国务委员邹家华一行来黑龙江视察工作时，江总书记热情地与梁彦德握手，并说：‘您的贡献、党和人民没有忘记，共和国也不会忘记，希望您在新的岗位上做出更大贡献’”。①

① 《梁彦德》，百度百科，https://baike.baidu.com/item/%E6%A2%81%E5%BD%A6%E5%BE%B7/9883968?fr=aladdin，最后访问日期：2018 年 7 月 10 日。

梁彦德 1998 年离休时还获得哈尔滨市第二十七届劳动模范特别荣誉奖和先进集体代表大会的特别荣誉奖，2007 年荣获“哈尔滨市建国以来最具影响力的劳动模范”银奖。

梁彦德说，山东平邑县这个沂蒙革命老区是他的第一故乡，上海这个获得焊接知识的地方是他的第二故乡，哈尔滨则是他的第三故乡，这三个地方正是他成长、起飞的重要地方。当时，去黑龙江省哈尔滨工作是梁彦德自愿申请的，作为党员的他本来有机会留校，那代人的爱国热情使他自愿到国家有困难的地方支援。1954 年 9 月末，梁彦德和 20 多个同班同学踏上了驶向哈尔滨锅炉厂的列车。到那里之后他们才发现，锅炉厂的条件非常简陋，当时厂房还未修建，厂内只有几十个人，除了有一栋旧炮楼之外，周围荒无人烟。那里的伙食大多是粗粮，很少有蔬菜，而且吃饭还是在他们用几根柱子搭建的“通风”大棚里，再加上气候的严寒，有几位南方的同学难以适应，没几天就离开了，但大多数人为了祖国的建设还是留了下来。

由于缺少大型建筑机械，建厂的工作就从人工挖、土篮挑开始，劳动强度非常大。1955 年 11 月，一厂房的建设进入关键时期，如果高空管路的焊接任务不能在 20 天内完成，锅炉房送不上气，就会影响全部工作的进程。但是当时没有适合高空作业的机械，电焊工也没有对高空管道进行焊接的经验，甚至有几个电焊工由于任务难度大都逃跑了。面对这么严峻而又关键的时刻，作为党员和实习队长的梁彦德接受了这份任务。他不顾别人的质疑，冒着零下 30°的严寒来到了工地，当时发现剩下两条管道需要在 20 米的高空仰脸焊接，难度非常大。他先把下面的管道连接起来，然后一条腿骑在下面的管道上，对上面的管道实施焊接作业，但是在这个过程中熔化的铁水不慎洒落，滴在了他骑在管道的腿上，当即棉裤就冒了一股烟，但他没有停下手中的工作，而是咬牙坚持。焊完下来一看，铁水直接烧焦棉裤钻到了肉里，凝固的铁疙瘩已经把肉烫熟了。到医务室包扎后，他把医生开的病假条藏了起来，一瘸一拐地还坚持去工地干活，为了抢时间、争速度，他在工地吃住，熬红了眼睛，冻裂了手脚。最终，在大家的努力下，锅炉房提前送上了气，梁彦德成为大家的榜样。梁彦德之后成为六车间电焊小组组长，他默默无闻，曾两次把涨工资的指标让给了别人，在他的带领下，组员们积极工作，不怕脏不怕累，他们组成为一个思想过硬、技术精湛、优质高产的生产小组，被大家称为“黄继光小组”，之后又被评选为哈尔滨市先进小组。梁彦德说，能干、认真干、肯奉献，才能实现强国梦。

1956～1973年，为方便工人，提高生产效率，梁彦德先后革新了“无焊条头焊接法”“双手焊接法”“深熔焊接法”“电弧气刨”等有普遍推广意义的三十多种焊接工具和焊接设备，提高了1～15倍的生产效率，提出的合理化建议达140多项。

在生产过程中发现有焊条、焊药浪费的现象，梁彦德就一边寻找书本上的技术知识，一边寻求技术人员和工人的帮助，在大家的努力研究下，最终研制出了“焊药过滤器”，它能够筛检“没用”的焊药并将其重新利用，平均每年可以为工厂节约6吨焊药。还有“双手焊接法”“深熔焊接法”“无焊条头焊接法”等革新法，都使生产效率得到了有效提升。手工电弧焊接往往会浪费掉15%左右的焊条，长期如此，焊条的浪费相当严重，梁彦德和小组的工人们在5个月的时间内就收集了将近19.5吨的焊条、焊药等被废弃的材料。为改变这种浪费的情况，梁彦德寻求技术人员的帮助，最终第一个掌握了无焊条头焊接法。在此经验基础上，梁彦德又根据实际情况，自己制造了一种较为方便的碰焊把，焊条可以绕着这个焊把的轴心旋转，实现任何角度以及位置的焊接工作。它进一步升级了无焊条头焊接法，使工人们易于掌握与应用，并节约了生产材料。梁彦德发明的“焊剂回收分离联合器”能将焊接过程中散落在焊缝上的那些有熔渣的焊剂自动吸起来，经过分离器分离，将杂碎的焊剂和熔渣及其他无用的东西分离开来，有效地节约了焊剂。

梁彦德发明“电弧气刨”技术的目的是通过降低机器工作时的噪声分贝来改变“十铲九聋”的情况。由于风铲工工作车间的风铲声强度较大，会使工人出现头疼、耳膜疼等身体不适的状况，工人之间想要沟通交流必须对着耳朵大喊，这不仅会伤害工人的身体，而且也会降低生产效率。为改变这种状况，梁彦德与相关技术人员进行多次实验，最终制成“电弧气刨”（风铲的替代品），改善了工作环境，将劳动效率提高了15倍左右。之后“电弧气刨”在全国范围内推广应用，除了锅炉行业，在化工、造船、压力容器、航天等行业也得到广泛应用，梁彦德获得了工人们以及领导的一致称赞。为方便大众的需要，他写了《电弧气刨实践》一书，该书成为焊接知识类教科书的一部分。1958 年，梁彦德被哈尔滨焊接研究所聘为特约研究员、理事，多次参加国内国际焊接学术会议。1973 年，他以中国焊接学会代表的身份参加了在西德召开的国际焊接学术会议，为祖国争得了荣誉。

梁彦德的一生是为人民服务的一生，他发明所有技术和设备的出发点都是为了生产，为了群众，而这些朴实的想法却也让他获得了“焊接王牌”的称誉，但梁彦德未忘初心，一直坚守着为大家着想的工作态度。他代表的不是一个人，而是一代人的精神风貌，他们为了祖国的强大繁盛，为了社会主义建设的顺利进行，无私地奉献着智慧与力量，他们将社会主义核心价值观这 12 个词语表现得淋漓尽致。如今的哈尔滨锅炉厂已成为国家的领头企业，其技术水平也达到了国际水平，一些技术和设备到目前还在投入使用中，这是每一辈每一个员工的付出所得，梁彦德则是这个工厂的精神榜样，就像他所说的那样，人退休了精神不能退休。

编辑：李正鸿　李明飞

## 魏兴正

魏兴正，男，1935 年出生于山东泰安，汉族，1960 年 3 月加入中国共产党。1954 年魏兴正在黑龙江省哈尔滨水泥厂小岭采石场从事采石工作，当一名采石工，后任党总支副书记、厂党委副书记，担任工人助理工程师一职。入厂以来，他在各方面表现突出，年年、季季被评为车间或工厂的红旗手、先进生产者，1962 年当选为哈尔滨市第九届劳动模范。1964～1978 年，魏兴正获得由黑龙江省政府授予的省劳动模范标兵、省劳动英雄荣誉称号 4 次，1977 年、1979 年在全国工业学大庆会议和全国劳模表彰会上被分别授予全国先进生产者和全国劳动模范称号。他是中共十一大代表，中国共产党第十一届中央候补委员，第四届全国人大会代表。

从 1954 年起，魏兴正就坚持到荒山野岭采石，群众赞誉他为“白石山上的铁人”。[①] 在工作中，魏兴正同志不怕吃苦，不怕累，还积极主动地帮

① 王哲：《白石山上的铁人——记全国劳模魏兴正》，《哈尔滨日报》2007 年 5 月 17 日。

助他人，总是将集体利益放在首位，在平凡的工作岗位上做出了不平凡的贡献，体现出忘我的劳动热情和无私奉献精神。当时，魏兴正担任哈尔滨水泥厂小岭采石场采石车间采石一组的组长，带领小组工人在生产高潮中，不断克服困难，解决生产关键问题。到 1965 年 3 月 9 日，全组已经超额完成了第一季度的生产任务，并且还将工期缩短了 22 天。魏兴正的先进思想和模范事迹深深地影响着广大群众，大家赞誉他为社会主义建设的“愚公”[①]，并且工人们将他的先进事迹总结为八条，简称“八让八留”。

### 一　整桩、省劲的活让给别人，零碎扎手的活留给自己

在采石场干活，工人们分出两种活，把在悬崖峭壁上撬磘子、打大块石灰石的活称为“啃骨头”，而把装卸搬运石灰石的活称为“吃肉”。魏兴正则经常爬到山上帮助工人们撬浮石、清道。就这样，仅 1963 年前 10 个月，魏兴正就为全组撬磘子三百多次，撬下的浮石达四千多吨，打大石灰石一百五十多吨，使得全组超额完成国家计划。[②] 二次破碎机入口有时会被黄泥糊住，魏兴正曾三次冒着生命危险钻进入料口抠黄泥以排除故障，使生产得以顺利开展。他认为，大家要超额完成全组任务，有责任为社会主义建设做出更大的贡献。

### 二　轻便矿车、顺手的工具让给别人，沉重矿车、不好使的工具留给自己

轻便的矿车和好使的工具不仅省劲而且增加产出，工人们都喜欢用这样的工具。而魏兴正总是把最笨重的矿车、不顺手的工具留给自己。老工人严文满、孙海山使用的矿车轴瓦坏了，魏兴正主动将自己修理好的矿车让给他们。不仅如此，魏兴正十分爱惜工具，他总能将坏掉的矿车、工具修理为轻便好用的矿车、工具，供大家使用。因为在他看来，只要对党和人民有利的事情，就应该积极主动地去做。

### 三　出活多的好道让给别人，出活少的次道留给自己

1965 年 4 月，在生产的大浪潮下，为了突破生产纪录，小组开展了比学赶帮的竞赛活动，员工的积极性高涨，天天超额完成采石计划。竞赛第二天，魏兴正了解到宋喜彬、宋树才因为所在的道不好，担心不能完成工

① 哈尔滨水泥厂工会：《移山“愚公”魏兴正》，《中国建材》1964 年第 7 期。

② 哈尔滨水泥厂工会：《移山“愚公”魏兴正》，《中国建材》1964 年第 7 期。

作任务而旷工，随即将自己的好道让给他们俩，自愿承担起这条坏道上的艰巨任务。在一次运石过程中，遭遇了岩层溶洞出水、铁道结冰的极端环境，魏兴正就鼓励大家学习《愚公移山》和《一万二千吨水压机是怎样制造出来的》两篇文章，增强大家克服困难的信心，激发大家勇往直前的斗志。魏兴正不畏严寒，提早带领工人们向坚冰开战，不到5天的时间就把六条运石铁道全部修复了。魏兴正所在的采石小组不仅战胜了生产上的困难，而且充分发扬了“一不怕苦，二不怕死”的革命精神。

**四　技术高、体力强的伙伴让给别人，生手、体力弱的伙伴留给自己**

1963年，新手刘占宝到小组报道，他体型瘦弱，身体素质不太好，怕影响这个小组的生产效率和集体荣誉而不敢到这个小组里来。为了多挣计件工资，小组里的老同志也不愿意与新同志搭伙推一个车，无形之中形成了老人找老人、熟人找熟人的“传统”。魏兴正了解到这种情况后十分着急，一方面，魏兴正向小组工人们反复强调，要把技术一代一代地传下去，他经常说，一台矿车推不出社会主义来，作为一名工人不能只考虑自身的利益，我们有责任把技术一代代传承下去；另一方面，魏兴正对新同志刘占宝进行说服教育，他主动承担起带新同志的任务，魏兴正教他打石头时怎样看石头的角度、找横竖碴，如何推车、把滑杠等，每一件都细心地指导，手把手地教。[①] 他总是把像搬小块等轻巧的活儿让给刘占宝，自己去“啃硬骨头”。在魏兴正两个多月的指导和帮助下，刘占宝熟练掌握了生产的技能，在小组中发挥着越来越重要的作用，已经成为小组的骨干员工。就这样，魏兴正前后带出来刘占宝、张连录、王喜富、王连贵、王希生、王彦良、李振林七名新工人，不仅没有影响小组生产进度，提高了生产效率，而且对小组里的工人们进行了思想教育，现在大家都把指导新同志看成是一种荣誉，是为社会主义事业的繁荣发展做贡献。

**五　挣钱多的计件活儿让给别人，挣钱少的计件活儿留给自己**

魏兴正主动承担起小组里的零活，尽管是以计时工资的形式进行结算，他仍旧勤勤恳恳，把集体的工作看作是自己分内的工作，主动去打道钉、上夹板、清理现场，并且积极帮助其他工人去抬车、挪轨道等，终日忙个

---

① 哈尔滨水泥厂工会：《移山“愚公”魏兴正》，《中国建材》1964年第7期。

不停。采石工人以吨计产量按计件工资结算，其他工人分配的道不合规格的，魏兴正就主动让出自己的道，去干诸如修理道、修理矿车等这些不挣钱的活计。别人都不理解魏兴正，他告诉其他工人，作为国家的主人，干起活来不能有两个心眼，大家都超额完成生产任务比自己挣到钱更重要。

**六　生产条件好、容易超额的活让给别人，生产条件差、定额高的活留给自己**

魏兴正把生产看得甚至比自己的生命还重要，不论严寒酷暑，一颗心全奉献给了采石场。为了保证产品质量、超额完成生产计划，魏兴正同志利用自己的业余时间为同志们清理废石、修理矿车，全组八台车、十六根车轴、三十二个车轱辘几乎都被他修理过。为了生产，他把自己的备用道让给其他小组就达二三十次。工人李振林的矿车轱辘坏了，为了不影响生产进度，在他毫不知情的情况下，魏兴正已经将车轱辘给修好了。又一次，李振林矿车的轴瓦和油壶坏了，魏兴正又主动前去修缮，结果正巧被李振林碰到，使其触动很大。采石场的工人们都说，魏兴正对待生产比姑娘绣花还细心，那仅仅是因为在他心中国家利益、集体利益高于个人利益。

**七　新的、好的劳动保护用品让给别人，旧的、次的劳动保护用品留给自己**

每次发放劳动保护用品（比如作业服、胶鞋、手套、围裙、安全帽等）时，魏兴正同志总是先人后己，能省则省。1963 年前 11 个月，工厂给每个工人准备了二十二副手套，魏兴正同志坚持一贯艰苦朴素的工作作风，只领取了三副手套，甚至就连他用的工作服、围裙、胶鞋等劳动保护用品都是补丁摞补丁。一次，终于等到了车间里分发胶鞋，但是需要工人自己承担购买胶鞋的费用。魏兴正的鞋子早就破烂不堪了，可是鞋子数量不够只差一双，工人潘文想要而又犹豫不定，经询问是没有钱购买新的鞋子，魏兴正就主动拿出自己的五元钱给他买了胶鞋，而自己仍旧穿着破棉鞋。在他看来，我们要饮水思源，珍惜革命老前辈用生命给我们换来的美好生活，绝不能喜新厌旧。

**八　荣誉、奖励让给别人，无名无利的事留给自己**

作为一名共产党员，魏兴正同志很好地发挥了模范带头作用。小组里每次评选先进生产者、红旗手、劳动模范、职工标兵等荣誉时，他总是百般退让，甚至在递交的名单中偷偷抹掉自己的名字。就算是获得荣誉奖励，魏兴正也会主动将获得的奖金用于帮助他人，尽管他的家庭也并不富裕。工人贾平的孩子得了重病，医治费用不够，魏兴正听说后当即就把第二季度红旗手的奖金十元钱拿了出来，他甚至还将自己节省下来的工资、积蓄用于帮助有困难的群众。作为一名共产党员，魏兴正同志的阶级立场非常坚定。一次，厂里有同事给自己的儿子大办婚礼，魏兴正的爱人得知消息后也准备了份子钱。鉴于魏兴正同志经常用阶级分析的观点看问题，他知道后就教育他爱人，作为工人阶级的家属，要坚决抵制资产阶级思想的干扰和侵蚀。1960 年 3 月，经党组织决定，派魏兴正同志到厂内脱产文化班学习，这使得他有机会接触到毛主席的著作和党的基本知识，他的政治热情和劳动热情高涨，更树立了伟大的革命理想。

魏兴正毕生都投身于社会主义建设的伟大事业中，满腔热血搞生产，用实际行动践行着先人后己、公而忘私的原则。在学习毛主席的《纪念白求恩》那篇文章时，他曾讲道："白求恩是加拿大的共产党员，为了中国人民的解放事业，献出了生命。我作为一个中国人，工人阶级的一员，应当怎样对待社会主义建设事业呢？"[①] 而魏兴正一生的实际行动便是那最好的答卷。

编辑：田鹏颖　豆莹莹

## 李守堂

李守堂 1942 年出生于山东掖县，1974 年加入中国共产党员，曾是牡丹江木工机械厂的一名车工。1977～1984 年，他用不到 7 年时间干完了 23 年的工作量，为国家多创造价值 23 万多元，被大家赞誉为"超越时间的人"。他致力于刀具、胎具的革新升级，不断改进传统工艺，实现了 60 余项技术的改革和创新，使工作效率提高 3 倍之多。1988 年他被国务院授予全国劳动模范称号。

李守堂出生于一个工人家庭，17 岁就来到牡丹江木工机械厂当车工。他深受苏广铭、马恒昌等全国著名劳动模范优秀品质的影响，在 20 世纪 60～70

① 哈尔滨水泥厂工会：《移山"愚公"魏兴正》，《中国建材》1964 年第 7 期。

年代，曾有机会参加老一辈劳动模范组成的技术攻关巡回表演团。他从小就树立起远大的理想，立志走英雄的道路，创英雄的伟业。

沐浴着改革开放的春风，李守堂迎来了施展高超技艺的春天，他满腔斗志，制定了十年的奋斗规划，决定大干一场，为全厂的工人带好头，铺好路。老劳模安太俊老师提出的“用9年时间完成23年工作量的奋斗目标”①对李守堂影响很大，以安太俊等老一辈劳动模范为奋进的动力，他毅然向车间党支部递交了决心书，计划在8年时间内完成23年巨大的工作量，以期实现重大突破。因为李守堂始终坚信，作为一名共产党员，就要积极主动地为党的事业多做贡献。

车床在李守堂的一生中扮演着重要的角色，他舍不得离开车床。在一天二十四小时的大部分时间中，李守堂几乎都在和车床一起工作。时间紧、任务重，无论是严寒酷暑，还是疾病缠身，李守堂总是早出晚归，坚持工作，每天必须完成正常工作量的三倍。他清楚地认识到要想提高生产效率，加快工作进度，单单靠苦干是难以实现的，必须在“巧”字上下功夫。也就是说，必须进行改革创新，改造现有的生产工具和工艺。为此，他给自己提出了一个加油鼓劲的口号，“向刀尖要优质，向刀尖要效益”②，他总能想出新方法，总是在琢磨如何革新刀具以提高生产效率。一种压刨床的无级变速盘需要九道加工手续，是一项费时耗力的“窝工活儿”。经李守堂的探索、创新和实验，“把车刀改成一刀三刃，又用镗刀代替里孔刀，使变速盘的外径、沟槽和里孔一次加工完成”③，极大地提高了工作效率。截至1984年3月，李守堂仅花费了七年零三个月的时间就提前完成了“用8年时间完成23年工作量”这一重大的工作目标，由此，李守堂成为第一个提前跨入2000年的先进人物。

但是，李守堂并没有停止奋斗的脚步，国家的繁荣昌盛、人民的幸福

① 韩丰林、樊学东：《产业工人的楷模——记黑龙江省牡丹江市木工机械厂优秀共产党员、全国劳模李守堂》，《党建研究》1989年第5期。

② 韩丰林、樊学东：《产业工人的楷模——记黑龙江省牡丹江市木工机械厂优秀共产党员、全国劳模李守堂》，《党建研究》1989年第5期。

③ 韩丰林、樊学东：《产业工人的楷模——记黑龙江省牡丹江市木工机械厂优秀共产党员、全国劳模李守堂》，《党建研究》1989年第5期。

安康始终是他奋进的不竭动力。国家昌盛靠产业，产业腾飞靠工人，作为全国建厂最早、规模最大的综合性机械、人造板设备生产的厂家和国家的重点骨干企业，牡丹江木工机械厂的每一名员工有责任和义务去完成既定的工作量，同时保证产品的质量达标。牡丹江木工机械厂注重培养“优质高效，求实创新”的精神品质。自20世纪80年代开始，牡丹江木工机械厂全面推行国际ISO标准，积极引进先进技术，不断提高工具和工艺水平，努力开发新产品，改造老产品，部分产品已经达到世界先进国家的技术水平。当时，牡丹江木工机械厂生产出的MX519单轴木工铣床、MB106A单面木工压刨床、MB104单面木工压刨床、MK515单轴木工钻床四种产品就先后获得国家银牌质量奖。[①] 李守堂仅在1977~1987年的10年里，就完成了42年的工作量，“超额完成工时75888小时，为国家多创造价值265000余元，被誉为‘超越时间的人’。”[②] 他的先进事迹得到了党和人民的一致肯定和好评。自1977年以来，李守堂同志连续12年被评为牡丹江木工机械厂、牡丹江市劳动模范、劳模标兵、优秀共产党，并在1987年荣获全国“五一劳动奖章”，其事迹得到广为传颂，号召大家学习他的好作风、好思想、好品质。可以说，李守堂同志就像中国工人阶级队伍里的一颗明星，为国家和人民奉献着自己的光和热。

俗话说，众人拾柴火焰高。李守堂的先进事迹影响着周围的群众，同时也带动周围的一大批人齐心协力、团结奋进，形成了一个特别能战斗的光荣集体，李守堂切实发挥着一名共产党员的先锋模范作用。李守堂同志尤为关心青年工人的思想动态，注重对他们的教育和引导，积极地为党组织注入新鲜血液。李守堂帮助青年工人加深对党的认识和了解，引导他们逐步认识到中国共产党作为中国工人阶级的先锋队，党始终代表着全国最广大人民的根本利益，而作为工人阶级的一员，我们要把加入中国共产党看作一件无比光荣和自豪的事情。牡丹江木工机械厂党委重视党、政、工齐心协力，始终把“比学赶帮超”活动当作一项重要的工作来抓，能够有

---

① 胡万明、齐英杰：《黑龙江省木工机械行业形成与发展概况》，《林业机械与木工设备》2005年第2期。

② 高明寿、钱彧境：《中国林业年鉴（1988）》，中国林业出版社，1989，第402页。

效地发挥先进生产者的带头作用。李守堂注重经验的传授，他总是手把手地培养更多的生产技术能手，将自己的刀具工艺也传授给他们。李守堂带头大搞技术革新，有效地提高生产效率，带领全班同志荣获全厂的“双增双节”标兵，并且创下了全厂连续两年人均“双增双节”500 元的纪录。[①]当时，尽管他和安太俊师傅都是要“跨越世纪”的竞争对手，但他仍然会主动地解决安太俊刀具革新方面的难题，自愿分享先进的工作方法，促进大家共同进步。他说：“争冠军不是目的，我们的目的是能够发出自己最大的光和热，为企业的振兴多作贡献。”李守堂的思想作风、处事态度也默默地影响着一代又一代的青年才干。

李守堂同志始终将国家利益、集体利益放在第一位，有人慕名找到他要和他一起干私活儿挣大钱，都被他拒绝了。当他了解到一些工人利用业余时间干私活儿而影响厂里的生产，可是着急坏了。他讲道，身为一名共产党员，要以身示范，起好表率作用，多为企业和国家做贡献。倘若他也去干私活儿，挣大钱，职工们的心就散了，不单是企业的生产效率难以提高，企业还会面临着破产的危险，作为带动国家经济的重点企业，国民经济将受到很大的影响。就这样，李守堂同志以实际行动影响和教育着企业职工，处处为集体着想。他不仅勤奋苦干，而且巧于探寻技术革新的新招数，带领大家团结一心，共同致富。为了提高企业的生产效率，自 1985 年以来，李守堂提出的合理化建议就达 26 项。1988 年初，他提出富有建设性的“企业腾飞，岗位致富”建议，以此鼓励企业职工凭借辛勤的劳动增加收入，改善生活品质。李守堂为企业想出的“金点子”有效地提高了职工劳动的积极性，同时，为企业的腾飞迎来了新的春天。此时，企业职工甚至放弃了干私活儿的机会，而自愿地在厂里加班加点地工作。就利税这一项指标而言，1988 年就比 1987 年提高了 18.3%。不仅企业的效益增加了，而且职工薪酬也得到了提高，比如一线工人的奖金就比以往提高了近一倍。正所谓毫不利己、专门利人，李守堂同志无时无刻不想着国家和人民，他用实际行动履行着一名共产党员的责任和义务，为企业生产做出了巨大的

① 韩丰林、樊学东：《产业工人的楷模——记黑龙江省牡丹江市木工机械厂优秀共产党员、全国劳模李守堂》，《党建研究》1989 年第 5 期。

贡献，仅用一年时间就完成了“七五”计划期间的全部个人工作量。1986年，他被评为黑龙江省劳动模范。1988年4月20日国务院授予李守堂同志全国劳动模范称号，并号召全国各条战线广大职工向牡丹江木工机械厂车工、刀具改革家李守堂同志学习，励精图治、改革创新、团结奋进，为建设有中国特色的社会主义事业贡献出自己的智慧和力量。

从李守堂同志的身上，我们不仅看到他兢兢业业的高贵品质，更可贵的是改良工艺的创新精神。李守堂一生都以国家的富强和人民的富裕为奋斗和努力的目标，无时无刻不在以实际行动自觉地发挥着共产党员的模范表率作用，展现着工人阶级的光辉形象，他在改革开放和社会主义现代化建设中做出了伟大的贡献，进一步树立了党的光辉形象。

编辑：田鹏颖　豆莹莹

## 王志武

王志武，男，1932年9月出生于陕西省宝鸡市，汉族，中共党员，高级工程师。1954年他于西北大学石油地质系毕业，1959年去苏联莫斯科石油勘探所深造，1960年回国后参加了大庆石油会战，历任大庆油田勘探开发研究院院长、油田总地质师、副局长、党委副书记等职务。他几十年如一日，脚踏实地，勤于钻研，勇于创新，推动了中国石油事业的发展和繁荣。1985年，他直接组织并参与的“大庆油田长期高产稳产注水开发技术”获国家科技进步特等奖，他本人也获得国家科学大会奖。1987年，王志武同志被选为党的十三大的中央候补委员。1989年，他获得国家能源工业特等劳动模范荣誉称号，1990年，他获得第三届全国优秀企业家荣誉称号。①

1986年，王志武同志任大庆石油管理局局长，上任以来，他就带领大庆20万职工坚持党的基本路线，艰苦奋斗，积极开拓进取，使勘探工作开始步入良性循环。大庆油田年年完成生产建设任务，按照5100万吨包干基数，年产量始终保持在5555万吨水平，每年向国家贡献30亿元，并且创造

---

① 中国企业管理年鉴编委会编《中国企业管理年鉴（1990）》，企业管理出版社，1990，第659页。

了六个方面的新水平：高含水期保持稳产的新水平；老井改革挖潜的新水平；“三脱四回收”完善配套的新水平；节能降耗的新水平；企业管理的新水平；企业综合投资回收率的新水平。王志武同志能够放眼全局，统筹规划，始终把国家利益放在首位。他着重加强地质勘探，每年增加探明石油可采储量5000万吨左右，天然气60多亿立方米，与每年原油产量持平，坚持有度开发，实现了良性循环以及原油开发的连续稳产，推动了国家经济的平稳增长。1988年，由于特大的洪涝灾害，大庆油田遭受了严重的损失，250平方公里油区一片汪洋，被淹油井达2296口。尽管是在这样恶劣的情况下，王志武仍然带领职工们奇迹般地战胜了这场自然灾害，年底还超产20万吨，原油年产量达到5570万吨，打破历史纪录。自1986年起3年累计向国家上交超产原油1000多万吨，上缴利税63.7亿元。[①] 1989年，在电力紧张、油田全年实际只用到国家计划内统配供电指标55%的情况下，王志武仍想方设法缓解电力紧张的形势，完成原油产量5555.65万吨，实现了油田第14年高产稳产。鉴于大庆石油管理局在我国石油工业发展中所做的突出贡献，1986年，大庆石油管理局获得全国“五一劳动奖状”，1987年，获得石油部授予的一级企业荣誉称号，1988年获得国家二级企业荣誉称号，并且荣获黑龙江省优秀企业管理奖，油田压裂技术获得国家一等奖，1990年9月16日通过晋升国家一级企业考核验收。

王志武同志始终坚持精神文明建设和物质文明建设协同发展，自愿担任创建双文明单位活动委员会主任一职。他继承并发扬传统的大庆精神[②]，根据时代发展的需要赋予它以新的内容，形成了“爱国、创业、求实、献身”的新时代的大庆精神，在社会主义建设时期致力于建设一支有理想、有道德、有文化、有纪律的职工队伍。

王志武同志注重加强基层党组织的建设，强固组织根基。他大力加强职工教育和培训工作，教育、团结、组织广大职工贯彻落实党的路线、方针、政策，遵守国家各项法律条文，依照国家经济计划完成石油开采的各

① 中国企业管理年鉴编委会编《中国企业管理年鉴（1990）》，企业管理出版社，1990，第695页。

② 大庆人的创业精神，即“人拉肩扛精神”“干打垒精神”“缝补厂精神”“回收队精神”“五把铁锹闹革命精神”。

项工作。他引导员工学习毛泽东同志的《实践论》《矛盾论》，培养实践的辩证的思维，厘清实践与认识之间的辩证关系，并运用于石油的实际开采中。他通过反复实践，逐步提升对油层的认识，依据客观实际情况，制定相应的石油开发政策和方案，进而在实践中改造油层，逐步把握油层变化的客观规律，顺利展开不同油层的开采工作。按照这种螺旋式上升的工作进程，企业逐步加深了对油田的地下认识，石油科技也取得了新的突破，生产建设得以迅速发展。同时，王志武同志注重培养工人阶级的自觉意识，鼓励广大职工发挥主人翁作用，齐心协力搞生产。正如他所说的："依靠集体的智慧和力量，是企业走向成功的根本所在。"① 王志武同志十分关心和爱护广大职工，千方百计为职工们解决业务进修、工作条件、住房等实际问题。为此，大庆油田曾连续四年被评为全国思想政治工作优秀企业。

王志武同志在企业改革和经营管理的过程中，创造性地提出和实施了一系列措施和管理办法，不断提高企业管理的现代化水平。在企业内部实行经济合同制、项目管理责任制、岗位生产经济责任制，通过合营、联营投资等方法，建立了物资供应网络，并且依托计算机技术建立起管理信息系统。同时，建立了全面质量管理保证体系和标准管理体系，142种定型产品全部执行国际标准和国内先进标准。他下放生产经营管理权，实行分级分权管理，在全局按照不同专业逐步建立了各种形式的承包经营责任制，使各二级单位逐步成为企业内部相对独立、自主运营、各负其责的经济实体。企业改革工作做到"实而不死，活而不乱，稳而不慢"。②

王志武同志始终坚持理论与实践的统一，根据大庆油田的实际开采情况，有针对性地开展技术研究。在油田开发工作中他坚持做到"三个提前"：提前预测油田勘探开发趋势，提前做好工艺技术准备，提前进行开发方案试验③，真正做到了科技超前5年，生产提前1年的准备，赢得了油田生产的主动权。1990年末，大庆油田已经开采了30年，同时实现年产5000

① 季福堂：《世界著名企业企业家经营谋略全书》，山西经济出版社，1993，第374页。

② 中国企业管理年鉴编委会编《中国企业管理年鉴（1990）》，企业管理出版社，1990。

③ 王志武：《特载　大庆油田30年工作回顾和总结——王志武在石油企事业单位领导干部会议上的汇报》，《大庆年鉴》，1990。

万吨以上15年。但是，油田综合含水率已达79%，进入了高含水后期开采阶段，确保油田稳产的技术难度会越来越大，技术攻关任务也将会异常繁重。可以说，王志武局长肩负着油田开发建设的历史重任，同时油田面临着二次创业。他经过反复实验研究，于1990年在油田开发技术座谈会上创造性地提出了“稳油控水”，实现含水量不超的系统工程。即每堵一口井的水增油3吨，每转抽一口井增油6吨，每压裂一口井至少要增油9吨。1991年，在他的亲自主持下，油田开始了稳产控水示范区科学试验，收获了很好的效果，为大面积推广创造了条件。经过两年的努力，大庆油田共为国家生产原油11128.15万吨，是国家计划的100.45%。同时，无效泵油、无效注水等问题得到了有效避免，为此，节省了脱水、污水处理等方面的大量投入，收到了可观的经济效益。更重要的是严格控制了含水上升速度，经过两年来的综合调整，油田可采储量增加8000万吨以上，为油田长时间的稳产高产奠定了基础。

1995年9月20日，2800多名来自大庆油田各条战线的代表在油田体育活动中心参加了隆重举行的大庆油田开发建设35周年暨稳产20周年总结表彰大会。江泽民总书记、李鹏总理分别题词致贺。江泽民总书记题词——“发扬大庆精神、搞好二次创业”；李鹏总理题词——“继续发扬爱国、创业、求实、奉献的大庆精神”。同时，大庆油田接收到来自国务院的贺电。大庆石油管理局局长王志武在大会上发言，确立了2000年之前保持原油每年5000万吨的稳定开采量，力争在21世纪仍然实现这样一个目标。1996年，由他和大庆油田勘探开发研究院的后任院长王启民共同主创的科研项目——“大庆油田高含水期‘稳油控水’系统工程”获得国家科技进步特等奖，并在国家1995年十大科技成果评选中名列第二。在此次颁奖大会上，他们受到江泽民、李鹏、胡锦涛、温家宝等党和国家领导人的亲切接见。

王志武同志作为一名领导干部，顾全大局，胸怀韬略；作为一名工人，兢兢业业，勤于探索，求实创新，我们不难体会到他一心为油田奉献的石油人生。王运革先生在其创作的《铁人词三百首》中，这样怀念大庆石油管理局局长王志武：“万口油泉掩泣声，松辽盆地吊英灵。十年稳产减十岁，一杆大旗举一声。哭院长，悼苍冥，地宫[1]追忆写宫名。程门立雪成前事，浊酒悼诗寄九重”。

编辑：田鹏颖　豆莹莹

## 王德民

王德民，男，1932年2月9日出生于河北唐山，1978年加入中国共产党，中国工程院首批院士，享受中华人民共和国国务院政府特殊津贴。王德民是我国的石油开发专家，他的研究奠定了中国石油分层开采和化学驱油技术的基础。

1960年，王德民毕业于北京石油学院钻采系，分配到大庆油田采油一部地质室任技术员，此后长期在大庆油田工作。王德民历任大庆采油研究所工程师，大庆石油管理局高级工程师、副总工程师、总工程师、副局长。他是第六届、第七届、第八届全国人大代表，并担任大庆油田有限责任公司科学技术委员会副主任、黑龙江省科协副主席、黑龙江省石油学会副理事、中国石油学会常务理事、国际石油学会大庆分部常务主任等职务。同时，王德民院士任教于东北石油大学石油工程学院，担任油气田开发工程专业博士生导师，是教授级高级工程师。

50多年来他始终坚持不懈搞研究，瞄准石油科技领域的最前沿，抢占国际石油科技的制高点，攻克多项技术难关，研究出多项石油科技成果，曾获得国家科技进步特等奖、何梁何利基金科学与技术成就奖、国家发明奖二等奖、国家科技大会奖、黑龙江省科技进步一等奖、中国石油天然气集团公司特等奖等24项奖项，并取得国家发明专利15项，其中7项获国际专利。他8次被评为国家、省、部级先进科技工作者。1987年他被国务院评为“优秀中年知识分子”，1990年被评为“有突出贡献的专家”。1989年在全国劳动模范和全国先进工作者表彰会上他被授予全国劳动模范称号。

王德民出生于医学世家，是中瑞混血，父亲和祖父都是医生，母亲是中国籍瑞士人，他从小就受到很好的家庭教育。由于中文不好，他上小学期间

① “大庆石油技术博物馆”的馆名，俗称地宫。

成绩平平。1955 年，王德民毕业于北京汇文中学，之后就读于北京石油学院钻采系采油专业。在北京石油学院学习的五年，他表现突出，是全校三名模范学生之一。1960 年王德民大学毕业，他成绩优异，学校还有意留他任教。同年，王德民自愿到大庆油田工作，被分派到采油地质室测压组，并参加了大庆石油会战。在工作中，他发现当时国际通用的“赫诺法”没有考虑井与井之间的相互影响，油田开发的时间越长，误差会越来越大。为此，王德民下定决心要创造出属于中国自己的分析解释方法。他通过自学俄语来研究苏联相对前沿的资料，刻苦钻研，连续奋战 100 多天。在 1961 年，针对大庆油田地下的实际情况，他终于独立推导出我国第一套地层测压计算公式“松辽法”，比当时国际通用的“赫诺法”精确两倍，大幅度提高了测试精度，这项成果在大庆油田以及中国其他油田继续推广应用，至今已累计使用一百万井次以上。鉴于王德民突出的科研成果，1963 年，他获得油田的科研标兵荣誉称号，并由技术员破格提升为工程师。[①] 同年年底，王德民被分派到采油工艺研究所，负责油井分层测试技术的攻关。他和工人们共同深入油田第一线，决定采用很细的钢丝代替钢丝绳往井筒里下测试仪器。经过两年多的实验研究，1965 年，一套在油管内用钢丝下仪器的分层测试工艺技术研制成功，分层测试合格率达到 90.9%，在世界范围内属于首创，并且在大庆油田推广应用，填补了中国下有封隔器的油井无法进行分层测试的空白。

1970 年，针对大庆油田开采后出现的地层压力降低、原油产量不高、含水量激增等一系列问题，王德民团队展开了一年多的技术攻关，通过反复试验研究，终于研制出中国自己的偏心配水器，比国际同类产品轻 1/2、短 2/3，将这一整套偏心配水工艺投入使用后，配水合格率足足提升了 40%，合格率已经高达 70%，对大庆油田的长期高产稳产起到了重要作用。1978 年，他负责研究的“偏心配水工艺”获得全国科学大会奖。大庆油田进入中含水开采期（原油含水量超过 20%）以后，他和采油工艺研究所所有成员共同取得了 20 多项科研成果，其中以“松辽法”试井解释方法、偏心配水和配产、分层测试等为核心，适合于中国非均质油藏的“六分四清”分层注水采油工程技术使得中国石油科技居于世界领先水平。

---

① 郑振龙、时阳：《创新，让他永远年轻》，《大庆日报》2009 年 12 月 8 日。

1978年，王德民任大庆石油管理局副总工程师一职，开始组织大批科技人员齐心协力，进行技术攻关。针对油田地下油层压力过大，继续注水可能造成大面积水淹的难题，他提出并组织“长期高产稳产注水开发技术”系统工程研究，形成了以自喷采油转变为机械采油的开发方式、钻加密调整井和外表储层为核心的系列开发技术。在石油开发的过程中，会遇到薄差的表外油层，为此，王德民成功研究了限流法压裂改造工艺技术，一次可压开20～30个薄油层，至多一次压开70个薄油层，而国际上类似的技术一次只能压开3～4个油层。[①] 这项技术的突破使得大庆油田可采储量增加6亿吨，并且得到大力的推广使用，使油田的产量每年提高100多万吨。1985年，由王德民主持完成的“大庆油田高产稳产注水开发技术”被评为国家科技进步特等奖获奖项目。

1986年，王德民担任大庆石油管理局总工程师一职，针对特高含水期油田面临的问题，在众多反对意见的重压下，他组织完成了“化学驱”三次采油技术攻关，推广了聚合物驱油技术的应用。他组织并指导1000余名技术人员对8个系统工程的两百多个科研课题开展攻关，确立了以化学驱方法即聚合物驱油技术提高采收率的主攻方向，创造性地提出黏弹性可以提高采收率的驱油原理，并通过大量实验研究选出适合于大庆油田的聚合物，解决了聚合物高黏性非牛顿流体在管道输送及矿场高压注入等一系列工艺技术难题，使大庆油田成为大规模应用聚合物驱油三次采油技术的生产基地。[②] 仅1996年一年，以聚合物驱油为主的三次采油技术就为大庆油田增加了五六百万吨的产量。1998年，该项技术获得国家科技进步一等奖。

21世纪，王德民院士在聚合物驱油技术的基础上，提出并组织开展了三元复合驱、泡沫复合驱、高浓度聚合物驱，用三次采油方法开发三类油层以及与化学驱配套的工艺技术等多项研究工作。他成功研制出“碱－表面活性剂－聚合物”三元复合驱油技术，进一步提高原油采收率，通过多次试验研究证实可提高采收率20%以上。这进一步实现了用三次加密和三

① 徐蕾：《创新采油技术的领路人——记中国著名采油工程专家王德民院士》，《中国发明与专利》2011年第9期。

② 范兴川、张平：《崎岖奋斗之路 绮丽石油人生》，《科技日报》2005年5月9日。

次采油相结合的方法开采薄差油层的首次现场试验，提高采收率13%以上，完成了树脂砂压裂等7套采油工艺技术，使化学驱工艺趋于完善并转化为现实的生产力。在世界上首次成功实现了泡沫复合驱油技术的现场试验，可提高采收率30%左右。2005年，这项“泡沫复合驱油”技术获得年度国家创造发明二等奖。同时，王德民领导研制成功的泡沫复合技术驱、二元复合驱、同井注采等四项采油工艺已经被应用于实际的石油开采中。另外，他还在研究“凝合剂弹性增加洗油效率”等课题，奋力探究“改进活性剂加碱工艺”，以研究出一整套适合化学驱油的采油工艺。① 而今，我国大力推进实施创新驱动发展战略，注重科技创新在产业发展中的重要作用，而王德民院士在油田开发的注水和三次采油等方面取得的重大石油科技成果在世界范围内处于领先地位。王德民院士不仅带领自己的团队搞研究，而且还无私地把石油科技成果进行分享。1986～2007年，他共发表期刊论文46篇，著有5部专著和译著。可以说，王德民院士把毕生心血都倾注到了中国的石油事业上，致力于科研成果向生产力的转化，走出了一条具有中国特色的石油工业科技发展之路。

2016年4月12日，国际编号为210231号的小行星被正式命名为“王德民星”，这一具有国际意义的命名不仅标志着王德民院士伟大的科学成就，而且折射出大庆精神的时代光辉，同时宣告中国为世界石油科技贡献着自己的智慧和力量。

王德民同志把自己的青春、才华和智慧都贡献给了我国的石油事业，可以说他的一生是责任、梦想、光荣交织的一生。正如他所说的，终生服务大油田是我的荣幸。又如他在“王德民星”命名仪式暨学术报告会上谦虚地说，他只是力尽所能，履行了一名科研人员的职责，为大庆油田开发建设做了一些应该做的工作，尽了一点自己的绵薄之力，他会不遗余力地做下去。因为王德民院士始终坚持着这样的人生信念：“中国石油工业最需要什么，我就研究什么。”

编辑：田鹏颖　豆莹莹

① 倪伟龄：《攀登采油科研“珠峰”的领路人》，《黑龙江日报》2006年4月20日。

## 张麟悟

张麟悟，男，1934年出生于江苏丰县，汉族，无党派民主人士。1958年，张麟悟以优异的成绩毕业于清华大学机械制造专业，来到哈尔滨电机厂大电机研究所从事水轮机强度计算工作，历任技术员、工程师、高级工程师。1987年，他被评为全国优秀科技工作者并获得全国“五一劳动奖章”，1989年在全国劳动模范和全国先进工作者表彰会上被授予全国劳动模范称号。

大学毕业后，张麟悟被安排研究水轮机强度设计，他从事水轮机设计30多年。工作以来，他曾参加过新安江72.5MW机组和刘家峡225MW机组的水轮机结构设计和生产服务工作，主持了新安江9号机涡壳打水压内外表面应力试验工作，先后参加并主持过20多项水轮机设计和应力实测工作，在水轮机的机械强度计算及试验方面成绩显著。近几年，他先后完成并投入使用的成果有“水轮机主轴强度有限元法计算程序”“模型转轮强度试验数据处理程序”“顶盖SPA－5计算的前处理程序”“准三元流场计算程序”等，填补了国家相关领域的空白，提高工作效率一千多倍，并为葛洲坝机组生产做出了突出的贡献。

对于毕业于机械制造专业的张麟悟来说，研究水轮机的强度设计无疑是一个陌生的专业领域，更是一项艰巨的挑战。但是，他二话没说，毅然决然地走上了这条路，通过翻阅大量的工具书，不断地查找资料，他努力地汲取相关领域的知识，更新自己的知识结构。张麟悟在清华大学杜庆华教授有限元法的应用启蒙下，踏上了一条艰难的探索之路。

葛洲坝12.5万千瓦水轮机设计，强度计算是一个基础环节，没有精确的计算，根本就谈不上科学的设计。早在20世纪50年代，电子计算机这门学科就已经在西方兴起，鉴于“文化大革命”的影响，我国的电子计算机技术直到20世纪70年代才刚刚起步，相比之下我们已经落后十几年了。在一次与美国某公司洽谈的技术协作会上，鉴于美国的电子计算机软件在国际上处于领先地位，故而哈尔滨电机厂一位工程师希望能从他们那里引进一些关于水轮机强度计算的程序。但是，这个公司高鼻子、蓝眼睛的代表并没有正面回答这个问题，却轻蔑地反问道：“你们中国人肯卖老婆吗?”面对美国人的讥笑、讽刺和挑战，张麟悟感到万分惭愧，原来中国水轮机事业的发展被强度计算拖住了后腿。强烈的民族自尊心使得张麟悟暗下决心，无论多么艰难，也要设计出属于中国自己的水轮机强度计算程序。

张麟悟的科研之路并非那么容易。他上有老下有小，年逾七旬的老母亲几乎双目失明，大儿子患脑膜炎后遗症，还经常犯抽风病。而他爱人的工作单位距家很远，每天早出晚归，辛劳地工作，没有时间和精力照顾这个家，生活的重担自然落在了张麟悟的肩上。他常常感到体力不支、全身酸痛，长期的紧张劳累使他患上了糖尿病，遭受病痛的折磨。但是，生活的磨难并没有压垮张麟悟，反而坚定了他继续探索的决心。即使是在生病期间，他仍然偷偷地啃书本，翻阅资料，继续编计算程序，不肯停歇下来，不等痊愈就溜出了医院。寒来暑往，昼夜交替，他一边自己思考琢磨，一边与同行们交流，还主动地向专家们请教，就这样，持续了800多个日日夜夜，终于实现了跨专业领域的成功飞跃，在水轮机强度设计方面取得了显著的成果。

1961年起，张麟悟开始从事水轮机机械强度计算和试验工作。20世纪60年代后期，电真技术和有限元法在国内刚起步，他就率先于1970年开始从事这方面的研究工作。1974年，张麟悟终于编制出葛洲坝工程水轮机主轴应力计算程序，成功地解决了水轮机主轴的应力分析和轴承的横向振动计算问题，从而节省了模型强度试验工作的时间。水轮机主轴是水轮发电机组的重要部件之一，随着水轮发电机组的发展，机组的出力越来越大，主轴承受的轴向力和扭矩也越来越大，相应主轴的尺寸也越来越大。主轴的结构设计与其应力密切相关[①]，因此，要摸清主轴的应力分布规律和峰值，才能使其应力合理地分布，更好地发挥效能。而张麟悟精确地计算出了运用有限差分法难以计算出来的主轴过渡段拉伸应力和合成应力。采取模型试验方法要用近两年时间才能完成的应力数据的测试工作，他根据自编的计算程序，运用电子计算机仅需三四个小时就计算出来了。至此，他的研究成果为完成葛洲坝机组设计奠定了基础。

张麟悟工程师还把自己关于水轮机强度设计的试验成果以论文的形式进行分享，发表的论文主要有《水轮机主轴在扭矩作用下的有限元法应力

① 张麟悟：《水轮机主轴在扭矩作用下的有限元法应力计算》，《大电机技术》1982年第3期。

计算》《水轮机主轴临界转速的电子计算机计算探讨》《水轮机主轴轴向拉应力的有限元法计算》《水轮机模型转轮应力试验数据的电子计算机处理》《轴面有势流场的有限元法计算》等。1975年，他应邀进京出席了“中国机械工程部第一届有限元法应用经验交流会”，他的论文引起了强烈的反响，由他编制的程序获得了与会专家学者的一致肯定，标志着这项研究已经突破了20世纪50年代我国从苏联引进的水轮机标准计算方法。并且，张麟悟关于水轮机主轴过渡段结构优化程序的研究取得了显著的成效，在第二届动力机械工程年会上发表了相关研究成果。后来，张麟悟致力于水轮机强度计算的关键课题的研究，于1983年完成了准三元流场分析，该项研究属于世界首创，解决了世界上许多先进国家也未能完全解决的难题。在1年时间里，他翻阅了大量资料和文献，每天工作时间达10小时。通过与其他同志的团结协作，“准三元流场”这一具有世界意义的课题终于完成了，攻克了困扰国内水轮机行业多年的难题，为解决水轮机轻轮强度计算难题提供了科学的依据和实现的可能性。在出国期间，他争分夺秒，努力汲取新知识。回国后，他开始利用业余时间翻译外文资料，数量达十几万字之多，更令人惊奇的是，他仅用一天时间就能将引进的PRIME计算机和IBM计算机操作方法移植成功，比瑞士专家对程序的调试足足少了六天。张麟悟还利用电子计算机编出“水轮机大轴强度有限元法计算程序”等8个软件。不仅如此，他还解决了混流式水轮机转轮的自动划分单元程序、SPA5的前处理程序、模型转轮应力试验的数据处理程序和其他一些设计生产中的实际计算问题，使我国水轮机强度工作赶上了当今世界水平。近些年来，张麟悟工程师又研究了复杂曲面的多轴数控机床加工程序的电子计算机自动编程问题，为发展现代化生产做出了贡献。自1984年以来，他曾连续多年被评为哈尔滨市机电冶金局先进生产者标兵，并获得哈尔滨市第21届、第22届特等劳动模范，黑龙江省第六届特等劳动模范，全国先进科技工作者的光荣称号。1987年，张麟悟被授予全国“五一劳动奖章”，光荣地出席了“五一”庆典活动，同年他晋升为高级工程师。

强烈的民族自尊心激发了张麟悟勇于探索的决心，而在关于水轮机强度设计的探索之路上，他进一步表现出了执着、奉献、迎难而上的科学精神。作为一名电机工程专家，张麟悟用实际行动为祖国建设做贡献，他的事迹值得我们去学习。

编辑：田鹏颖　豆莹莹

## 丁福海

丁福海，男，1958年8月出生于吉林伊通，回族，1988年加入中国共产党。他曾是哈尔滨轴承厂南直分厂一车间投料工段的一名车工。1982年，丁福海毕业于哈尔滨轴承厂技校，入厂以来，他兢兢业业，把持之以恒的奋斗品格同迎难而上的科学精神结合起来，给工厂带来了巨大的经济效益。他连年刷新生产纪录，在厂里生产竞赛中曾经20多次荣立一等功。1989年在全国劳动模范和全国先进工作者表彰会上，丁福海被授予全国劳动模范称号。

从1982年9月至1988年上半年，6年如一日，丁福海累计完成13年定额工作量，给工厂创造产值63.4万元之多，节约各种刀具、材料累计价值达5.5万元。[①] 在社会主义劳动竞赛中，丁福海多次荣立一等功，连续6年获得厂先进生产者和生产者标兵荣誉称号。1988年11月，他获得由哈尔滨市政府授予的哈尔滨市劳动模范荣誉称号。1988年12月3日，哈尔滨市总工会作出《关于在全市职工中开展向丁福海学习活动的决定》，号召职工们学习丁福海的先进事迹和崇高品德，争做丁福海式工人，为哈尔滨市建设贡献自己的智慧和力量。1989年，丁福海被评为全国劳动模范。

丁福海同志在工作岗位上，吃苦耐劳、拼搏大干，连年刷新生产纪录，在入厂头一年就取得了突出的成绩，顺利完成了既定的工作量，以后每年生产任务都超额完成50%。1988年9月，他原本计划完成4万件“201”轴承外套的加工任务，实际则大幅度超额完成生产计划，加工了16.2万件。丁福海从事的多轴车车工工作是十分辛苦的，浑身上下沾满机油，上一次料要提拿二百多公斤。他成年累月地坚持加班加点工作，特别是在电力不足或生产任务紧的时候，一干就是十二三个小时，甚至像这样连续工作一个月之久。为了多抢时间多干活，提前达到定额工作量，他经常带三个饭盒上班，也就是说每天在车床边吃三顿饭，“陪同”车床一起工作。丁福海

① 黑龙江年鉴编辑部编《黑龙江年鉴（1992）》，黑龙江年鉴社，1992。

怕耽误时间，他甚至不坐通勤车，尽管家和工厂之间相隔几十里路，他仍坚持每天骑自行车上班。1988年11月的一天，丁福海所在的一车间一片漆黑，他摸着黑在那擦车床，尽管从昨天晚上12点干到现在，却是疲惫中夹杂着兴奋，原本要求的工作定额是1670个轴承外套，他不仅超额完成了工作量而且高达7000个。入厂第一年，他完成生产计划的100%，第二年、第三年完成150%，第四年、第五年完成200%，第六年完成250%，1988年前9个月完成了全年生产计划的300%。可以说，丁福海同志对待生产的态度就是和时间赛跑，超越时间前进。就像他说的，作为一名工人，就要把活儿干好，"生产才是一切财富的根儿"①，是人民生活水平提高、国家富强的基石。

丁福海同志不仅踏实肯干，而且勤奋好学，敢于创新。为了多干活，干好活，他参阅了大量的资料，注重理论联系实际，在实际操作中总结出先进的工作方法，改造和创新了6种12把刀具，使之干起活来多快好省，极大地提高了工作效率，实现了工作定额的翻倍。之前，哈尔滨轴承厂接受一个外国代表团的参观，他们嘲笑中国工人们仍然使用2.8毫米的切断刀进行操作。原因就在于用这些刀进行操作不仅切口大，而且会造成钢材的浪费，这样的工艺远远落后于一些先进国家的技术水平，相比之下，当时这些先进国家已经在使用2.0毫米宽的切断刀了。强烈的民族自尊心使得丁福海下定决心要革新这种落后的切断刀，争取早日赶超国际刀具的先进水平。丁福海为了给工厂和国家节约资源，还联合一名高级工程师齐心协力搞研究，他们充分利用业余时间，一鼓作气研制成功了1.5毫米切断刀，该项研究在国际上处于先进水平，丁福海也成为率先使用这种刀具的人。丁福海勤于机床性能的研究，反复进行试验去检验。在可控范围内，他根据生产的需要和现有的技术水平大胆地调整了机床，把车削速度由每分钟30.5米提高到每分钟42米，使得生产效率实现了新的突破。按照原来的技术水平，人均每小时的工作量是320件，经过这项技术革新，丁福海每小时完成的工作量达480件。就这样，丁福海注重在"巧"字上下功夫，不断提高技术操作水平，每天完成的工作量是生产计划的2倍以上，极大地提高

---

① 白衍吉：《人生笔记·岁月琴弦》，黑龙江人民出版社，2008，第291页。

了生产力水平。

同时，丁福海还是节约的模范，他始终把勤俭节约当作自己的本分。他总是从点滴小事着手，别人使用过的，甚至是报废的工具，他就拿回来进行修缮和改造，继续使用，想着法儿地节省。正如他曾经说过的："能节约一点是一点，能多干一个是一个，这才尽到了一个工人的本分。"① 丁福海车床上所用的切断刀是一种并不紧缺的刀，按照厂里规定和加工产品的技术要求，这种刀用到两三寸长就得替换下来，改用新刀。但是，丁福海对刀具的使用非常节省，坚持使用入厂之初领过的切断刀，并且自1983年以来，坚持使用别人用过的甚至是报废的旧刀板。起初，其他同志还不能理解丁福海的这种行为，时间一长，大家都跟着学起来了，以至于后来旧废刀在车间也不好拣了。另外，丁福海针对每吨价值6000多元的原料轴承钢管，为了节省材料和资金，他研究出把切断刀磨窄0.3毫米的办法，平均每车30个套圈就省一个套圈。仅这一项，他就多生产出108350个套圈，节约钢管4400多公斤，多创造价值19495元。从1982年到1988年6年时间里，他节约了1150多把刀具，节约的各种刀具、钢材等累计价值达5.5万元。丁福海同志不仅单独搞科研，而且还能鼓励其他员工齐心协力，撸起袖子加油干，在他的带动下，职工积极性得以提高，每个工人都能顺利完成，甚至是超额完成既定工作量。

丁福海总是以主人翁的姿态对待工作，对待生产，在平凡的工作岗位上创造了不平凡的事迹。"有了大家才有小家"，可以说这是丁福海始终坚持的原则和信念。他无时无刻不关心着生产，总是早出晚归，在工段里忙前忙后。他很少能抽出时间陪陪家人，甚至有的时候女儿生病了，他也忙得抽不开身前去照顾。丁福海身上承担着儿子、丈夫、父亲等多重角色，他为自己没有尽到责任而十分愧疚。更进一步说，他是把这份对家人的责任投入到生产之中，将自己的青春和精力都奉献给了企业和国家，因为在他看来，只有人们鼓足干劲搞生产，只有企业和国家发展了，人民才能过上幸福安稳的日子。不仅如此，丁福海从不追求安逸和名利，而是把艰苦的工作岗位作为实现"四个现代化"理想和自我价值的落脚点。多年来，

① 白衍吉：《人生笔记·岁月琴弦》，黑龙江人民出版社，2008，第291页。

他放弃当班长、上工学院学习、改换工种等机会，坚持在艰苦的生产第一线劳动。即便是在金钱面前，他也从不动摇。1988 年 8 月，他还主动把由于统计员计误而多发给他的 360 元钱退还回去了，表现出崇高的思想境界。

在影响哈尔滨市经济增长的诸多因素中，工业占据着主要地位。沐浴着改革开放的春风，全市工业企业如雨后春笋般涌现出来，极大地推动了全市工业的发展，促进经济的平稳增长。"十一五"期间，市委、市政府总览全局，确定了"以老工业基地振兴为主线，加大工业调整、改造和创新力度，走新型工业化道路。发展壮大机械制造业、高新技术产业、绿色食品、医药工业四个基地"① 的总体要求，旨在大力发展工业，实现经济总量稳步提升，促进就业，提高职工收入水平。而丁福海同志作为工人阶级队伍中的表率，能很好地提高广大职工的劳动积极性，带动大家团结奋进以促进国民经济的增长。他的那句话——我是工人，就要把活儿干好，时刻激励着工人阶级的每一员埋头苦干，不断前进，他是广大青年学习的榜样。

丁福海同志堪称生产的闯将，革新的能手，节约的楷模。在他身上，可以看到工人阶级踏实肯干、求实创新、勤俭节约、甘于奉献的高贵品质和积极向上的精神风貌。丁福海同志用实际行动诠释着人生的价值和意义，成为激励我们不懈奋斗的力量源泉。

编辑：田鹏颖　豆莹莹

## 全玉顺

全玉顺，女，出生于 1960 年，朝鲜族，韩国釜山人，中专文化，1986 年加入中国共产党。1978 年，她在哈尔滨市第一百货商店参加工作，1987 年被评为黑龙江省劳动模范，"1988 年获得全国五一劳动奖章，1989 年被评为全国劳动模范、全国三八红旗手，1990 年被评为全国十佳营业员"②。同年，全玉顺作为全国十大百货商店劳动模范巡回报告团的一员，在北京、

---

① 《哈尔滨市国民经济和社会发展第十一个五年规划纲要》，哈尔滨市人民政府网站，http://www.harbin.gov.cn/art/2016/6/15/art_4977_71556.html，最后访问日期：2018 年 7 月 10 日。

② 士心、东安、任文：《她像一块磁铁：记党的十四大代表全玉顺》，《党建》1992 年第 10 期。

济南、天津、沈阳、大连、哈尔滨等大城市做了《在三尺柜台上实现人生价值》的巡回演讲，受到广大听众的热烈欢迎。

自全玉顺从事哈尔滨市第一百货商店针织商场的营业员以来，她总是面带微笑，有礼貌地迎接每一位顾客，很好地体现出谦逊、热情、诚恳的服务风采。一次，全玉顺的柜台前迎来六七名小伙子，他们吵嚷着要看商品，这个喊着要买被面，那个吵着要买床单，买了换、换了退、退了再买，明显是故意刁难全玉顺。她不仅没有恼火，而且热情地给他们介绍商品的质量、性能和养护的方法，尽力为顾客提供满意的服务。见识了全玉顺的工作状态，这些小伙儿被她热情的服务态度、文明礼貌的话语、丰富的服务经验、善解人意的微笑深深地折服了。他们难为情地说："我们哥们几个是有意到你这捣乱来了，刁难你，大姐，真没想到你的服务态度可真棒，真不愧为优秀服务标兵。"① 后来通过新华社记者报道，才知道这几个故意捣乱的顾客是牡丹江铁路分局一个列车服务组的青年工人，他们通过实地考察全玉顺的营业过程，深深地被她热情的服务态度和优良的服务品质打动。他们认真总结这次实践活动的心得体会，结合全玉顺同志的优秀事迹，开展了学习全玉顺同志服务精神的系列活动。自此，牡丹江铁路分局二包一组努力搞好列车服务，不断提高服务品质，由后进列车服务组转变成先进列车服务组，受到新华社、《人民日报》记者的采访。

全玉顺在工作中兢兢业业，注重提升自身的服务品质，坚持与时俱进，努力学习多种语言，争做新时代的新商人。为了服务每年哈尔滨冰雪节和哈洽会期间的国外顾客，她特意花费了三年多的时间学习日语。1988 年哈尔滨冰雪节期间，柜台前站着几位来买床单的日本顾客，看到这种情景，全玉顺不慌不忙，随即用一口熟练流利的日语和顾客对话，热心地询问他们的需求，向他们介绍不同床单的特点和洗涤方法等，并且为这几位日本顾客推荐和挑选了带有樱花图案的床单。顾客们不仅惊讶于全玉顺的表现，而且非常感谢地说："小姐，在你这买货，人可亲，货也可心，你是我们在中国遇到的最好的销售员"②。离开时，这几位日本顾客还一再向全玉顺鞠躬

---

① 《全玉顺三尺柜台的永恒微笑》，《哈尔滨日报》2011 年 7 月 1 日。

② 《全玉顺三尺柜台的永恒微笑》，《哈尔滨日报》2011 年 7 月 1 日。

表示感谢。1999年春天，两位来哈尔滨探亲的俄罗斯顾客来到全玉顺的柜台，通过询问得知，他们打算挑选几条床单带回国。根据多年的工作经验，全玉顺就给他们推荐了四床玫瑰花图案的浅黄色纯棉丝光床单，顾客们很是中意。离开时，他们激动地与全玉顺握手，"斯巴西巴！斯巴西巴！"[①] 一定程度上，全玉顺的服务态度给外国顾客树立了良好的形象，诠释了哈尔滨商业的整体面貌，更展现出一个民族的精神风采。

全玉顺能够紧跟时代步伐，充分发扬了与时俱进的精神品质。秉持着服务他人的初心，凭借着多年的工作经验，全玉顺已经打造出了一套独具特色的服务品牌。正如她所说的："服务工作有起点，没有终点。"[②] 自参加工作以来，她不仅学习各种语言，而且巩固业务知识，注重提高计算、核算等技能。全玉顺能够熟练掌握100多种床单的生产厂家、产品质量、品质、价格等基本信息，对顾客咨询的问题对答如流。功夫不负有心人，在连续几年的全省百货系统业务技术示范竞赛中，全玉顺都取得了第一名的好成绩。不仅如此，为了提供顾客满意的服务，她"还系统学习了柜台服务艺术、心理学、语言学、市场学、美学、公共关系学和珠算、包装技术"[③]。"1990年11月在哈尔滨市工人技术考核中《操作技术》《陈列》《收据统计》都得到了满分的好成绩"[④]。每当遇到困惑之处，全玉顺就主动向老劳动模范盛仙芝请教，同时，她还为自己制定了"博采众长—融会贯通—实践运用"[⑤] 的基本原则，总结了"四四三"[⑥] 服务工作方法。她从心底把顾客捧为上帝，想顾客之所想，急顾客之所急。为此，全玉顺在柜台上放置了购物预约登记簿，以便及时调查顾客的需求。同时，她将顾客需求信息反映给厂家，便于厂家生产满足市场需要的商品。顾客所需的商品一齐全，全玉顺就立即联系相应的顾客，有时还会亲自送货上门。通过坚持不懈的努力，全玉顺能够自如应对不同消费群体，而且能够针对不同的顾客采用不同的交流方式，清

---

① 《全玉顺三尺柜台的永恒微笑》，《哈尔滨日报》2011年7月1日。

② 《中国商业年鉴1991》，中国商业年鉴社，1991，第707页。

③ 潘永文：《黑龙江巾帼之光》，黑龙江人民出版社，2003，第444页。

④ 潘永文：《黑龙江巾帼之光》，黑龙江人民出版社，2003，第444页。

⑤ 《全玉顺三尺柜台的永恒微笑》，《哈尔滨日报》2011年7月1日。

⑥ 《中国商业年鉴1991》，中国商业年鉴社，1991，第707页。

楚明白每位顾客的购物需求，获得了广大顾客的好评和赞赏。

全玉顺不仅服务周到，而且善解人意。一次，一位大娘领着她未过门的儿媳来到全玉顺的柜台前，想要选购结婚用的被面。大娘选中了绣有“龙凤呈祥”图案的被面，而姑娘却中意绣有“喜鹊登梅”图案的被面。大娘碍于喜鹊登梅（没）的谐音听起来不吉利，而姑娘想辩解又不好意思开口。看到这种场景，全玉顺指着“喜鹊登梅”图案的被面对大娘说道：“这个图案挺好的，喜鹊站在梅枝上，叽叽喳喳报喜来”[①]。大娘和姑娘一听都非常高兴，夸赞她为总是能给顾客带来喜庆和欢乐的“小喜鹊”。

全玉顺不仅出色地做好柜台服务工作，而且还把这种服务意识扩散到生活中的方方面面。一到休息日，她就走出商店为江北疗养院、盲人诊所、铁桥警备部队、南岗豆制品厂等特殊顾客群体送货上门，毫无怨言。不仅如此，她不辞辛苦地照顾几位孤寡老人，风雨无阻。自 1979 年以来，全玉顺长期照顾兆麟街五保户张大爷夫妇，每逢过年过节都买上礼品前去探望，对待老人像对待自己的父母一样。遇到老人生病时，她也十分着急，亲自请医生、送药、护理，安排好老人的一日三餐，对老人无微不至。一年元旦，张大娘身患重病，全玉顺知道后，亲自背着张大娘赶到医院就医，天天围着病床转。病房的其他患者和大夫们将全玉顺的行为举止都看在眼里，非常感动，都以为她是张大爷夫妇的亲孙女呢。每当听到大家夸赞全玉顺，张大娘就激动地说：“我们老两口一辈子无儿无女，她是哈一百的小全，多年来她一直照顾我们，真是比亲孙女还亲啊！”[②] 张大爷夫妇对全玉顺充满了无限的感激。

多年来，全玉顺一贯坚持着全心全意为人民服务的根本宗旨，在平凡的三尺柜台上用自己的微笑、热情、娴熟的业务技能以及崇高的责任感把商品卖给顾客，给顾客带去温暖。正如巴彦布诗歌中所写的那样：“热心、坦诚与珍重若山溪游来，柜台将事业、人生、心灵交织……”[③] 以全玉顺为代表的一批优秀共产党员和先进工作者组成的商业服务团队充分展现出一

① 《中国商业年鉴 1991》，中国商业年鉴社，1991，第 707 页。

② 《全玉顺三尺柜台的永恒微笑》，《哈尔滨日报》2011 年 7 月 1 日。

③ 巴彦布：《巴彦布诗文集·上·巴彦布诗歌近作选》，哈尔滨出版社，1994。

个时代的精神风貌，从他们身上反映出的服务意识慢慢发酵，产生了滚雪球般的效应，深深影响着一代又一代青年人的职业选择。他们用真情实意打动每一位消费者，凭借优良的服务品质和变革的创新精神为塑造哈尔滨城市精神增添光彩。全玉顺始终以充满柔情、善解人意的微笑给顾客带来温暖和惬意，以真诚和优质的服务给顾客带来满意和放心，赢得了广大顾客的喜爱和尊重，展现了20世纪80年代营业员的精神风貌。而今，伴随着第三产业的经济总量在国民经济中的比重不断提高，向全玉顺学习显得尤为必要和迫切。

编辑：豆莹莹

# 第三章　1995～2000年东北（黑龙江）老工业基地全国劳动模范和全国先进生产者

## 王启民

王启民，男，出生于1937年，浙江省湖州市人，中国共产党党员，大庆石油管理局勘探开发研究院院长，教授级高级工程师。王启民1961年从北京石油学院毕业后到大庆油田工作，他“先后主持了油田分层注水、接替稳产、油田高含水期开发、表外储层开采等八项重大开发试验任务，参加并组织了40多项科研攻关课题和油田‘七五’‘八五’‘九五’开发规划编制研究等工作”,① 为大庆油田保持高产稳产做出了杰出的贡献，多次获得国家科技进步奖。他是中共十五大代表，当选为中共第十五届中央候补委员。1995年他荣获全国先进工作者称号，同时，被评为石油系统特等劳动模范。王启民于“1997年1月，被中国石油天然气总公司党组授予‘新时期铁人’荣誉称号。”② 1997年6月21日，《人民日报》报道，中共中央组织部决定授予王启民以“全国优秀共产党员”称号。2009年，王启民被评为100位中华人民共和国成立以来感动中国人物之一。“王启民身上充分体现了中华民族和中国工人阶级的优秀品质，是对以‘爱国、创业、求实、

① 栾传大：《价值观故事书系——敬业》，吉林文史出版社，2014，第168页。

② 罗建东、张一明：《精神动力长在　石油本色永存》，《中国石油报》2010年1月12日。

奉献’为内容的中国石油企业精神的最好诠释。”[①]

1960年，全国各地的钻井队进入萨尔图草原，轰轰烈烈的松辽石油大会战开始了。1960年4月，王启民到大庆油田进行实习，并且担任葡田井试油队技术员。当时，大庆油田刚刚开发，条件非常艰苦，工人们住的只是用泥草搭建的“干打垒”。石油工人们为了多打井、多出油，不分昼夜地围着油井转。这一年年末，王启民被评为实习生中唯一的二级红旗手。1961年8月毕业之后，他依然申请到刚开发不久、条件最艰苦的大庆油田工作。面临着严峻的国外和国内形势，顶着外国专家质疑的巨大压力，王启民下定决心一定要开发出中国人自己的大油田。在“铁人”精神的引领下，他坚定“宁肯把心血熬干，也要让油田稳产再高产”[②]的理想信念，一门心思投入到大油田中，攻克了诸多技术和生产难题，给我国石油科技带来了质的飞跃。

20世纪60年代，王启民研究出“高效注水开采方法”，实现了石油科技领域的新突破。石油是工业的血脉，而石油开发是一门科学，需要大学问。起初，大庆油田采用国外惯用的注水方法进行开采，坚持“温和注水，均衡开采”[③]。但是，在石油开采过程中，产生了地层压力下降、产量递减的负效应，采收率仅达5%，一半数量的油井被水淹没，对开采作业造成了严重的影响。面临着重重考验，王启民没有气馁，时刻保持清醒的头脑，坚持在实践中探索攻克难关的路径。他与其他石油工人齐心协力，刻苦钻研，经过反复实验，终于认识到“油田开采的关键是保持压力，不能怕见水就不注水”[④]这一深刻道理。经领导同意后，王启民组织参与对一口含水量达60%的油田进行试验研究，在试验过程中采用这种新的开采方法取得了显著的效果，有效地消除了温和注水带来的负效应，而且这口油井的日产量由原来的30多吨增加至60多吨，实现了巨大的经济效益。于是，王启民研究出的“高效注水开采方法”立即在大庆油田推广使用，创下了一批

---

① 中国石油天然气集团公司思想政治工作部编《崇高榜样》，石油工业出版社，2010，第7页。

② 中华人民共和国年鉴编辑部编《中华人民共和国年鉴2009》，中华人民共和国年鉴社，2009，第962页。

③ 赵化勇：《盛世中华脊梁风采——老劳模风采》，中国广播电视出版社，2010，第59页。

④ 赵化勇：《盛世中华脊梁风采——老劳模风采》，中国广播电视出版社，2010，第59页。

日产百吨以上的高产油井。他称这为“不破不立”，终于闯下了一条“中国式注水开发”的新路径。[①]

20 世纪 70 年代，王启民参与主持了“分层开采、接替稳产”的石油开采新模式。为了实现油田高产稳产这一目标，王启民团队再次投入试验研究以探明地下油水的变化规律。这一摸索就是 10 年，长期的野外作业使他患上了类风湿强直性脊柱炎，尽管如此，他毫无怨言，时刻都在以实际行动履行着对党和国家的承诺。

1975 年，随着开采程度的不断加深，油田的发展面临着新的难题。一方面主力油层的开采量不断下降，另一方面，油田含水量不断上升。鉴于我国当时的经济形势，主持中央工作的邓小平同志提出：“要大力开采石油，尽可能多出口一些！”[②] 王启民团队积极响应国家号召，开始了新的技术攻关，通过大量的数据分析，反复试验，终于创造出“分层开采、接替稳产”的新模式，成功破解了这一生产难题，使水驱采收率提高了 10% ~ 15%。这种开采模式不仅能够保证油田的持续稳产，而且掌握了地下油层的分布规律，能够为不同时期的油田开采提供理论根据，促进了大庆油田第一个 5000 万吨稳产目标的实现。并且，这种方法迅速在大庆油田乃至其他油田推广使用，取得了良好的效果。1976 年，大庆油田创下了年产原油 5030 万吨的纪录，使我国石油产量一举处于世界先进行列。

20 世纪 80 年代，王启民成功突破了国内外都认为的“表外储层”没有开采价值的“禁区”，研究出开采薄差油层的技术方法。1985 年，大庆油田第一个稳产十年的目标顺利实现，这一成就激发了石油工人实现第二个稳产十年的底气。但是，当时的大庆油田已经进入高含水期，要保持持续稳产必须挖掘油田潜力。于是，王启民团队将目标指向了油田表外储层，这一厚度在 0.5 米以下的薄差油层，他们认为一旦成功开采，就会变废为宝，获得巨大的收益。凭借着精湛的技术和迎难而上的拼搏精神，王启民团队开创了国内外开发表外储层的先例，这项研究成果“使得油田增加地质储

① 赵化勇：《盛世中华脊梁风采——老劳模风采》，中国广播电视出版社，2010，第 60 页。

② 转引自赵化勇《盛世中华脊梁风采——老劳模风采》，中国广播电视出版社，2010，第 60 页。

量20多亿吨，相当于为国家找到了一个新的大庆油田”[①]，为我国石油工业创造了巨大的经济效益。

20世纪90年代，大庆油田进入高含水开发期，作业难度不断加大，倘若继续使用国外提液稳油的方法进行开采需要支付大量的费用。为此，王启民研究出“大庆油田高含水期稳油控水系统工程”[②]结构调整技术，创立了“控液稳产”的新模式，使油田含水量趋于平稳，创造了世界油田开发史上的奇迹。相比国家审定的开发指标，“5年累计多产油610.6多万吨，增收节支150亿元”[③]。到2002年，大庆油田实现了连续27年原油产量5000万吨以上的好成绩，处于世界石油领域的领先地位。

王启民始终牢记一名共产党员的责任和使命，廉洁奉公，甘于奉献。1997年1月21日，为了表彰王启民的突出贡献，中国石油天然气总公司授予他铁人科技成就奖奖牌以及10万元奖金。但是，他毫不犹豫地把这10万元奖金献给了大庆石油管理局勘探开发研究院，作为科研奖励基金用于培养更多年轻的科研工作者。同年，王启民受到时任中共中央总书记江泽民的接待，江泽民总书记给予他高度的评价，称赞他为大庆第二代铁人、科技战线的铁人、新时期的铁人。

王启民不顾身患疾病，坚持奋斗在科研生产第一线。伴随着油田开采难度的增大，王启民坚信艰苦创新没有止境。从2000年开始，王启民经过不懈的努力，迈过了化学专业的门槛，研究出一项针对污水环境的新型驱油剂驱油技术，经过反复试验之后，投入生产使用，不仅提高了石油产量和质量，而且节约了资源，为我国石油工业做出了新的重大贡献。

作为一名科技工作者，王启民牢固树立了“科技兴油”“科技兴企”的意识，始终贯彻落实“科学技术是第一生产力”的战略思想，不断突破国内外油田开发史上的一系列“禁区”。王启民将全部精力和心血都投入到社会主义建设的伟大事业中来，始终把自我价值的实现与国家民族的事业自觉地融合在一起，为我国石油事业的发展奉献出智慧和力量，体现出艰苦

① 赵化勇：《盛世中华脊梁风采——老劳模风采》，中国广播电视出版社，2010，第61页。

② 李长开、石浩：《穿越时空的红色记忆：人物篇》，《中国石油报》2011年7月1日。

③ 《中国人物年鉴1998》，中国人物年鉴社，1998，第53页。

创业、顽强拼搏的“新时期铁人精神”，是新时代工人阶级的表率和楷模，值得我们每个人学习。

编辑：田鹏颖　豆莹莹

## 马　军

马军，1957年8月出生，男，汉族，辽宁省建昌县人，中共党员，高中文化，大庆石油钻井三公司1202队第十四任队长。他先后四次被石油部、天然气总公司评为“新长征突击手”；连续四年被市（局）评为劳动模范；连续两年被市（局）评为优秀共产党员、优秀共产党员标兵；1991年获得全国“五一劳动奖章”，1992年当选为党的十四大代表，1995年被评为油田十名最佳职工，1995被评为全国劳动模范。

1980年，从伊春林区来到大庆1202钻井队的一条硬汉子——马军，在党的培养教育下，在1202队这个英雄集体的熏陶下，他逐步懂得了人生价值和自我理想的真正含义，他处处以一名共产党员的标准严格要求自己，扎根钻井队，奋发大干。

刚来到井队时，面对大草原上孤零零的钻井架，马军的思想曾有过动摇，钻井队的苦、累、脏、险，是他从来都没想象过的，在他心灰意冷时，1202队荣誉室里上百面的锦旗和光辉的队史感染了他，他扔下思想包袱，立志要当一名优秀的具有钢铁意志的石油钻工。一年后，由于在工作中的出色表现，他被破格任命为司钻。

榜样的力量是无穷的。工作中，马军踏实肯干，特别能吃苦，特别能战斗。他处处以铁人王进喜和钢铁钻工、全国劳动模范吴全清为榜样，在困苦艰险的时刻临危不惧，一直冲在最前面。1982年的深冬，1202钻井队在龙虎泡油田施工，副司钻忙中出错，把锚头拉乱了，大绳忽地一下跳了起来，狠狠地抽打在马军身体的右侧，马军应声而倒，面色苍白，疼得不敢动弹一下。拉到医院一检查，右侧肋骨断了两根，腹腔内还有积血。马军静静地躺在病床上，两眼瞅着天花板，心里空落落的，总觉得少了点什么。是啊，听惯了钻机的轰鸣，看惯了钻工忘我的劳动，一下子全没了，马军真是躺不住啊！9天后，马军终于可以下地了，尽管伤口还没有愈合、腹腔内的积血还没有排尽，他就偷偷地跑出医院，坚持上井指挥生产。就在这一年，马军带领钻井队首次突破班组进尺万米大关，创出打井新纪录。马军说："铁人王进喜当年腿负重伤，拄着双拐上井，'宁可少活二十年，拼命也要拿下大油田'。其实，老前辈为了发展中国的石油工业何止少活了二十年！我学铁人，就要像他老人家那样，要油不要命！"① 1984年3月，1202队使用引进的美国钻机打第一口井时，由于换钻头，一根钻挺倒了下来，一头在井场，一头在旋扣器上吊着。面对这种险情，他立即爬上了钻台，站在栏杆上去打开旋扣器，旋扣器打开了，不幸的是钻挺砸在他的小腿上，腿被夹在钻挺和栏杆中间，他大头朝下，离地面5米多高，当大家把他救起时，发现小腿部被钻挺抠去了一块肉，鲜血直流，大家要送他去医院，可他说，不能因为自己耽误生产。他从棉衣里子撕下一块布缠住伤口，继续坚持工作。

1988年3月4日，马军被任命为钢铁1202队队长。当钻井队长难，当1202队的队长更难。他暗下决心，为1202队续写新篇章，向新的更高目标冲刺。

1990年冬季，马军带领全队在葡萄花抢打冰上井，冬季施工，寒风刺骨，打井难度很大，为鼓舞职工斗志，他坚持自己扶刹把。泥浆经常是从头顶流到脚跟，全身冻上一层厚厚的冰甲，胳膊腿都回不过弯来，但他坚持工作在钻台，指挥打井。经过拼搏，原计划35天打完5口冰上井，结果23天就全部完成了任务。

1992年初，他们队更换了国家新型ZJ－15钻机，在杏北打井。为了摸清新区块的地质构造，打出高水平的井，他到兄弟队学习经验，又组织职工开分析会，经过反复实践，他们大胆组织"三四三"打法，即打上部地层时用三挡车，打中间地层时用四挡车，打下部地层针对坚硬的特点，采用三挡车的办法，结果在3月打出月进尺上7千米的高水平，创出了大庆油田会战以来月打调整井最高纪录。同年5月又实现了7开7完，月进尺突破8456米的新纪录。

1993年，1202队迎来建队40周年。在庆祝建队之际，他和队干部自觉抬

① 大庆市地方志编纂委员会编《大庆年鉴（1993）》，哈尔滨工业大学出版社，1993，第417页。

高起点，制定一人一年向国家交一口井、为党的72周年献礼的奋斗目标。为实现这一目标，他们克服和战胜了井位分散、打井难度大等不利因素，去宋芳屯油田连续打6口“小三一”井，优质率实现95%的好成绩。打井口数、进尺、优质率等8个主要生产指标名列全公司29个钻井队之首。

1994年9月3日，在龙虎泡打井时，他带领全班同志完成换钻头下钻任务，当下到1460米时，大绳活头突然抽出，刹把失灵，40多吨的钻具失去控制，当时钻台上6名钻工被这突如其来的事故惊呆了，就在这千钧一发之际，他迅速抱起100多斤重的卡瓦向呼啸而下的钻具扑过去，在钻具离井口只有一米左右时，啪的一声将钻具卡住了，然而由于钻具下冲的巨大惯性和卡瓦与钻具相碰的震动力，他被反弹到钻台的漆桶上，昏了过去。他用生命保住了国家的财产和钻工们的生命安全。工作以来，他先后四次负工伤，两次重返钻井队。他深深体会到，要保持1202队红旗不褪色，尖刀不卷刃，那就要争站排头，勇当尖兵，干就干个顶呱呱。

艰苦的工作实践使他认识到，做一名钻井队长不仅自己要在工作中坚定信念，带头大干，而且还必须树立以队为家的观念，正确处理自己小家和井队大家的关系，多方关心职工生活，用自己的实际行动增强职工的凝聚力。井队一年四季在野外打井，条件艰苦、生活单调，作为队长就应像铁人当年那样时刻把钻工们的冷暖挂在心头。

马军把全队职工的生日登记在小本子上，每逢队里职工过生日，他都提前与炊事员打招呼，买上生日蛋糕和蜡烛，炒上几个菜为他们祝贺。平时，队上职工谁家有个大事小情，他都要登门探望。职工有了头疼脑热，他就和炊事员把饭菜送到床头。井队职工找对象难，他尽自己最大能力帮助队上的小青年牵线搭桥，经他介绍，队里先后有11名钻工与来1202队实习的女大学生谈上了恋爱，后来有8对喜结连理。他坚持以队为家，把职工当亲人。他把全部身心放在工作岗位上，却忽视了对家人的关心和照顾。在家庭问题上，可以说他没有尽到儿子、丈夫、父亲应尽的责任。他老家三次遭灾：一次发大水家被淹；一次大火灾；一次是父亲从三层脚手架上掉下来摔成四处骨折。一封封电报催得他心急如焚，但他作为钻井队长无法放下手中的工作。钻井队干部知道了他家的情况后，连推带扯地把他“押送”到火车站，在等车过程中，他说：“目前正值公司开展劳动竞赛，05队已经拉下我们一口井，正在较劲的时刻，我怎么能走呢？”[①] 结果他不顾大家的劝阻，坚持返回队里。

30多年的奋斗，他就是这样地工作、学习、生活，他带领的1202钻井队是继1205钻井队之后，在全国第二个实现打井进尺突破100万米、打井口数突破1000口大关的钻井队。这个队先后被石油工业部命名为“卫星钻井队”“钢铁钻井队”“永不卷刃尖刀钻井队”等，荣获锦旗100多面。

“民生在勤，勤则不匮。”今天我们如果在共和国成立的时光隧道里穿梭，会看到千千万万的全国劳动模范闪光的面孔，代代劳模英雄薪火相传。从20世纪50年代的劳模，到新时代的劳模，劳模的面孔变了，不变的是劳模精神。他们是共和国的脊梁！

编辑：李正鸿　杨雨檬

## 李庆长

李庆长，共和国同龄人，中国共产党党员，工人高级技师，原哈尔滨电业局道里供电局变电亭一班班长，国家电网黑龙江电力李庆长共产党员服务队荣誉队长。[②] 1998年，李庆长荣获全国“五一劳动奖章”；1999年，荣获国家电力公司特等劳动模范和黑龙江省优秀共产党员称号；2000年，荣获全国劳动模范称号，是2002年中国共产党第十六次全国代表大会代表。中央新闻单位曾先后两次集中报道了李庆长的事迹。

李庆长同志自1970年参加工作以来，始终工作在电力行业的第一线。三十多年来，他始终牢记“为人民服务，让客户满意”的宗旨，以对人民群众高度负责的精神，身体力行，默默奉献，一心一意为群众办实事，赢得了广大人民群众的爱戴和尊敬，被誉为“一心为民的好党员”。国家电力公司、中共黑龙江省委等先后组织向李庆长同志学习。2004年，由李庆长同志领导的“李庆长共产党员服务队”先后被评为全国学习雷锋志愿服务

① 王兆义：《尖刀队里排头兵——记大庆钻井三公司1202钻井队长马军》，《大庆社会科学》1994年第5期。

② 曾鸿钧、张兴华：《追访劳模十八载》，《当代电力文化》2015年第8期。

先进集体、黑龙江省用户满意服务明星班组。他多次获得全国电力系统特等劳动模范、省优秀共产党员、省劳动模范、省电力公司优秀共产党员和劳动模范等荣誉称号。

2014 年，国家电网黑龙江电力李庆长共产党员服务队荣誉队长李庆长，被中共中央宣传部、中央文明办、中国志愿服务联合会授予“最美志愿者”荣誉称号，是黑龙江省唯一入选的志愿者。他是第十一届全国人大代表。2002 年，李庆长先后获得全国劳动模范、全国“五一劳动奖章”等荣誉，并当选为党的十六大代表。①

### （一）荣誉来自坚定的信念

1997 年 3 月 28 日，李庆长加入中国共产党。入党以来，他始终以一名合格共产党员的标准严格要求自己，坚定正确的政治方向，牢记为人民服务的根本宗旨，为中国特色社会主义事业的建设贡献自己的一分力量。他深刻地认识到，达到客户的满意，得到客户的理解，才能真正称得上是为人民排忧解难了，客户的要求才是他奋斗的动力源泉，客户的评价才是衡量工作的最高标准。

### （二）荣誉来自坚持

1985 年，李庆长被调到道里供电局变电亭上班，在这个工作岗位工作使他有机会直接与老百姓接触。当时，班组的 8 名同志主要服务于哈尔滨的繁华地带，这个地区包括市委、市政府等机关、商场、学校以及著名风景区在内，李庆长一行人主要负责这一地区 58 个变电亭、90 台变压器的运行维修和近 8 万用户的供电工作。② 这里属于老城区，线路严重老化，一些设备比较陈旧。面对如此特殊的实际情况，可以说，李庆长共产党员服务队肩上的担子更重了，但是，他们毫无怨言，想尽办法解决线路故障，一旦遇到一些上百年的老楼，他们就上屋顶攀天棚，加强维护，及时处理问题。为了能准确迅速地处理事故，李庆长认真地钻研技术，通过自学考取了工人技师。在工作中，他提出并参与编制《变电亭检修工作规程》，被全局采

① 蒋希伟：《全国道德模范提名奖获得者：李庆长》，《中国精神文明建设年鉴》2008 年第 10 期。

② 董伟、孟辉：《情系万家灯火》，《人民日报》2002 年 1 月 22 日。

纳推广，规范了变电亭竣工验收标准。李庆长觉察到变电亭的老式开关制作工艺比较粗糙，安全性不高，就下定决心进行修缮和改造，为此，他不仅在老式开关上都安上了保护罩，而且垫上了绝缘板，进一步降低了使用过程中的危险性。整个地区被修整的老式开关达200台，节约了100多万元的维护费。①

春节是老百姓最看重的节日，家家户户在年三十团聚。假如没有电，喜庆的日子就会成为“闹心”的日子。李庆长在道里供电局工作了15个年头，其中有14个除夕是在单位值班室度过的。他说：“我虽然没能和家人团聚，但通过我的工作给群众带来了欢乐，我认为值得！”

1998年，哈尔滨遭遇特大洪水，哈尔滨电业局几万平方公里供电区内的电力设施遭受了严重损坏。负责为哈尔滨市一、二水厂供电的1万伏“朱水线”受灾严重，而这两个水厂陷入瘫痪的直接后果便是哈尔滨市300多万人口的供水受到严重影响。全市停水的消息引起了市民们的紧张和不安，而此时抢修维持百姓用水的生命线——“朱水线”的任务十分艰巨。李庆长深知水上作业的危险，维护线路的工作虽然不属于他的工作范围，但李庆长想：“我在江边居住了四十多年，熟悉水情。我是共产党员，就要在危险的时刻冲上去”。他毅然率先参加了“朱水线”的抢修，与其他突击队的同志们齐心协力，在危险的洪水中轮流清除电杆上的杂物，一刻也不放松。晴天，头顶炎炎烈日；阴天和夜晚，各种蚊虫围着他一个劲儿地叮咬；遇到大风天气，更增加了在水上作业的危险性，船的晃动给人带来紧张和恐惧。黑龙江处于东北边陲，有着特殊的地理环境和气候，进入9月，阴冷的江风像刀刃般划在人的身上，凛冽刺骨，寒冷难耐。但这些困难并没有使电业工人们退缩，30多个日夜里，“朱水线”没倒一根杆，没断一根线。李庆长和20名同志组成的“保电突击队”，在洪水中顽强奋战30多天，保住了全市人民的“生命之源”。

### （三）荣誉需要传承

进入了21世纪，道里供电局推进优质服务活动，决定成立“共产党员

---

① 哈宣、刘冬梅：《默默无闻奉献　点亮万家灯火——记国家电网公司哈尔滨电业局客户服务中心共产党员服务队队长李庆长》，《中国监察》2005年第16期。

服务队”，组织上让李庆长当队长。《新晚报》报道了“共产党员服务队”的先进事迹，大力宣传了李庆长的服务精神，号召大家向他们学习。“共产党员服务队”经常开展志愿服务项目：承担供电服务中的急难险重任务；为有困难的特殊群体解决用电难题；积极开展重要保电、助老助残、希望工程、关爱农民工、扶贫帮困、抢险救灾等服务，自觉履行服务民生的社会职责。李庆长共产党员服务队的服务范围涉及供电区域内的各家各户。然而，形成这样一个服务人民的组织却经历了不同的时期，起初，只是李庆长一个人想这么做，自共产党员服务队成立以来，人们逐渐被李庆长的服务奉献精神所感动，队员也从 3 人增加到如今的 300 多人，他们都抱有服务人民的初衷，始终坚守“四个不忘”的原则，即不忘为人民服务的宗旨、不忘树立党和企业形象的责任、不忘弘扬雷锋精神的承诺、不忘保持先进典型的荣誉，并且积极树立“五种意识”，即树立做一名合格公民的道德意识、树立干好本职工作的主人翁意识、树立维护好企业形象的责任意识、树立共产党员的先锋意识、树立服务社会的奉献意识。① 这紧密贴合了习总书记系列重要讲话中要大力弘扬志愿服务精神，以社区为依托，把志愿服务做到基层、做进社区、做进家庭的重要指示。李庆长共产党员服务队所倡导的“真诚服务为人民”的宗旨已经在冰城大地上蔚然成风。

现在的服务范围已经远远超出电业部门的服务范围。服务队服务各行各业、千家万户，大到“两岸论坛”“大冬会”“哈洽会”“冰雪节”等重要活动的保供电工作，小到换一个开关、安一个灯泡、送一句祝福等细枝末节，无不和社会的生产生活密切相关。可以说，李庆长共产党员服务队用实际行动履行着对社会的责任和担当。因此，国家电网黑龙江电力李庆长共产党员服务队被人民群众誉为“密切党和人民群众血肉关系的连心桥”。②

李庆长共产党员服务队自成立以来，先后获得“全国学习雷锋志愿服务先进集体”“全国用户满意服务明星班组”“国资委中央企业红旗标杆班组”“国家电网公司青年志愿服务先进集体”“黑龙江省职工职业道德建设先进集体”“龙江楷模”等荣誉，并被中宣部确立为“加强和改进思想政治

---

① 那忠郁、陶丹丹：《热心为民服务　真情温暖万家》，《国家电网报》2013 年 8 月 26 日。

② 那忠郁、陶丹丹：《热心为民服务　真情温暖万家》，《国家电网报》2013 年 8 月 26 日。

工作先进典型”及“四个一百”最佳志愿服务项目。

在哈尔滨市劳动模范的颁奖典礼上，给予李庆长的颁奖词是：“他一个人带动了一个行业的风气，改变了一个城市的风尚”。这高度概括了李庆长服务社会的思想以及他自觉和无私奉献的崇高品德。

李庆长，这位怀着“做一个好人”朴素愿望的普通电业工人，因为几十年如一日学习雷锋，坚持为老百姓做好事、办实事、解难事，一跃成为冰城的名人。李庆长共产党员服务队，成为冰城的骄傲、城市的名片。

编辑：董任可

## 孙普选

孙普选（1953~），山东蓬莱人，汉族，中国共产党党员，毕业于齐齐哈尔第二机床厂技校。1995年，孙普选被评为齐齐哈尔市特等劳动模范，1997年被评为黑龙江省劳动模范，被全国总工会授予“五一劳动奖章”。2000年他获得全国劳动模范荣誉称号，被选为第八届、第九届、第十届、第十一届全国人大代表，曾任齐齐哈尔第二机床集团有限公司铣床制造厂“马恒昌”小组第17任组长。

1948年11月，马恒昌小组成立，是当时广为人知的先进班组，为全国劳动竞赛和职工民主管理奠定了基础。① 1950年，在第一届全国工农兵劳动模范代表大会上，马恒昌获得全国劳动模范荣誉称号，马恒昌小组被评为全国劳动模范班组，同年马恒昌小组跟随工厂迁移到齐齐哈尔，从此，代表主人翁意识和奉献精神的“马恒昌精神”就在齐齐哈尔第二机床厂世代相传。②

1978年夏天，孙普选毕业之后，进入工厂工作，同时，他有幸被选进马恒昌小组当一名技术工人，这令他感到十分骄傲和自豪。车工可以说是工厂里最脏、最苦、最累的工种，马恒昌小组在工厂主要承担铣床系列产品的主轴、丝杠等轴类关键零件的加工任务，由于都是中、小件，工时又少，要想干得好，全凭手艺。他在这个岗位上一干就是27年。自1991年

① 《壮大装备制造业基地　提升机床发展水平》，《机电商报》2008年3月24日。

② 武欣中：《传承马恒昌精神》，《黑龙江日报》2004年11月27日。

起，孙普选担任马恒昌小组组长。

孙普选一直谨记着老英雄马恒昌那句“喊破嗓子，不如做出样子”[①] 的朴实话语，时刻激励着自己，毫不懈怠。从 1991 年担任马恒昌小组第 17 任组长以来，在工作中他总是冲在前面，脏活、累活、不挣钱的活，他都抢着干。每逢工序复杂，而生产定额却只有十几分钟的活儿，他都主动留给了自己。

孙普选坚持认为，人总要掌握一门技术。面对车工这个又累又苦的工种，孙普选不忘初衷，相信一定可以把工作干好。孙普选具备精湛的车工技术，他所掌握的加工曲型件的技术尤为高超。孙普选目光长远，能够顾全大局，十分注重技术的传承和创新，他还组织小组老师傅们将高速精挑丝杠、精磨主轴等关键技术传承下去，延续技术的生命力，同时，他还致力于培养车间生产的骨干员工。他号召班组成员结技术对子，通过以老带新，使技术水平和工作质量都有了明显提高。他又倡议员工寻找技术上的搭档，在技术方面互帮互助，共同进步，促进企业经济效益的提高。

孙普选说，马恒昌小组爱岗敬业、无私奉献、积极向上的精神现在并不过时，在市场经济条件下，更应有这种精神。

从 1996 年开始，在市场经济大潮的冲击下，整个厂子没产品、没销路，逐渐陷入了低谷，只能靠三产和外边揽一些零活来生活。孙普选说，当时我们车间的 90 多人有一半都离开了工厂，小组只剩下 8 个人，什么活都干，连收割机、插秧机我们都做过，不过，由于缺乏市场经验，还是赔了本，记得最少的一个月只开了 50 元钱。在这个特殊的历史时期，南方的一些厂子慕名而来，想要以高薪聘请孙普选。回忆起当时的情景，尽管思想上有些许动摇，但是孙普选仍旧坚持原则，坚守对领导及员工们的承诺，承担起对党和国家的责任，坚持带领马恒昌小组走下去。他回忆道，如果当时就那样走了的话，马恒昌小组就垮了，对得起谁啊！他认为，不能辜负企业的栽培，更不能不负责任，不懂感恩。在振兴老工业基地的关键时刻，作为一名大伙选出来的人民代表，更要起到凝聚队伍的作用。最终，他还是选择了留下。孙普选带领小组先后提出了“坚定信心，坚守岗位，以实

① 孙宇飞：《齐二机床马恒昌被评为全国“双百”人物》，《中国工业报》2009 年 9 月 28 日。

际行动搞好二次创业"[①] 和"岗位创优，为企业扭亏解困立新功"[②] 的活动倡议，提升了员工工作的积极性和主动性，加强了企业管理，保证企业生产效率和产品质量的提升。他靠这种传统精神凝聚队伍，树立信心，为稳定职工队伍、为企业尽快脱困做出了重要贡献。他说："那时候，我作为人大代表、马恒昌小组组长，就要站出来，与大伙相互沟通，共渡难关。"

如今，企业在孙普选这些榜样的带动和激励下，早已经走出了困境。通过技术革新，实现创新性产品的研发，各项经济指标持续走高。作为当今马恒昌小组的领路人，他带领全体职工齐心协力、忘我工作，传承着代表主人翁意识和奉献精神的马恒昌精神，为企业的振兴做出了卓越的贡献，做到了精神不倒，队伍不散，干劲不减。

在市场经济体制下，小组生产发展遇到了新的障碍。通过分厂的帮助，孙普选认识到企业要发展就要遵循市场经济运行的规律，根据需要调整班组建设，实施行政组长责任制与班组民主管理相结合的管理体制，为我国机械行业的发展和繁荣奠定了基础。鉴于此，以孙普选为组长的马恒昌小组先后获得由中国职工职业道德指导协会等单位授予的全国职业道德建设百佳班组荣誉称号；2005 年，获得由中国质量协会、中华全国总工会、中国科学技术协会授予的全国优秀质量管理小组荣誉称号，并且被中华全国总工会授予全国模范职工小组荣誉称号；2006 年，获得中华全国总工会授予的全国五一劳动奖状；2007 年，获得黑龙江省人民政府授予的省劳动模范集体等殊荣。[③]

孙普选认为，作为一名普通的职工，就要兢兢业业，脚踏实地；作为马恒昌小组的带头人，就要发挥模范表率作用，认认真真搞研究，不仅把高超的技术传承下去，并且把这种一心为公的奉献精神一代一代传承下去。2008 年，作为全国人大代表的孙普选说出了自己的心愿："温总理在政府工作报告中为我们装备制造业提出新的发展思路和要求。我们马恒昌小组要认真继承和发扬光荣传统，为振兴装备制造业贡献力量。我要做到深入学

① 高学东：《用继承和创新领跑时代》，《黑龙江日报》2005 年 4 月 28 日。

② 高学东：《用继承和创新领跑时代》，《黑龙江日报》2005 年 4 月 28 日。

③ 《孙普选：调整产品结构 做强做大装备制造业》，人民网，http://look.people.com.cn/GB/22220/142927/8934502.html，最后访问日期：2018 年 7 月 10 日。

习理论和业务，不断提高自身素质，不断开展技术革新，在小改小革上下功夫，努力提高工作效率。”[①] 2016年7月24日，孙普选在中国机冶建材工会全国委员会与中国机械工业联合会合办的马恒昌同志诞辰100周年纪念大会上总结了马恒昌小组几十年来取得的主要工作业绩。他说道：“该小组始终牢记老组长马恒昌的重托，坚持传承与发扬小组光荣传统，弘扬和发展马恒昌小组精神，积极有效地发挥示范作用、辐射作用和引领作用，累计完成90年零5个月的工作量，产品实物质量合格率平均达到99.78%以上，实现革新成果1174项，采用先进技术151项，总结推广先进操作法102项，为国家和企业多创效益2591万元。小组曾5次获得国家级、54次获得省部级的表彰奖励，涌现出全国劳动模范3名，省部级劳动模范12名，市级劳动模范39名，3人被授予全国五一劳动奖章。有3人10次当选全国人大代表，1人2次当选全国人大常委会委员。马恒昌小组曾第一个实行班组民主管理、第一个成立班组技术研究会，第一个建立岗位责任制，第一个建立班组管理制度，第一个倡议开展全国性的劳动竞赛而享誉全国工业战线，被誉为‘我国班组建设的摇篮’，并成为中国工人阶级的一面旗帜。”[②] 如何使马恒昌小组精神代代相传？关键要在理念、学习、技术和管理上创新。孙普选正带领他的小组为此努力实践着。

编辑：董任可

① 孙普选：《全国人大代表孙普选的心愿》，《齐齐哈尔日报》2008年3月26日。

② 田晓旭：《弘扬马恒昌精神　挺起民族装备工业脊梁——记马恒昌同志诞辰100周年纪念大会》，《数控机床市场》2007年第8期。

# 第四章 2005年东北（黑龙江）老工业基地全国劳动模范和全国先进生产者

## 王彦平

王彦平，男，汉族，1957 年 12 月生，大学本科学历，1986 年 12 月加入中国共产党，1973 年 1 月参加工作，曾任三环钻井公司运输队队长、三环钻井公司经理、黑龙江联谊石化集团总经理等职，现任大庆市三环钻井工程有限公司董事长。

王彦平同志始终以共产党员的标准严格要求自己，立足艰苦岗位。自参加工作以来，他从企业的一名普通工人成长为企业的当家人；从国营企业领导转变为民营企业家，角色在变，身份在变，但顽强拼搏、锐意进取的精神始终如一。为此，他赢得了社会各界的认可。1989 年以来，他多次荣获省、市“优秀共产党员”“劳动模范”称号。2005 年他被授予全国劳动模范称号，光荣地出席了全国表彰会议，2009 年他荣获大庆市三十年“引领大庆——时代英模”称号。

自 1973 年参加工作以来，王彦平始终以铁人精神要求自己，不怕苦不怕累。在艰苦恶劣的环境下，王彦平与工友用自制的水井钻机成功打出了三环钻井历史上的第一口探井——富 703 井。在施工危急的时刻，王彦平不顾生命危险毅然登上钻台去排放超高压泥浆，被高压击倒在 3 米多远的钻台下。在一次钻机搬迁过程中，王彦平的小腿骨被吊车吊起的铁支架撞击出“S”形裂痕，他打上石膏咬紧牙关，强忍着疼痛依旧坚守在搬迁现场。在井喷即将发生的危险关头，王彦平带头进入井口，冒着生命危险抢救国家财产。王彦平也曾三天三夜不休息，在寒冷的天气里奋战在现场，蹲在雪地里啃凉馒头，终于使六部钻井顺利搬迁就位。在管理局组织的头台钻井大会战中，王彦平白天在后线集资金，搞设备物资，召开生产例会，统筹安排生产，晚上还要驱车到头台前线指挥作战，解决生产难题。300 多公里的路他每天往返一次，困了就在车上打个盹儿，饿了简单吃口饭，身体患病他吃上药片继续坚持。在他的带领下，钻工们顽强拼搏，终于以钻井口数、进尺米数、钻井优质率等五项第一的战绩取得了钻井大会战的胜利，受到了管理局领导的高度赞扬。工作至今，每当钻井前线出现险情或是组织大规模生产战役，王彦平一定会亲临现场，与工人们共同奋战，敢拼敢干，是一名响当当的“铁队长”。王彦平用实际行动书写了新时代的铁人精神。

从一名普通工人到企业的当家人，王彦平一直在思考，如何才能真正做到为员工谋福利，如何才能为员工带来长远利益。王彦平通过送出去、请进来的办法，培训了近百名企业领导干部，近千名员工参加了公司举办的各种培训班。为鼓励学习，公司还将获得大专以上学历的 80 余人的学费全部承担下来。通过不懈努力，一支高素质的员工队伍建立起来了，也促进了钻井主业各项经济技术指标逐年登上新台阶，创出新水平。钻井分公司由原来的 4 个发展到 17 个，各分公司均配备了 ZJ15、ZJ25、ZJ45 型钻机及其配套设备。公司产值从 1984 年的 500 万元上升到 8 亿元，利税从 1984 年的 30 万元上升到 9214 万元，同时以钻井主业为核心，使钻井配套服务的化工厂、钻头制造厂、机修厂、油田公司、装运公司、装备公司、电修分公司、物业分公司等领域得到了发展，较大程度上减少了企业资金外流，大大增强了企业发展后劲和竞争力。在管理钻井公司的同时，伴着时代节奏的加快，王彦平努力寻找新的经济增长点，不断探索企业转型发展的新思路。在大庆市委市政府和有关部门的大力支持下，2001 年 9 月，王彦平出资收购了大庆毛纺集团。因此，振兴大庆毛毯业和发展钻井公司的重任压在了他的身上。在钻井公司前期注入的 1800 万元资金的基础上，经过几个月的资产重组，新型股份制民营企业大庆晟凯毛纺公司正式成立。王彦平和毛纺的员工们共同奋战，吃住在现场，通宵达旦，背着毛毯四处寻找销路，耐着南方的高温推销产品，使停产几年的毛毯厂在较短时间内恢复生产，打开销路，创下了奇迹。王彦平与晟凯毛纺公司其他管理人员一起严格管理企业，从落实各项制度入手，奠定了现代企业管理基础，探求出行之有效的管理模式。在工资分配上实行工人计件工资、干部弹性工资、后勤人员岗位工资三种工资分配制度；在质量上实行目标管理、专人管理。在王彦平的科学管理下，改革举措取得了巨大成功，一等品率从86%上升到95%。为了提高产品销量，王彦平积极拓宽市场，提高市场占有率。为了使晟凯毛纺公司的产品得到更多人的认可，王彦平经常与公司销售人员参加国内外举办的交易会，并投资近100万元用于推销和展示自己的商品。在王彦平和晟凯毛纺公司员工的共同努力下，晟凯毛毯在俄罗斯、中东、南非、日本、韩国、美国等20多个国家和地区销售量大幅度上升，出口总量达到95%以上。在晟凯毛纺公司不断稳定发展的同时，王彦平没有辜负市区两级政府为下岗员工“再造饭碗”的重托，晟凯毛纺公司累计安置本企业富余人员700人，安置社会下岗人员1200余人，年实现产值2亿元。2005年，王彦平又收购了大庆中星塑料制品有限公司，在王彦平的管理下，处于半停产状态的塑料制品有限公司实现年产塑料制品5000吨，实现销售收入1亿元。他不愧为民营企业的“铁经理”。

一年365天对于王彦平来说都是工作日，他每天工作时长达十四小时。担任公司主要领导十几年来，他每年都要与班子成员一同制定当年为员工实实在在办几件好事的具体计划，并认真落实。他与班子成员讨论提案，实施家属区平房改造，使800余户员工从肮脏低洼的平房区搬入宽敞明亮的新楼房。对于长年野外施工的钻井队，他投入资金完善营房配套设施，建立标准化食堂和职工活动室，并统一配备电视机、影碟机和各种球、棋类活动用品，改变了钻工“食堂—宿舍—钻台”三点一线的生活模式。

王彦平热心公益事业。他每年坚持为下岗员工送米送面，关心照顾下岗员工的生活，为企业中贫困的员工送温暖，并多次以个人名义为肇州、肇源等贫困地区的儿童助学捐款。当得知附近牧场经济条件不好时，王彦平和班子成员决定资助牧场办学，先后为牧场小学购买了2万余元的桌椅和体育器械。多年来，他为春蕾贫困女童助学、为残疾人等社会公益事业捐款几十万元。当 2008 年 5 月 12 日汶川地震发生后，他毫不犹豫地组织开展向地震灾区人民捐款捐物活动，在他的带领下，全公司共为四川地震灾区捐款 55 万多元，同时还有价值 400 多万元的毛毯随时准备捐献，听候灾区救援机构的调运。

在社会主义现代化建设的征程中，王彦平踏着铁人足迹，在石油工业战线上，开创着宏伟大业。

编辑：杨雨檬

## 李新民

李新民，男，1967 年 6 月出生，中国共产党党员。1990 年从大庆石油学校毕业后，被分配到 1205 钻井队，先后担任 1205 队钻工、技术员、副队长、党支部书记，大庆钢铁 1205 钻井队第 18 任队长，2006 年任 DQ1205 钻井队平台经理，现任大庆钻探工程公司伊拉克鲁迈拉项目部副经理兼哈法亚项目负责人。他曾担任第十一届全国人大代表，先后荣获油田杰出贡献职工、模范党务工作者、黑龙江省“五一劳动奖章”、中国石油天然气集团公司“十大杰出青年”、中央企业劳动模范、全国劳动模范等荣誉。2011 年，李新民被中国石油天然气集团公司党组授予“大庆新铁人”荣誉称号，2012 年光荣当选中国共产党十八大代表，2017 年 5 月 3 日，在黑龙江省第十二次党代表大会上被选举为党的十九大代表。

李新民是“铁人精神”的传人。“1205 钻井队，是铁人王进喜带过的钢铁队伍，有着全国打井最多、创造纪录最多、获得荣誉最多钻井队的辉煌成绩。1990 年，我中专毕业到 1205 队，13 年后成为第十八任队长。”[①] 参加工作以来，他时刻铭记自己所肩负的责任和使命，在平凡的工作岗位做出了不平凡的贡献。他具有全局意识，以“铁人精神”为指引，不断赋予铁人精神新的时代内涵。1995 年 1 月，李新民成为副队长，职位晋升意味着责任更重。当时，李新民所在井队正在杏树岗地区打疑难井。这一地区地质情况复杂，被称为“五毒俱全”的“老虎口”，在打井过程中易卡、易

---

① 李新民：《宁肯历尽千难万险也要为祖国献石油》，《光明日报》2013 年 8 月 8 日。

漏、易喷，这个位置一旦出现问题必定酿成大事故。时任队长当时需要去北京开劳模大会，临走之前万分担心打井队的工作。身为副队长的李新民向队长保证："你就放心去吧！"从打下第一口井开始，他全程在现场监督，严格按照技术标准实施，严密组织生产，随时了解施工的第一手资料。他带领 1205 钻井队在 15 天内保质且高效地打出 3 口疑难井，还创出了复杂井的新纪录。2003 年 3 月 28 日，李新民从 1205 钻井队第 17 任队长盛文革手中接过铁人队的队旗。那一晚，他不停地思考着盛文革对他说的话："1205 队队长不是权力，不是利益，更不是荣誉，而是一份沉甸甸的责任，忘记了这个责任，就愧对铁人，愧对 1205 人，更愧对 1205 的后来人"。铁人老队长常说"要为油田负责一辈子""干工作要经得起子孙万代检查"。[①] 李新民把老队长的嘱托端端正正地写在工作笔记第一页。作为第 18 任队长，李新民时刻牢记老铁人"不干，半点马列主义也没有"的教诲，不怕脏活累活，也不怕危险和困难。他常说："党员干部不能耍嘴皮子，要以身作则带头干。"自他成为队长后，带领 1205 队不断刷新战绩。2003 年，首次打出丛式定向井；2005 年中深井施工获得成功；2006 年，1205 队以提前 20 天的战绩，完成了大庆油田首口长水平段取心井施工任务。1205 队还创下了中国钻井的多个"第一"：第一个累计进尺突破 232 万米，相当于钻穿 262 座珠穆朗玛峰；钻井 1868 口，质量合格率均为 100%……[②]

在队伍建设方面，李新民始终坚持以现代管理理念建设队伍。为全面提高团队成员的技能水平，他带领 1205 队创建"青工岗位技校"，该举措全国领先。他在井场办技校，以员工的工作岗位为课堂，使全队职工在工作中提升技能水平。在他的带领下，全队基本达到"本岗精、多岗通、全岗能"。此外，他还组建了革新小组。在他的带领下，全队职工挑战前沿技术，割掉钻机"猫头"，实现了小井眼钻井、丛式定向井、水平井等特殊工艺井施工方面的新突破。

李新民致力于团队的国际化。改革开放以来，为了维护国家能源战略安全，大庆油田积极落实集团公司"走出去"战略，一些兄弟钻井队开始

---

① 戴小民：《李新民：大庆第三个"铁人"》，《大庆日报》2011 年 8 月 30 日。

② 戴小民：《李新民：大庆第三个"铁人"》，《大庆日报》2011 年 8 月 30 日。

陆续挺进国际市场。“把井打到国外去”是1205队老队长的心愿，然而第一个走出去的队伍却不是他们的队伍，这让性格倔强的李新民十分失落。在兄弟队的出征仪式上，他暗下决心，一定要走出国门，把井打到世界。从此，他开始致力于锤炼团队开拓国际市场的能力。他以身作则，带领项目组人员努力学习外语和涉外承包知识，通过了英语900句、HSE和IADC井控培训考试。李新民本人更是顺利通过了托福考试。2006年2月19日，李新民带领钻井队海外项目部启程奔赴红海西岸的苏丹，承揽钻井任务。据李新民回忆，刚刚到苏丹的前五个月是他这辈子最苦最难的五个月。2006年3月，他组织GW1205队项目部6名成员仅用6天完成清关和设备装运，17天实现102车设备1600多公里安全陆运，创出苏丹港清关、装载钻机设备最短纪录，打响了初到苏丹的第一炮。[①] 苏丹具有世界火炉之称，一年只分旱季和雨季，就是冬季最低气温也是零上近40摄氏度，夏季最高气温可达零上50多摄氏度，而地表温度则高达70多摄氏度，凡是铁的东西，不戴手套根本不敢拿，而且，队员们天天大头靴不离脚，不是怕冷，而是怕热、怕烫坏脚。所以，人人每天要喝10多瓶水。[②] 在设备安装调试中，他带领项目组人员克服艰苦的自然条件，头顶烈日，在极度高温下，坚持每天满负荷工作12小时以上。他的团队仅用10多天时间，一次性通过甲方和第三方检测，获得钻井施工许可，被甲方誉为“服务质量第一，工作标准第一”。在李新民的带领下，GW1205队在苏丹成功打井，质量全优，实现了铁人老队长的愿望。在苏丹5年，团队累计钻井55口，创造23项新纪录，完成水平井29口，两次获得苏丹最高荣誉——PDOC钻井杯。[③] 李新民告诉记者，在苏丹打的第一口水平井，最终仅用时26天，这口井投产后，每天采油6000~8000桶，是其他井的2~3倍，成为中国石油海外市场的“功勋井”。

---

① 万斯琴、李新民：《做铁人传人》，《中国企业报》2011年6月10日。

② 唐骏华、白柱石：《井场上的“保镖”——记全国劳模、大庆钻井二公司GW1205钻井队项目经理李新民》，《现代职业安全》2009年第9期。

③ 《全国敬业奉献模范候选人：李新民事迹》，中国文明网，http://www.wenming.cn/ddmf_296/dsjpxbz/mdfe/hxrsj/jyfx/201307/t20130715_1347909.shtml，最后访问日期：2018年7月10日。

2010 年，李新民克服重重困难，不畏战争考验，带领队伍到达伊拉克。伊拉克刚刚经历战争的洗礼，李新民刚到伊拉克时被眼前的景象震惊了。在伊拉克的街道上，到处都是被炸掉的汽车轮胎、飞机残骸和装满了沙土的隔离袋。即使战争结束了，伊拉克的治安状况依然堪忧。劫匪持枪上街抢劫的事情经常出现。更令人担忧的是，由于连年战乱，李新民团队所在的作业区设备损坏严重，并且只有 30 年前粗略的勘探地质资料。在这样艰苦的条件下，李新民带领他的团队仅用 47 天 3 小时就打完 3167 米的定向井，创出哈法亚钻井新纪录，打开了哈法亚市场新局面，为国家创造了良好的经济效益。

李新民成长于 1205 钻井队。他的事迹诠释了新时期大庆石油人的精神风采，表达了要继续为国家能源战略安全做贡献的信心和决心。中国石油的发展史，是一代又一代石油人的创业史、奋斗史和奉献史，也是一部不断丰富传承大庆精神和铁人精神、榜样辈出的群英史。从“铁人”王进喜，到“新时期铁人”王启民，再到“大庆新铁人”李新民，“爱国、创业、求实、奉献”的精神薪火相传，成为百万石油人继往开来的不竭动力。

2006 年，他带领 1205 钻井队走出国门，参与国际市场竞争，先后转战苏丹、伊拉克，实现了铁人老队长把井打到国外去的夙愿。在互联网飞速发展的时代，一样重现能“人拉肩扛”的会战经典，这是因为，他的血管里流淌着铁人的“基因”。李新民“宁肯历尽千难万险，也要为祖国献石油”，他自觉肩负起历史赋予的神圣使命，以亲身经历向世人展示了如何做一个志存高远的人。李新民说，党的十九大报告为我们未来的发展指明了方向，让我们更加有信心勇于拼搏，在国际市场上树立新时代石油工人的良好形象。李新民用行动为实现中华民族伟大复兴的“中国梦”而奋斗！

编辑：董任可

## 周云霞

周云霞，女，汉族，1964 年出生，博士研究生学历，现任大庆炼化公司副总工程师。她曾荣获中国质量管理协会颁发的“质量管理金杯奖”、“大庆炼化公司科技创新奖”、何梁何利基金“科学与技术创新奖”等，曾获得“全国劳动模范”、“全国三八红旗手”、中国石油天然气集团公司“杰出科技工作者”、“黑龙江省劳动模范”、大庆市“十五”期间“最具影响力人物”等荣誉称号。周云霞被称赞为大庆女铁人、石化科技前沿的女领军。

周云霞是大山里走出的孩子，自幼聪明伶俐，山里的老人对她十分赞赏。1983 年 7 月，临近高考时，周云霞意外将自己的锁骨摔断。由于伤势比较重，周云霞不得不接受手术，手术中穿了钢钎的伤口正在发炎，谁都不知道这个 18 岁的花季女孩靠着何等毅力顽强地坚持完成高考。

后来，周云霞被大庆石油学院炼制系录取，硕士研究生期间攻读管理科学与工程专业，博士研究生阶段攻读化学专业。跨学科的学习使她在油田化学领域具有相当高的造诣。她所具备的金融等相关专业知识使她对科研项目具有敏锐的洞察力，通过充分的经济评价论证，她的每个项目都取得了可观的回报。

周云霞自工作以来，始终奋战在炼油化工生产科研的第一线。她从基层做起，直至公司副总工程师，一路走来，她学以致用，把芳华和才智全部奉献给了炼油化工事业。1987 年 11 月至 1998 年 5 月，她先后担任大庆油田化学助剂厂常减压车间工艺技术员、生产副主任、大庆油田化学助剂厂化验车间主任、大庆油田化学助剂厂质检中心主任、大庆油田化工总厂质检中心主任等职务；组织了炼油厂龙头装置常减压车间开工方案制订、尾项整改、操作规程编制、技术改造、人员培训等工作；筹建了炼油、聚合物、润滑油、腈纶实验室，参加了聚合物工程、润滑油工程、腈纶工程等从技术引进、交流、谈判、设计审查到开工投产的全过程工作。由她负责的“异构脱蜡基础油对添加剂感受性研究”“异构脱蜡基础油与老三套基础油配伍性研究”“用异构脱蜡基础油生产铝箔、铝板轧制油及研磨油”“用异构脱蜡油生产 10 号、15 号工业白油”等研究工作，均按计划达到了预期目标，取得了理想效果。[①] 功夫不负有心人，她负责的“生物法丙烯酰胺和化学法丙烯酰胺产品评价”项目被评为大庆石油管理局 1999 年度科学技术进步奖三等奖。

周云霞勇于挑战困难，在严峻的形势下她肩负起“高分子量抗盐聚丙

---

① 张郁民、王峰泉、秦大雁：《云涌霰映炼塔情》，《中国石油报》2005 年 4 月 28 日。

烯酰胺技术的研究开发与应用”课题研究，向世界最先进的油田化学品技术发起了挑战。她带领该课题组人员夜以继日地工作。为了合成一个样品，往往需要一天时间，为等一个实验数据，她经常熬夜到凌晨两三点钟。虽然每一次失败的结果令人备受煎熬，实验一度陷入困境，但是，周云霞并没气馁。为了化解课题组人员的疑问，她带领大家学习“铁人精神”和“大庆精神”，让大家坚信攻克这个课题是在为国分忧，为民族争气。为了攻克这个项目，周云霞长时间超负荷工作，无规律的饮食和睡眠使她身体健康每况愈下。但即使这样，她依然没有放弃。周云霞凭借多年来的专业知识沉淀和工作经验，坚持着研究的方向。她坚信：改变反应体系，在聚合物分子链中引入带有对钙、镁等金属离子不敏感的强极性基因，增加分子链刚性和位阻效应，降低聚合物在高矿化度下分子链卷曲的程度，并通过提高聚合物分子的流体力学尺寸，使低浓度下聚合物分子链间可逆互穿缠绕协同增粘，提高聚合物的波及体积，使其具有抗盐性，就一定能行。① 功夫不负有心人，经过 3100 多次实验研究终于取得了理想的结果。

周云霞团队并没有因为取得阶段性成果而沾沾自喜，而是马上投入到中试阶段，验证实验室技术的可行性。北方冬季天气寒冷不具备土建施工条件，为了与时间赛跑，课题组在一个废弃的库房里一边摸索一边施工，仅用了 3 个月就建成了中试装置。2 月的北方寒风刺骨，整个团队在没有暖气的中试现场坚持每天工作十几个小时，按着方案有条不紊地进行着试验。周云霞经常凌晨 4 点钟从厂区出来，休息 4 个小时，早晨 8 点钟又进入中试现场。周云霞是个处事果断的人。中试进行到关键时刻，熟化好的胶体如不及时研磨送到干燥器内，将全部报废。当时生产量已放大到 40 吨，而厂房内没有搬运工具，周云霞当机立断，将胶体分隔开，用人工将胶体扛到预研磨器内。② 外雇人员不堪辛苦，拒绝了这份工作。周云霞见状带头扛起一袋 25 斤的胶体，运到 5 米高的生产线上，即使衣服被雨淋湿也坚持着搬运工作。一个外雇人员看见全身淋湿的周云霞说道：“这女外包工真能干，

① 张郁民、王峰泉、秦大雁：《云涌霰映炼塔情》，《中国石油报》2005 年 4 月 28 日。

② 张郁民、王峰泉、秦大雁：《云涌霰映炼塔情》，《中国石油报》2005 年 4 月 28 日。

挣钱不要命了！”[①] 当课题组的人员告诉他，扛25斤一袋胶体的人不是外包工，而是公司的副总工程师时，外雇人员都叹服了，被周云霞的担当所感动，外包工纷纷跟过来扛起了胶体。“铁人精神”再一次在周云霞和她的课题组得到践行。

经过五个多月的付出，中试终于成功。周云霞带领她的团队立即投入工业化试验，很快生产出了合格的工业化产品。高分子量抗盐聚丙烯酰胺项目从实验室研究、中试试验、工业化试验直至规模化生产，仅用了11个月的时间，打破了法国人“3年研究不出该产品”的说法。[②]

采用该研究成果生产的抗盐聚丙烯酰胺，已形成了分子量范围为2500万~3000万、3000万~3500万、3500万~4000万的系列产品，填补了国内外聚丙烯酰胺在该领域的空白，培育了中国石油自主知识产权的核心技术，使中国石油三次采油技术在上游的油藏开发、下游的油田化学品配套应用技术领域形成了整体优势，提升了中国石油三次采油技术发展的整体实力和国际竞争力。[③] 目前，该项研究均转化为生产力，对保证国家能源可持续发展具有重要意义。

周云霞以身作则拼搏在科研一线。经过多年付出，她还带出了一支高水平的科研队伍，建立了聚丙烯酰胺、油田调剖、聚丙烯、生物单体、表面活性剂、轻纺6个专业研究方向。这支科研团队所完成的科研成果获得了大庆市、黑龙江省及中国石油集团公司的科技奖励。

周云霞所掌握的丰富的专业知识，以及多年来积累的实践经验，使她成为第三代石油人的楷模。在一次颁奖典礼上，周云霞激动地说：“我知道，这个荣誉不仅仅属于我，更属于大庆炼化万名职工。作为科技战线上的一名普通工作者，我深知自己肩上沉甸甸的分量。我将以自己全部身心投入到聚合物的研发当中去，勤奋工作，开拓进取，不断在我所探索的领域中取得新的更大的成绩。”周云霞平日的科研工作游刃于微小的分子之间，纵横于复杂的聚合物之中。她有着铁人王进喜的拼搏精神，又拥有新

---

① 张郁民、王峰泉、秦大雁：《云涌霰映炼塔情》，《中国石油报》2005年4月28日。

② 《大庆炼化昆仑聚丙烯酰胺为“三采”增油》，《大庆日报》2007年11月17日。

③ 张郁民、王峰泉、秦大雁：《云涌霰映炼塔情》，《中国石油报》2005年4月28日。

时期铁人王启民的科学态度。契诃夫说："路是人的脚走成的，为了多开辟几条路，就必须向没有人的地方走去。"科技发展和科技进步，如同深邃浩瀚的宇宙，无穷无尽，周云霞身上闪烁着"铁人精神"耀眼的光芒。

编辑：董任可

## 秦海平

1999年7月，秦海平任鹤岗矿业集团公司富力煤矿一采区288采煤队队长一职，他严格把关煤炭质量，于2005年获得全国劳动模范荣誉称号。

黑龙江省地处我国东北边陲，有着丰富的矿产资源，而鹤岗矿业是我国的重点煤矿之一。鉴于煤炭的特殊属性，它通常被人们称为"黑色的金子""工业的食粮"，在推动国民经济的发展中发挥着不可替代的作用。煤炭是重要的自然资源，煤炭开采的工作既辛苦又充满危险，在作业过程中，坚持安全至上的原则尤为重要。自秦海平担任采煤队队长以来，他始终将安全工作放在首位，认真贯彻落实"安全第一，预防为主，综合治理"的安全生产方针，在此基础上，建设"一条质量建队、科技兴队、管理强队、作风带队的工作之路"。①

安全生产关系到每一位采煤工人的生命健康，而煤炭质量的达标是煤矿生存的命脉，秦海平清楚地明白这一道理。他注重强化员工的安全意识和质量达标意识，并由此开展一系列的教育活动，比如班前安全教育、面对"全家福"的宣誓活动等。不仅如此，为了进一步维护员工的生命安全，提升富力煤矿煤炭开采的质量和产量，秦海平结合具体实际，特别开展了"班前班后、节假日前后、工资发放前后、职工结婚前后"的"四前四后"教育②，取得了良好的效果。

秦海平始终严把质量关，制定了"五上、四制、三不准"的质量标准。"五上"，即上尺、上线、上牌板、上号、机道溜子上挡煤板；"四制"，即坚持交接班验收制、机电设备包机制、三铁管理制、文明生产责任制；"三

① 孙佰忠、谢平：《带出"龙头队"》，《黑龙江日报》2006年6月22日。

② 孙佰忠、谢平：《带出"龙头队"》，《黑龙江日报》2006年6月22日。

不准”，即工作面不准缺顶梁柱、不准留浮煤、溜子不准拉循环煤。[1] 标准的确立不仅满足了煤炭开采的质量要求，而且提高了员工工作的积极性，使得288采煤队成为采煤队伍的典范。

秦海平深刻地认识到科技是推动生产发展的重要力量，他敢于引进煤炭领域的先进技术和开采工艺，勇于创新，用先进技术指导矿区作业。他积极引导矿区员工学习掌握技术业务知识和新《煤矿安全规程》，定期给288采煤队开展培训工作。在煤炭开采过程中，会遇到煤层冲击地压显现和顶板坚硬的现象，针对这种情况，秦海平组织288采煤队率先使用煤体高压注水预裂软化和综合防治冲击地压的先进技术，有效地解决了这样的难题，提高了煤炭的回采率。

企业的腾飞离不开每一位员工的辛勤付出。为了提高采煤工工作的积极性，调动员工的工作热情，秦海平组织开展了班与班之间，以及采煤工个人之间的“赛单产、赛安全、赛质量、赛效率、赛收入”的生产竞赛，不仅提高了单个人开采煤炭的产量，而且增强了职工们的团队意识，使288采煤队成为鹤岗矿业集团公司富力煤矿的“π放面”生产“龙头队”。[2]

秦海平对采煤队的管理工作研究得十分透彻，他注重目标的分解，将大目标分解为诸个易达成的小指标[3]，以此来提高288采煤队的工作效率和经济效益。他十分强调资源的节约和再利用，狠抓材料消耗这一指标，通过指标分解，落实到每一位职工的身上，鼓励每一位采煤工负起肩上的责任，增强材料控制和管理意识。他要求采煤队里建立材料消耗台账，并且在各个班组里建立材料消耗手册，详细记录材料的出库和入库情况。在使用材料时，必须以领料单为凭证，账、卡、物相统一，日清月结，月末实行统一核算。值得注意的是，秦海平制定的这项规定与工人工资密切相关，有效地遏制了材料浪费现象，为采煤队节省了资金。不仅如此，他还制定了“三公开、四上墙”的工资分配制度[4]，合理安排不同工种的人选，切实提高了采煤工人的实际收入。

---

① 孙佰忠、谢平：《带出“龙头队”》，《黑龙江日报》2006年6月22日。

② 孙佰忠、谢平：《带出“龙头队”》，《黑龙江日报》2006年6月22日。

③ 李韦：《煤炭系统73人获全国劳模殊荣》，《中国煤炭报》2005年4月28日。

④ 孙佰忠、谢平：《带出“龙头队”》，《黑龙江日报》2006年6月22日。

秦海平坚持真抓实干，不仅管理细致，而且对自己的要求也非常严格。他始终同其他采煤工人一起深入到生产第一线，共同完成繁重的采煤任务，一旦遭遇工作条件变化、发火隐患和冲击地压等复杂情况，他总是冲在前头，奋不顾身排除隐患，切实发挥着一名先锋模范的表率作用。比起注重生产，秦海平更关心职工的发展，为此他建立了“五必知”“六必谈”制度，“五必知”，即知道家庭住址、家庭人口、社会关系、经济状况、思想动态；“六必谈”，即思想波动时谈、受批评表扬时谈、工作有变动时谈、受处罚时谈、闹矛盾纠纷时谈、对政策不理解时谈。① 这样的规则拉近了他与其他采煤工人之间的距离，全体职工亲如一家，共同为提升煤矿的经济效益贡献力量。可以说，作为一名采煤工人，秦海平同志爱岗敬业，脚踏实地；作为一名领导，他以实际行动践行着一个队长的责任与担当，表达着对职工们无私的关怀。

编辑：董任可

## 何明言

何明言（1954～），男，大庆石化建设公司安装四公司员工。他可是“老检修”了，自 1978 年到大庆石化总厂工作，他在检修安装这一行一干就是 30 多年。这些年来，何明言累计超额完成工时 2800 多个，义务献工 1500 多个。1999～2000 年，他荣获中国石油集团劳动模范、优秀党员、“铆工大王”称号；2001 年荣获全国“五一劳动奖章”；2002 年荣获大庆石化总厂“十大标兵”称号；2003 年获得总厂双文明先进个人荣誉称号；2005 年荣获全国劳动模范称号。2008 年，何明言是北京奥运圣火传递的火炬手。何明言任大庆石化建设公司安装四公司副经理，曾连续多年获得诸多荣誉，他坚持深入一线，勇于吃苦，率先垂范，无私奉献，圆满完成各项任务。

1978 年，何明言开始了在大庆石化总厂的工作生涯，在检修安装一线工作 30 多年。何明言谨遵父亲教诲，从参加工作开始就执着于自己的事业。他刻苦耐劳，在入厂不到一年时间里就当上了作业组长。1985 年何明言成

① 孙佰忠、谢平：《带出“龙头队”》，《黑龙江日报》2006 年 6 月 22 日。

为铆工班班长。当了班长意味着承担更加厚重的责任，意味着不再是自己一个人干好就行，而是要带出一支优秀的团队。为了当好班长，何明言身体力行，以身作则。一次，班组接到紧急抢修炼油厂重整装置 302 塔的任务，需要重新安装塔内 50 层塔盘。他合理地将作业人员分成 5 组，每组负责 10 层塔盘。[①] 由于刚刚停工，塔内温度非常高，这给作业带来了困难。作为班长，为了激励自己的团队，何明言将最难、最险的塔顶留给自己的作业组。经过 7 个多小时的漫长操作，何明言终于和工友们完成任务，装置在当天重新开工，比计划工期提前 8 个小时，减少经济损失 50 多万元。当何明言和工友们从闷热的塔里钻出来时，塔内和塔外温差比较大，一阵风吹来，何明言和工人们感到一阵钻心的刺痛。

2001 年 9 月，何明言奉命带领 58 名员工到张家港安装 4 座 4000 立方米储罐。原定工期为 60 天，由于施工条件不达标准，何明言和工友正式进入施工现场时离交工期限只有 35 天。当时，现场还有 11 支施工队伍，其中包括实力较强的江苏施工队。甲方对何明言一行人有些担心，想把工程交给现场的其他施工队。何明言据理力争，向甲方保证一定会保质保量完成任务。为此，他制订了一整套详细的施工技术方案，下料、组对、焊接，每道工序都有具体的技术标准和施工办法。何明言和他的队友每天早出晚归，在 4 座储罐间轮流交叉作业，往返于工地和驻地。由于驻地距施工现场比较远，他们每天早晨 6 点钟就要集合步行到现场，晚上 10 点以后大家才能回到驻地休息。这样的生活日复一日，当工程完成后，每个人都磨破了六七双工鞋。经历了紧张的 35 天工期后，何明言带领他的团队如期优质地建成了 4 座储罐。甲方不由地赞叹道：“‘黑包’比‘江包’厉害啊！”[②]

组织施工，重在讲究方法。2004 年，何明言走上了施工员岗位，负责炼油厂年产 120 万吨加氢装置总吨位 1200 吨的预制安装工作，以及 5 座塔、57 台容器和设备的安装任务。[③] 面对巨大的工作量，何明言没有焦躁，而是有条不紊地从创新施工方法入手，提出了“立式设备安装方法”，即在 5 座

① 符立萍：《用汗水筑就闪光工程》，《中国石油报》2005 年 12 月 15 日。
② 符立萍：《用汗水筑就闪光工程》，《中国石油报》2005 年 12 月 15 日。
③ 符立萍：《用汗水筑就闪光工程》，《中国石油报》2005 年 12 月 15 日。

塔的施工中，采取多工种协调作业、运输与安装同步进行的施工方案，做到各专业组环环相扣、工序紧凑，仅3202塔安装就节省了45个工时、吊车台班费1.3万余元。[①] 2004年大庆石化装置大检修期间，何明言担任施工组长，带领队伍对炼油厂两个常减压炉的对流室进行更换。施工中，他凭借多年来积累的经验，精心设计了对流室炉体的整体预制方案，采用千斤顶对称顶压法，对炉体进行矫正，克服了由于板薄，焊接容易产生变形的问题，保证了炉体垂直度。他还和其他员工一起创造了138道1CR5MO焊口一次焊接合格率100%的高水平。由于仅用4吊、6小时就干净利落地完成了430吨的吊装任务，被检修指挥部评为“闪光工程”。据不完全统计，何明言通过创新施工方法，在21项较大的检修安装项目中共为企业节省资金190多万元。[②]

2006年初，大庆石化建设公司任命何明言为安装四公司副经理，主管安全生产。工作岗位虽有变动，但并不影响何明言朴实的工作作风。升职后的何明言担负起更艰巨的责任。一年来，他共计组织完成10多个厂检维修240项，装置检修5套，新建改建装置2套，防水彩钢板施工13000米。[③]他创新工作方法，提高工作效率，他所负责的彩板的安装质量和速度比往年有了大幅度提高，受到了用户的好评。

何明言通过自己的奋斗获得了很多荣誉。他作为先进典型带动了企业其他员工的工作热情。在他和他的团队共同努力下，他曾工作过的检二车间被评为市先进集体。企业以学先进为动力，使竞争意识、责任意识和改革意识进一步增强，道德水平和文明程度进一步提高，整体形象、队伍形象和企业形象更加良好。何明言在平凡的岗位书写了不平凡的事迹。他对工作的热情和执着激励着无数青年人前进。

在检修安装这个平凡的岗位上，何明言用汗水创造了不平凡的业绩。以他名字命名的“何明言班”成了大庆石化总厂一面高高飘扬的旗帜。

编辑：董任可

① 符立萍：《用汗水筑就闪光工程》，《中国石油报》2005年12月15日。

② 符立萍：《用汗水筑就闪光工程》，《中国石油报》2005年12月15日。

③ 符立萍：《用汗水筑就闪光工程》，《中国石油报》2005年12月15日。

## 王伟东

王伟东，男，1965年出生，河北武清人，大专文化，中国共产党党员，1983年入伍，1987年8月由部队转业分配到佳木斯机务段工作。在哈尔滨铁路局佳木斯机务段运用车间工作期间，王伟东被选为佳木斯市前进区人大代表。他常说："是金子在哪里都会闪光，成就事业必须靠自己去拼搏攀登"①，他是这样说的，也是这样践行的。2003年，王伟东获得全路"火车头"奖章；2004年，获得全路职工技术创新能手荣誉称号；2005年，获得全国劳动模范荣誉称号；2006年，被中华全国总工会命名为"全国知识型职工十佳标兵"。

1987年，5年的部队生活告一段落，在部队期间，王伟东获得了"全军优秀班长"荣誉称号，立二等功一次，三等功两次。1987年王伟东复员到佳木斯机务段，勤勤恳恳地做一名司炉工。部队这个大熔炉的教育和磨炼，培养了王伟东任劳任怨、坚忍不拔、积极进取的优秀品格和顽强意志。通过不懈的努力和刻苦的钻研，王伟东在技术上持续精进，在工作上取得了优异的成绩。为此，他先后被授予黑龙江省技术能手、全国劳动模范、全国知识型职工十大标兵等多项荣誉称号。② 在佳木斯铁路机务段上，王伟东这个名字可谓如雷贯耳，他的事迹得到大家的一致认可和肯定。工作的勤恳、技术的精湛，使他完全担当得起"机车大拿""机车110""伟东线"③ 的赞誉。

刚从部队转业到佳木斯铁路机务段的王伟东在技术上完全是"门外汉"。为了尽快适应新的工作，王伟东开始起早贪黑练技术。除了现场操作以外，他还自学内燃机技术，购买了大量相关书籍。平日里，王伟东边看书边做笔记，整理编写了6本书籍。1992年，佳木斯铁路分局和哈尔滨铁路局开展了"投炭给油技术比武"。王伟东在比赛中脱颖而出，分别取得了第一名和第二名的骄人成绩。④ 鉴于比赛中的突出表现，同年，他担任副司机一职。伴随着技术的进步，佳木斯机务段于1997年引进了第一台内燃机车，

---

① 吴利民编《中国铁道年鉴（2006）》，中国铁道出版社，2006，第540页。

② 吴利红、王伟东：《做知识型工人》，《黑龙江日报》2006年10月24日。

③ 高永强：《用知识书写人生美丽篇章》，《黑龙江日报》2005年6月8日。

④ 孙佳薇、邢世国：《金牌工人王伟东》，《黑龙江日报》2005年4月27日。

给人类社会生活带来了新的变革。王伟东作为佳木斯机务段的技术标兵，堪称“不是权威的权威”，他率先试驾了那台东风4型内燃机车。遗憾的是，首次驾驶就遇到了困难——机车无流无压，不能牵引。[①] 面对这种突发情况，王伟东手足无措，只能求助于检修师傅。看着检修师傅在几分钟内就解决了这个问题，他感到十分惭愧，深刻地领悟到学无止境这个道理，尽管在技术方面取得了显著的成绩，但是不能止步不前，要戒骄戒躁，注重技术的更新。为此，他下定决心，夯实技术知识基础，掌握先进的操作方法，注重理论与实际业务的紧密结合，力争成为机车司机中的拔尖者。

由于王伟东的家庭条件并不宽裕，为了掌握内燃机的有关知识，他省吃俭用买来相关领域的书籍来学习，不肯浪费任何学习机会。考虑到自己的初中文化水平，王伟东毫不懈怠，借鉴在部队总结出的学习方法，不断提升自己的技术和知识水平。他不浪费任何学习时间，利用调休时间抓紧汲取知识，即使在上班时间，他也边干边学，随身不离笔记本，记下各个部件的具体位置、组号、作用以及所要求的技术指标。一有时间，他就翻几页书，记一记，写一写，不管机车开到哪里，任何地方都可以成为学习的场所。有志者，事竟成。王伟东在技术上取得了较高的成就，成为机务段的名人。他结合实际经验和专业文献，编辑出版了《东风4型内燃机车五大病害防治措施》《平地模拟一次乘务作业标准》《乘务应急故障处理50条》等6本书籍和手册[②]，并且展开实地推广和应用。不仅如此，王伟东注重经验的积累，已经写下了近5万字的学习笔记，总结了近百种处理故障的方法和技巧。作为“无冕”的技术专家，一旦机车遭遇故障，不用采取任何操作，王伟东仅凭经验观察就能判断故障出处，并提出处理措施。他勤于思考，勇于创新，研究发明出东风4型内燃机车全面检查的顺序小线，同时被命名为“伟东线”，以此作为机车检查的标志品牌。[③] 然而，他并没有倚仗精湛的专业技能和各种荣誉而孤傲、摆谱，而是注重技术的传承和创新。王伟东的才能获得了大家的一致认可，同时，也吸引着一批批勤学的

---

① 吴利红、王伟东：《做知识型工人》，《黑龙江日报》2006年10月24日。

② 孙佳薇、邢世国：《金牌工人王伟东》，《黑龙江日报》2005年4月27日。

③ 高永强：《用知识书写人生美丽篇章》，《黑龙江日报》2005年6月8日。

人向他取经。他毫不吝啬，经常主动帮助其他工人解决技术上的难题，已经培养出一大批技术能手，造就了“活电路”“给油能手”等技术骨干。2001 年，王伟东接受了一项艰巨的任务，负责成立“110 机车故障信息指挥中心”，这一机构的设立旨在解决机车运行过程中所遇到的故障和难题。对于当时无职无权的王伟东来说，这项任务艰巨而迫切。尽管困难重重，他也毫无怨言。为了便于及时解答和处理机车运输线上的故障和难题，王伟东克服家庭的阻力，毅然决定自费置办一部手机。全站 400 多名机车司机的手机全部连接着王伟东一条咨询服务专线。在调度工作的日记上，清清楚楚地写着几百个电话，详细记录着王伟东接收到故障信息，并及时解决机车故障，由此避免了机车晚点和内燃机机破事故发生的内容和细节。大家有事都愿意找王伟东，因为他是大家心目中永远难不倒的“万事通”。为了解决各种机车故障，王伟东常常在晚上已经休息之后还要去接电话，为的就是不耽误每一个故障的处理。无论工作时间还是休息时间，他都要冷静地思考并对故障进行分析判断。

王伟东几乎将全部精力都投入到工作上，对于家庭，他感到非常遗憾和惭愧。王伟东的家庭环境十分艰苦，父母老弱多病，妹妹精神失常，而妻子也患有严重的肾病。2001 年，妻子黄秀娟生病住院，在牡丹江住院的两个月中，他仅仅去探望了一次。尽管如此，王伟东的妻子仍旧十分体谅他，谅解他工作的不容易，甚至全力支持自己的丈夫。黄秀娟的肾病比较严重，在治疗过程中需要使用大量的激素，从 2003 年起，她行走已经变得非常困难，但仍旧坚持每天拄着拐杖上班。面对疾病给妻子带来的折磨，王伟东也十分痛心，他指出：“在工作面前，我只能顾大家，撇小家。”①

王伟东曾指出：“一线工人在生产第一线，直接用双手创造价值，是时代前进的动力”②，“新时代工人不掌握现代技术，就无法更好地服务本职工作”③。王伟东亲身经历了中国铁路由蒸汽机车、内燃机车向高铁发展的过程，伴随着信息化时代的到来，他时刻提醒自己，要戒骄戒躁，不能总是

---

① 吴利红、王伟东：《做知识型工人》，《黑龙江日报》2006 年 10 月 24 日。

② 《在不同岗位创造不平凡价值——各界劳模的心里话》，新华网，http://news.163.com/05/0429/21/1IHN2TBB0001124L.html，最后访问日期：2018 年 7 月 10 日。

③ 吴利红、王伟东：《做知识型工人》，《黑龙江日报》2006 年 10 月 24 日。

躺在荣誉簿上。王伟东始终牢记学无止境的道理，懂得与时俱进，积极学习计算机、干部管理等方面的知识，紧跟时代步伐。可以说，王伟东将全部精力都投入到工作中，用实际行动诠释着一个平凡机车司机的不平凡。

编辑：董任可

## 关有奇

关有奇，男，满族，1954 年 8 月出生，1974 年 9 月参加工作，1987 年 7 月加入中国共产党，曾是哈尔滨轴承集团公司（可简称“哈轴”）电机轴承分厂轴承专业车工。1993～2007 年关有奇荣获哈轴劳动模范、十面红旗称号；2001 年荣获全国轴承行业技术状元称号；2002 年荣获全国机械行业突出贡献技师、黑龙江省劳动模范称号；2004 年荣获全国机械行业技术能手称号；2005 年荣获哈尔滨市技能大奖、名师带高徒优秀师傅、全国劳动模范称号；2006 年荣获省优秀共产党员称号；2007 年荣获全国机械行业技能大师荣誉称号，在全国获得这项荣誉的不到 20 人，哈尔滨仅有关有奇一人。2010 年，关有奇获得国务院津贴。

关有奇自小生长在哈轴圈里，亲属、邻居全是哈轴人。做一个哈轴工人，这是他少年时的最大梦想。1993 年，哈尔滨轴承集团公司进行“转换企业经营机制，精简机构，缩减二线人员，充实一线人员”的深化改革。共产党员关有奇同志积极响应和支持公司“三项制度”改革，他主动申请到生产一线成品三分厂做了名技术工人。从此一头扎进去，全身心地投入，用自己的辛勤汗水实现人生的价值。关有奇立志成为和师傅一样技能过硬的人。师傅不遗余力地将自己的技艺传授给关有奇。从和师傅学习的第一天起他就下决心刻苦学习。经常大家都下班后，关有奇还在揣摩师傅教的招数。回到家里，关有奇还一遍一遍地研究师傅讲的要领：上料、卡活、进刀……就凭着这股认真钻研的精神头，他在车工这个岗位上立住了脚。关有奇顶床子的第一个月，就完成了计划的 150%。工段的老师傅们说：“咳，真没看出来，老关还真有两下子。”[1]

---

[1] 《“关有奇刀具”叫响全国》，《哈尔滨日报》2011 年 7 月 1 日。

关有奇从多年的工作中摸索出了一套操作技巧，使他工作事半功倍。关有奇操作的是SY127半自动车床，是工段里加工范围最大的一台，全凭人工上下料，每个产品的重量都在3公斤以上，每天得搬上七八吨的重量，劳动强度可想而知。[①] 因此，关有奇深知提升效率是干好工作的关键。他着重注意工装、刀具的调整、组合和创新。为了提高自己的技术水平，他自费参加企业和社会举办的各类技术理论培训班。功夫不负有心人，关有奇在几年的时间里由一名初级工成长为高级技师。但他并不满足现状，自觉把学到的书本知识运用到工作中，大胆创新，收到了令人满意的效果。2000年以来，他结合本工序实际，进行了多项技术创新。一是改进了车工工艺方法。由于改变了刀具工进方向，大大缩短了工进行程，并配备了饱合胎具和成型组合刀具，提高了夹具、刀具的刚性和定位精度，提升了工件的夹紧力和刀具的切削效率。由于工艺方法的改进，提高了生产效率3.24倍，年创价值49.11万元。二是自行设计球面轴承外圈滚道一次车削成型组合刀具，制作出刚性强、寿命长、耐磨损、切削率高的刀具，实现了一次性装夹、一次切削成型，保证了球面滚道精度。此项技术在分厂推广，同时被分厂命名为“关有奇组合刀具”。三是革新设备手压开关。由右手启动改为左手启动，解决了操作不顺畅问题，节省了上下料时间。四是革新设备主轴箱润滑系统，解决了主轴箱不上油的问题。五是革新设备往复刀架，提高了设备加工性能，解决了设备不能加工大型产品止动槽的难题，年创效益12.5万元。[②]

关有奇牢记自己是一名中国共产党党员，牢记党员肩负的使命和职责，努力发挥模范带头作用。哈尔滨轴承集团公司在开展“先锋工程”活动中，对优秀党员机台设立“先锋岗状元”标识，关有奇是其中的一员。为了展现党员的风采，让党旗在岗位上闪光，在日常生产经营工作中，他做学习的带头人，积极参加党组织的理论学习、党日活动，不断提高政治理论水平，在实践中用哲学的观点去分析问题，解决矛盾；做钻研技术的带头人，利用业余时间，参加各种技术培训，成为一名高级技师；做超额完成任务

---

① 《“关有奇刀具”叫响全国》，《哈尔滨日报》2011年7月1日。

② 《“关有奇刀具”叫响全国》，《哈尔滨日报》2011年7月1日。

的带头人，坚持每天早来晚走，不翻番不离岗位；做质量信得过的带头人，加工产品一次交检合格率 100%，被检查员誉为“质量信得过能手”；做降本增效的带头人，牢固树立“节约一厘钱”思想，立足本岗位节约挖潜、修旧利废，年节约各种原材料上万元；做无私奉献的带头人，工段赔钱或不挣钱的活他都承担加工，别人待料回家休息，可他却到其他工序帮助抢生产任务，年义务献工 240 多小时。他用实际行动“让党旗在岗位上闪光”，在职工中树立了良好形象，同志们都赞扬他是“党员的典范、职工的楷模”。

关有奇成为全国劳动模范、黑龙江省人大代表、黑龙江省优秀共产党员之后，并没有沾沾自喜，而是更加严格地要求自己，以实际行动影响、帮助、带动周围的工人们。他不仅利用业余和空余时间，帮助青年工人提高技术水平，主动向他们传授技术，而且还在思想上激励他们，引导青年工人树立正确的人生观、价值观和世界观，积极向党组织靠拢。

培育高素质的人才是时代发展的需要，培养一支有觉悟又掌握现代先进技能的产业工人队伍的任务历史性地摆在了中国工人阶级的面前。在共和国光辉的历史上，各条战线涌现出成千上万的先进模范人物。他们始终走在改革开放和社会主义现代化建设的最前列，以忘我的劳动热情，激励着一代又一代劳动者为实现中华民族伟大复兴而奋斗。

关有奇同志始终以一个共产党员的标准要求自己，顽强拼搏，无私奉献，用实际行动实现着自己的理想。他扎根于平凡的岗位却书写了不平凡的人生。

编辑：董任可

## 杨迪林

杨迪林，男，汉族，出生于 1948 年 1 月，中专毕业，是哈尔滨电机厂有限责任公司冷作分厂的一名电焊工人，高级技师。1988 年，他获得德意志联邦共和国焊接技术联合会颁发的国际焊接教师证。1991 年以来，他连续 3 年被评为厂先进生产（工作）者标兵。他敬业爱岗，踏实肯干，多年如一日，每天与弧光相伴，用辛勤的汗水和聪明才智点燃了生命的火焰，在人生道路上留下了一串串闪光的足迹。杨迪林先后获得黑龙江省劳动模范、全国技术能手、全国“五一劳动奖章”等荣誉，2005 年被评为全国劳动模范。杨迪林具有中国工人阶级传统的质朴、勤劳、工作踏实、兢兢业业的优秀品质。[①] 他以其骄人的工作业绩，展现了当代“劳动模范”的风采。

杨迪林工作的哈电集团哈尔滨电机厂有限责任公司（以下简称哈电集团电机公司）成立于 1951 年 6 月，该公司经营的主要产品有水轮机、水轮发电机、汽轮发电机和相关的控制设备。[②] 经过几十年的努力，哈电集团电机公司已经成为行业的领舞者。当然，哈电集团电机公司能够取得如此巨大的成就与员工们辛勤的付出和无私的奉献是密不可分的，每一位电机人都为企业的发展和繁荣发光发热，而杨迪林就是他们中的一员。

杨迪林爱好乒乓球，喜欢养花，喜欢拉小提琴，但他最擅长的莫过于焊接技术。1968 年，杨迪林从哈尔滨电机厂中等技术学校毕业，被分配到冷作车间当了一名电焊工人，他与焊接技术结下了不解之缘，一干就是 40 多年。1989 年以来，杨迪林累计完成工时 41526 小时，相当于 6 年干出了 17 年的活，成为走在时间前面的人。[③] 他主要负责大型发电设备冷作件生产中的焊接工作。他刻苦学习焊接方面的理论知识，并联系生产实际，从多方面培养和锻炼自己，获得了德国焊接技术联合会颁发的国际焊接教师资格证，并去德国接受了培训。[④] 他勤奋好学，刻苦钻研，勇于创新，在长期的工作实践中，练就了一手高超的焊接技术。他善于将理论知识运用到实践中去，在学习焊接理论后，他成功研制了 $CO_2$ 气体保护焊一元化调节法，从而简化了焊接规范的调节。[⑤] 凭借焊接这门看家本领，他先后参与了哈电集团电机公司同日本、法国、加拿大、挪威等发达国家同行业厂家的合作与交流，与中外厂家合作完成多台机组的焊接。同时，他还相继参加了鲁布格、马卡古瓦、葛洲坝、岩滩、天生桥、五强溪及三峡等诸多项目关键部件的焊接任务，凭借着精湛的焊接技术，不断攻克难关，取得了新的突破，在国内电机制造业被誉为“焊接高手”。杨迪林在修复我国最大的

---

① 机械工业部办公厅：《机械工业的脊梁》，机械工业出版社，1995，第 210 页。

② 王忠孝、宋亚平、由庆祝：《辉煌巨变 60 年》，《中国工业报》2009 年 9 月 17 日。

③ 机械工业部办公厅：《机械工业的脊梁》，机械工业出版社，1995，第 210 页。

④ 机械工业部办公厅：《机械工业的脊梁》，机械工业出版社，1995，第 210 页。

⑤ 机械工业部办公厅：《机械工业的脊梁》，机械工业出版社，1995，第 210 页。

岩滩转轮缺陷中创造了厚板焊后裂纹处理法，解决了大型水电机组的焊接难题，并得到了广泛的应用和推广，为大型产品焊后裂缝处理闯出了一条新路。①

有一次，中日联合生产马卡古瓦电站机组水轮机，按照计划已经完成了既定任务，但是，日方又增加了焊接机组内部的较高要求，这无疑是一项严峻的挑战。如何在不破坏外部焊接完成的完整结构的前提下，做到通过缝隙焊接好内部，这正是中方焊接团队需要攻克的技术难题。功夫不负有心人，凭借着精湛的技术，一股钻劲儿，杨迪林想出了巧妙的焊接方法。他在焊枪上绑上一面镜子，利用镜面反射等原理成功完成了焊接。等到再次查验改进后的机组水轮机时，日方表示非常惊讶。机组内部这条焊缝是观察不到的，只有用手摸才能感触得到。日方代表好奇，中国的焊接团队是如何做到这样高难度的操作的。面对他们的疑惑和不解，哈电集团电机公司的工人们自豪地指出，这是由我们一位具备国际焊接水平的焊接师完成的精细操作。日方代表不禁深深赞叹，心服口服，甚至特许，自此以后，给予杨迪林所焊接焊缝的免检资格。

从事焊接工作以来，杨迪林始终坚持一个原则，即哈电集团电机公司生产的发电机组要使用几十年，甚至是上百年，那么，就要严格把关产品的质量，否则就会给用户、国家造成损失，甚至是灾难。他时刻提醒自己，作为一名焊工就要做到爱岗敬业，对用户负起责任。细节决定成败，杨迪林不放过任何细节问题，宏观微观一起抓。一开始，其他同事都不理解他为什么要这么做，甚至抱怨他要求的严格，但是，当工人们的努力得到了用户的肯定、产品畅销的时候，他们都转而敬佩杨迪林。

杨迪林不仅关注自身技能的提高，而且注重技术的传承和创新。哈电集团电机公司强调发挥传帮带作用，积极开展“名师带高徒”活动。通过这项活动，杨师傅共接受了25名青年焊工的求教。面对徒弟们的勤奋好学，杨迪林也毫不吝啬，自愿将焊接工艺和积累的经验分享给年轻的学徒们。正是这样一代一代的传承，使得焊接技术持续精进，为三峡工程的推进做出了突出的贡献。杨师傅带领徒弟赵毓忠等人，深入钻研，勇于创新，促进了转轮焊

① 机械工业部办公厅：《机械工业的脊梁》，机械工业出版社，1995，第210页。

接的选材和焊接工艺的规范，对比多种焊接材料的性能，筛选出能提高焊接质量的焊丝，进而极大地推进了三峡发电机组转轮的焊接进程，同时创造了世界最大转轮整体焊接的奇迹。杨师傅言传身教，以自身的实际行动影响着他的徒弟们，培养出一批焊接工作中的技术能手、生产骨干，其中一个徒弟被评为全国杰出青年岗位能手，另外两个徒弟获得焊接技师资格。徒弟们都时刻谨记杨迪林的教导，始终以杨师傅作为学习的榜样。

创新是企业发展的动力和源泉。哈电集团电机公司深刻认识到这个道理，加大企业的研发力度和创新力度，决心占领技术高地，终于在空冷、贯流式等机组方面研制成功了一套具有自主知识产权的专有技术①，为企业赢得了较多的市场份额，获得了竞争优势，有力地推动了我国电力工业的发展。哈电集团电机公司始终将打造国内、国际一流企业作为发展的目标，一定程度上，它承载着振兴民族工业的希望和使命，彰显着中国电力工业的风采，力争实现“打造世界装备制造业的动力航母”的宏伟愿景。② 杨迪林和他的同事们不仅见证了哈电集团电机公司发展壮大的历程，而且也用实际行动为企业发展贡献着智慧和力量。

编辑：董任可

## 孙连海

孙连海，男，1963 年生，辽宁铁岭人，高中文化，中国共产党党员，中国北车集团齐齐哈尔铁路车辆（集团）有限责任公司工人。他爱岗敬业，刻苦钻研技术理论知识，苦练技术操作，从一个普通维修工人成长为岗位能手和技术尖子，注重把理论知识应用于实践之中。孙连海于 2005 年被评为全国劳动模范。

1935 年齐齐哈尔轨道交通装备有限责任公司成立，该公司是中国铁路货车、铁路起重机设计、制造的大型国有骨干企业和出口基地。它历尽沧桑，从某种意义上说，就是共和国铁路列车的发展史。齐车不仅要满足国

① 由庆祝、孙世岩：《超越渴望》，《中国工业报》2006 年 5 月 23 日。

② 王忠孝、宋亚平、由庆祝：《辉煌巨变 60 年》，《中国工业报》2009 年 9 月 17 日。

内需要，而且还有出口五大洲十几个国家的九大系列200多个品种的产品，同时有一批以厂为家、爱岗如子的齐车人。在建厂初就涌现出了劳动模范康学富、建厂英雄张振玉、人称“铁汉子”的王长有，建设时期又涌现出新时期的全国劳模、铁道部的重大设备的“守护神”和“保健医”孙连海。他们是这个不断壮大的公司的脊梁。

孙连海是工作在平凡岗位的工人。他从学徒做起，勤奋好学，性格倔强，虚心向师傅求教。每当看到师傅用娴熟的技能将设备故障处理妥当时，孙连海就会暗下决心成为像师傅一样掌握过硬本领的行家。上班时，他刻苦钻研技术，总是认真观察师傅们分析和解决设备故障的方法。他将重点之处记在本子上，一有空就认真复习，有不懂的地方就虚心向师傅请教。师傅们处理完故障离开现场后，他还会围着设备转上几圈，静静地研究、思考。休息时，他将需要维护的所有设备的电器原理图一一借来，细心研究，逐步掌握设备的运转规律和故障处理方法。经过刻苦的磨炼，孙连海的技术水平明显提高，基本能够独立处理简单的设备故障。

孙连海常说，作为一名维修工人，只停留在会修上还是远远不够的，更重要的是在了解它、熟悉它的基础上，研究如何科学合理地改进它，这才是维修工追求的目标。[①] 随着科学技术日新月异的发展，原有的落后设备已逐步被淘汰，取而代之的是一系列从国外引进的具有世界先进水平的数控设备。为了使企业更好更快地发展，早日与国际接轨，齐车从瑞典、比利时、意大利等国引进了一大批具有国际先进水平的机械设备，这给设备维修工作增加了难度。白天孙连海在现场偷偷地向国外技师学习安装调试技巧，晚上他把重点整理成笔记。经过努力，孙连海成为同行业维修重大机电设备的“行家里手”。

在新的发展形势下，维修人员必须具备机械电器一体化的复合型知识。孙连海只有初中文化，但他不甘落后，用省吃俭用积攒下的积蓄购买了一大批和技术有关的书籍。一有时间，孙连海就会看书学习。孙连海的住房条件比较差，老少五口人在一起居住。为了不影响老人和孩子休息，他经常在厨房里学习至深夜。他凭着顽强的毅力啃下了《电子学》《微型计算机

① 贾旭博、张馨：《许振超式的好工人孙连海》，《齐齐哈尔日报》2007年5月31日。

原理及应用》《可编程序控制器》等技术书籍。[①] 经过长期的坚持和努力，孙连海开始对系统理论知识进行深造，成为湖南铁道学院机电一体化专业的函授毕业生。

孙连海所在的车间负责钢板材件加工工作，各类设备总计 300 余台（套），许多设备都只有一台，一旦出现故障将直接影响车间的生产。由于生产任务繁重，有些设备即使过了大修期仍然要继续运行，这给孙连海和他小组的维修工作带来了很大的困难。他们只能利用碎片的时间进行设备的维修、维护工作。虽然孙连海不是工程技术人员，可他却先后独立完成了 30 余个技术革新项目。他的付出为企业节约资金 20 余万元，不但保证了生产的顺利进行，而且还提高了引进设备国产化程度。

孙连海十分热爱自己的工作，为了在短时间内尽快掌握机械钳工的技能，已进入不惑之年的他开始自学机械原理。为了尽快掌握机械钳工的操作技能，孙连海自觉将自学的知识运用到实践中，只要设备出现机械故障，无论是否属于他所负责的范围，他都要主动跟着钳工师傅忙前忙后，仔细观察钳工师傅的操作方法。他从打手锤开始练起，有时，下了班回到家里草草吃上几口饭又返回单位，锯、铲、锉、研，一练就是几小时。胳膊累肿了，虎口震裂了，他全然不顾。[②] 为了排除机械故障，孙连海往往要牺牲自己下班后的休息时间。2000 年，孙连海凭着扎实的技术理论功底和娴熟的专业操作技能一举通过工人技师考试，被正式聘为铁道部部级技师。

经过多年的钻研和探索，孙连海对车间里每台机器的结构和运行状态了如指掌，有时只要听到操作者的描述就能准确判断出故障的位置和原因。孙连海就像一个经验丰富的老中医，只要一把脉便能说出病人的病因。机器就是他的患者，只要设备出了问题，工人们总会第一时间想到孙连海，因为孙连海不仅能手到病除，而且不分分内分外。因此，孙连海被誉为设备的“主治医”和“土专家”。

孙连海不但技艺高超，而且具有大局意识。2006 年大年初一，孙连海

---

① 贾旭博、张馨：《许振超式的好工人孙连海》，《齐齐哈尔日报》2007 年 5 月 31 日。

② 敏杰：《机电设备的“主治医”——记全国劳动模范孙连海》，东北网，https://heilongjiang.dbw.cn/system/2005/04/28/050025659.shtml，最后访问日期：2018 年 7 月 10 日。

加班到晚上九点多，就在他准备回家和家人团聚时被一位匆忙赶来的同志拦下。原来，102线喷漆系统出现故障，当班的电工检查了很久都没找出问题，只好请孙连海帮忙。按理说，这并不是孙连海分管的区域，但他毫不犹豫就换上工作服赶往喷漆室。喷漆室地方狭小，仅有几平方米，到处都是油漆，散发着刺鼻的气味。孙连海顾不得这些，在狭小的空间里，他只能躺在地上对设备底部进行排查。功夫不负苦心人，孙连海终于成功找到故障点并排除原因。孙连海完成这一系列操作时，已经满身油垢。从喷漆室出来后，孙连海被熏得不停呕吐。孙连海对工作的忘我精神打动了身边的每一位员工。

孙连海为公司培养出了一支高素质维修团队。近年来，许多有经验的老工人纷纷退休离岗，为了帮助新到岗的年轻工人尽快提高技能，适应工作需要，身为组长的孙连海毫无保留地把自己掌握的技术和知识教给组员。工作中，孙连海一丝不苟地给组员分配任务，充分提高新员工的动手能力，同时会适当地激励新员工，帮助新员工将压力转化为动力。在孙连海的耐心培养和严格要求下，他所带的徒弟们纷纷通过了企业技师考试，成为车间维修岗位上的骨干。

中华人民共和国成立以来，一代又一代齐车人胸怀大局、艰苦奋斗、顽强拼搏、无私奉献，为社会主义现代化建设和铁路运输事业的发展做出了卓越的贡献，涌现出一大批先进模范人物，受到国家、地方政府和企业的表彰。孙连海也先后获得“全国劳动模范”的称号和“齐车功勋”荣誉奖章。

弘扬劳模精神，就是要以劳模为榜样，学习他们干一行、爱一行、专一行、精一行的高尚品格。弘扬劳模精神，就是要充分发挥劳模的典型示范作用，激励广大职工为加快企业改革发展贡献智慧和力量。弘扬劳模精神，就是要落实以人为本，尊重劳模，尊重劳动，形成劳动光荣、创造伟大的良好氛围。通过大力弘扬新时期劳模精神，学先进、赶先进、当先进蔚然成风，全国劳动模范孙连海等一大批先进人物，成为新时期产业工人的楷模。

编辑：董任可

## 尚维军

尚维军被誉为机床工人的榜样。他在30多年间，累计完成技术攻关、技术革新23项，为企业节约资金400多万元，完成工时168000小时，相当于完成60年的工作量。尚维军作为一个普通工人，他在平凡岗位做出了不平凡的贡献。他曾荣获全国“五一劳动奖章”、全国劳动模范荣誉称号。

1977年，尚维军进入齐齐哈尔第一机床厂（齐重数控装备股份有限公司前身）。齐齐哈尔第一机床厂，是1950年建立的，国家“一五”时期重点建设的156个项目之一，是我国机床行业大型重点骨干企业和行业排头兵企业。①

尚维军刚入厂的时候，是齐齐哈尔第一机床厂的一名镗工。他跟多个师傅学徒，不管哪个师傅他都虚心求教。没活的时候，他就去别的机台看人家怎样装卡、测量、加工，看不明白就问，车间的老师傅、施工员都成了他的老师。为弥补专业知识的不足，他一头钻进了书堆里，捧起有关的专业书籍强化学习，不断充实自己。通过三年坚持不懈的学习，尚维军丰富了自己的知识储备，逐步提升技术水平。他当时工作的机台是工厂关键的把关设备，具有较高的生产标准，专门用于生产精密度要求比较高的零部件。为了按时完成工作量，进一步提高技术操作的熟练程度，尚维军细心琢磨，虚心求教，终于研究出了镗工“七步”操作法，这项研究可以称得上是生产过程中的“捷径”。不仅如此，他勤于思考，敢于创新，结合自身所学研究出一系列省时高效的新工艺。②

在尚维军身上体现出“精益求精”的工匠精神。尚维军在加工大型床身时采取调节床身的办法，使床身与机床误差这一变数满足于床身误差这一定数，控制加工后的对接床身垂直不超过0.02毫米。他练就了两手绝活，一是用卡钳以手感测量∮800毫米孔径，误差仅为0.01毫米；二是巧妙地利用支、顶、夹、压等方法装卡零件，消除设备误差，用低精度的设备加工

---

① 李慧颖：《齐齐哈尔高新区　绘就老工业基地新蓝图》，《黑龙江经济报》2012年10月18日。

② 赵鹏、孙昊、路敦英：《“大腕儿”工人尚维军》，《黑龙江日报》2006年4月28日。

高精产品。[①]

1986年，我国第一台Q1－053电子机座车镗床在齐齐哈尔第一机床厂进行生产。这台镗床的主轴大孔为1.6米，而当时国内还没有对如此大孔主轴进行加工的事例。尚维军仅用四五斤重的卡钳“摸”了两次，随即决定按加工尺寸加0.07毫米进行加工生产。事实证明，用卡钳测量的尺寸与内径表测量的尺寸仅相差0.01毫米。[②] 由此，我们可以看出尚维军操作技术的高超。

在一些常人看来无法装卡的活，经过尚维军一研究，都能想出高招。有一次，加工Y36100滚齿机的分齿箱时，这个部件有100多个孔，通轴有八排孔，齿距要求公差必须保证在0.02～0.03毫米，而部件大小超出了工作台尺寸，没有固定的位置，无法装卡加工。尚维军仔细研究图纸，发现分齿箱底面上有七个地脚孔，可以利用四个作为卡压点。于是，他建议推翻原来的加工工艺，先加工地脚孔，然后利用地脚孔把分齿箱合在工作台上T形槽里进行镗铣加工。尚维军对技术、对完美产品的追求到了如痴如醉的地步。他总说：“每当我干净、漂亮地解决了一道加工难题，圆满完成任务的时候最高兴”。

我们可以在尚维军身上体会到“敬业守信”的工匠精神。自入厂以来，尚维军致力于技术创新，成功完成了23项技术改造，为工厂节约400多万元资金。在中德合作的DH4300及Q1－053A等工厂的重大产品生产中，他先后获得厂、市、省技术攻关奖和科技进步奖，以及国务院的嘉奖。可以说，尚维军一门心思搞研究，一腔热血搞生产，极大地推动了齐齐哈尔第一机床厂的发展和繁荣。有人慕名而来，想要挖走尚维军，面对所提出的各种利益条件，他仍旧毫不动心，始终坚持入厂的心，不忘工厂的培养，将毕生心血都奉献给了企业。

如今，尚维军在出色完成任务的同时更多地把精力放在培养青年技工上。尚维军带徒弟很严格，但他从不对徒弟提过多的要求，而是通过日常工作中的一举一动，把高超娴熟的加工手法和爱岗敬业的工作态度传给他

① 赵鹏、孙昊、路敦英：《“大腕儿”工人尚维军》，《黑龙江日报》2006年4月28日。

② 赵鹏、孙昊、路敦英：《“大腕儿”工人尚维军》，《黑龙江日报》2006年4月28日。

们。他带过的徒弟现在有许多已成为独挑大梁的生产骨干。

东北老工业基地的振兴离不开实干，实干离不开人才，人才离不开榜样的激励力量。振兴东北老工业基地，推进全面建成小康社会，构建社会主义和谐社会的伟大事业，必须大力弘扬“劳模精神”，培育“工匠精神”。

编辑：董任可

## 朱立彬

朱立彬，男，1965年3月出生，汉族，中国共产党党员，他1982年11月在齐齐哈尔建华厂参加工作；现任黑龙江省齐齐哈尔北方机器有限公司机加二分厂工会主席，2005年获得全国劳动模范称号。他所带领的班组多次荣获省、市“标兵班组”称号，曾荣获全国“五一劳动奖状”和全国“先进班组”称号。

1982年，朱立彬于技校毕业。1986年，他成为北方机器公司的一名车工。他师从杨承忠，而杨承忠曾是“五一劳动奖章”的获得者，被评为全国劳动模范。杨师傅的一言一行深深地影响着朱立彬，跟随杨师傅学习，使他受益匪浅。师傅的精湛技艺时刻激励和提醒着他，要潜心钻研，苦练基本功。[①] 仅仅三个月，朱立彬已经能独立定岗操作。但是他并没有满足，而是找来专业书籍，从理论上充实提高，将理论与实际相结合，从而在同龄人中技高一筹，脱颖而出，几年下来已经小有名气。在公司承揽的一个产品加工中，朱立彬主动向师傅和技术人员请教。针对把形板安装在普通车床上这种操作，他研制成功了自动退刀装置，经过反复实验测试，终于突破了该退刀时不退刀，扣头超差、扣尾不进差等技术难题，并且，由朱立彬改造创新的梯形螺纹加工法被公司命名为“朱立彬梯形螺纹加工法”。几十年来，朱立彬刻苦钻研，勇于创新，先后总结出“细长杆六要一不加工法”“多角度集成车刀加工法”等多种先进的车工操作技巧，实现技术创新60余项，创造经济效益几百万元。[②]

---

① 李智鹏：《技能创新团队的带头人》，《中国职工教育》2006年第1期。

② 李智鹏：《技能创新团队的带头人》，《中国职工教育》2006年第1期。

众人拾柴火焰高。朱立彬深刻地认识到团结协作的重要性，只有通过集体的共同努力，才能取得更多的硕果。因此，朱立彬懂得分享，总结失败的教训，分享成功的喜悦，与其他员工齐心协力搞研究，共同提高技术水平。他常说的一句话是："如果把公司看作一台机床，我们每个人就像机床上的一个部件，只有每个部件过硬，企业才能高速、高效。"①

自朱立彬担任以他师傅命名的"杨承忠班组"的班长以来，始终坚持以人为本的管理理念，不断提升员工的思想素质和工作的积极性。他强调既要仰望星空，又要脚踏实地；既要维护个人利益，又要注重集体利益；既要公平竞争，又要团结协作；既要独立自主，又要遵守各项规章制度。要在班组建设过程中把握好一个"度"字，发挥好对员工的激励作用。为了进一步增强员工的竞争意识和自信心，他组织职工开展"献绝招、练本领，学技艺、创一流，争当岗位状元"② 的岗位练兵活动，班组年年获得公司质量标兵班组荣誉称号。在生产管理的过程中，针对种类多、批量小、精度要求高、科技含量高的科研试制产品，朱立彬研究发明了"三集中"生产管理法（即集中人员生产、集中人员管理、集中人员运转）及"抛窄放宽"生产管理法③，并将之运用到实际生产之中，极大地提高了班组的生产效率，为此，朱立彬带领的这个班组多次荣获市、省、国家级荣誉奖励。

由于工作压力大、休息时间不稳定和长时间的加班加点，2007 年朱立彬做了左肾结石腔镜手术和右肾切除手术。手术后 18 天，同事们又在车间里看到了他的身影。出于身体原因，朱立彬转任机加二分厂的工会主席，工人出身的他在这个岗位为员工想得更细、做得更多。新添置的蒸锅和热水过滤器温暖着每一位工人的心，谁家有个大事小情，第一个就找他商量解决。"虽然不在一线岗位了，但我还想着技术发展与革新，只要有技术方面的问题，我随叫随到！"④

党的十九大召开后，作为工会主席的朱立彬认真学习和领会党的十九大精神，发表了《不断拓宽党的群众工作基础，充分发挥工会、共青团组

---

① 李智鹏：《技能创新团队的带头人》，《中国职工教育》2006 年第 1 期。

② 李智鹏：《技能创新团队的带头人》，《中国职工教育》2006 年第 1 期。

③ 李智鹏：《技能创新团队的带头人》，《中国职工教育》2006 年第 1 期。

④ 李智鹏：《技能创新团队的带头人》，《中国职工教育》2006 年第 1 期。

织桥梁纽带作用》[①] 的文章，将理论研究与客观实际密切结合起来。党的十九大报告中明确指出，要建设知识型、技能型、创新型劳动者大军，弘扬劳模精神和工匠精神，这充分体现了党和国家对工人阶级的肯定与尊重。党的十九大报告指明了我们国家经济社会发展的时间表和线路图。十九大后，机加二分厂响应公司党委的号召，积极学习、贯彻、落实党的十九大精神，并融入到生产工作中。近期，针对十九大报告中提到的，如何建设知识型、技能型、创新型工匠团队，朱立彬组织广大职工开展了多次学习和交流，结合工厂的实际情况，将十九大精神落到实处。

为大力弘扬劳模精神，培育工匠精神，朱立彬正带领全体员工团结协作、互帮互助，力争为企业、为国家多做贡献！

编辑：董任可

## 陈厚录

陈厚录，2005 年被评为全国劳动模范。1986 年，他通过招工考试进入牡丹江第二发电厂被分配至发电分厂汽机运行车间，正是凭着对本职工作的高度热爱，他投身到对专业知识的刻苦钻研当中。面对底子薄、未受过专业教育等种种困难，他以坚韧不拔的毅力层层克服。他用了近三年的时间对专业书籍进行了系统的学习，“一分汗水，一分收获”，孜孜不倦的学习使他的岗位技能日益精湛，他对于《十万机组汽轮机运行规程》《汽轮机技术问答》《火力发电厂汽轮机运行技术培训与考试》等专业书籍，不仅能熟知精通，而且能深入浅出、运用自如。陈厚录不但通过刻苦自学取得了大专文凭，还创造了所在电厂历史上不曾有过的学徒工频频夺得技术状元的奇迹。

凭着对事业的执着追求，对技术业务的刻苦钻研，陈厚录曾连续六年获牡丹江第二发电厂 100MW 机组汽机运行专业状元的称号，并分别在 1997 年及 2000 年的原黑龙江省电力工业局职工生产技术运动会上取得了 100MW

---

① 朱立彬：《不断拓宽党的群众工作基础　充分发挥工会、共青团组织桥梁纽带作用》，《科教政法》2012 年第 10 期。

机组汽机运行第一名，2002 和 2003 年连续两年获厂生产技术运动会值长专业状元称号。他连续多年被评为厂劳动模范，1996、1997 年先后被原黑龙江省电力工业局及牡丹江市人民政府评为劳动模范，1999 年被评为原国家电力公司系统劳动模范。

在 2001～2003 年担任值长期间，他带领全值人员开展节能降耗工作，大力组织实施“进行反冲洗提高凝汽器的真空度”“合理安排制粉系统运行方式，控制制粉电耗”“根据机组运行台数，及时调整循环水量”“实施机组最佳运行方案”等措施，节约燃煤四万多吨，燃油五百多吨，创效 480 多万元。

这三年时间里，为确保安全生产，陈厚录不仅对所属各专业的设备运行和备用状况精确掌握，而且根据具体的运行方式和设备缺陷情况有针对性地做好事故预想。对机组的启停调峰、变电所倒闸操作以及重要运行试验等大型操作，他每每亲自指挥把关，做好关键过程的控制，确保了机组健康稳定运行。他累计完成机组启停调峰 183 次，220kV、110kV 变电所及厂用系统等大型倒闸操作以及循环水管路解并列、锅炉水压实验、发电机充排氢等大型操作 200 余次，从未出现过丝毫差错，安全操作率及两票合格率均达 100%。他还带领全值人员及时发现并果断正确处理了#3 炉给水大旁路调节门门头脱落、#2 炉甲侧低温段省煤器漏泄、#4 给水泵运行中跳闸、#1 高备变#1～#3 冷却器电源开关 C 相上侧电缆头绝缘外皮烧焦等 40 余项重大缺陷和隐患，为企业避免的经济损失累计达 800 余万元。

面对#1 发电机连续漏氢 30 多个小时、漏氢量达 50 多立方米的情况，现场人员束手无策。紧要关头，根据深厚的技术积累，陈厚录大胆提出用提压试验方法进行查找，最终找到了泄漏点，避免了大量漏氢而引起的氢爆事故发生。

为确保机组的经济运行，保障监盘质量，陈厚录在保证参数压红线运行的基础上，积极采取措施，提高机组运行经济性。针对机组容量不一的问题，他反复摸索，不厌其烦地试验调配机组运行方式，制定实施了《机组最佳运行方案》，并在全厂进行推广，使各机组均达到了经济负荷运行，确保了各项生产指标持续向好。针对#1～#4 机组透平油耗大的问题，经反复论证，他提出对#1、#2 机组排烟母管与回油管连通管加粗改造，对各机给水泵浮动挡水环改造，解决了机组排烟带油回收不好及给水泵油中进水的问题，使十万机组油耗在当月就达到0.3吨的历史最好水平，比设计的0.57吨低0.27吨，仅此一项每年就可为企业节约透平油25吨，折合人民币17.5万元。他所提出的课题成果《#1～#4机经济指标的分析及措施》获得了黑龙江省电力公司科技成果一等奖，仅此一项每年就可为企业创直接经济效益43万元。技术力量的雄厚，技能的精湛，使他当之无愧地成为汽机专业的“技术带头人”。

2004年初，陈厚录凭着出色的工作业绩，临危受命，怀着满腔热忱和自信，走上了汽机检修分公司主任的岗位，担负着总装机容量1030MW的汽轮机检修工作和带领汽机人走出低谷、摆脱困境的艰巨任务。作为专业技术带头人，他在上任后的首台#7机组大修中带领技术攻关组殚精竭虑、夜以继日，一举解决了#7机组气封间隙超标、动静部分存在异音等长期困扰机组安全运行的难题。#7机组大修后一次启动成功，修后#7机组各项指标均达到创建厂以来的最好水平。面对这来之不易的成绩，汽机检修职工深切地感受到终于有了“技术主心骨”。在#7机组取得成功检修经验的基础上，他乘势而上，在相继进行的#4机组大修中，号召全体职工奋力同心，全力打造#4机组大修“精品工程”。他与职工一起战斗在挥汗如雨的检修现场，成功解决了多年不治的#4机组真空严密性不达标等困扰机组经济运行的顽症，使#4机组大修后取得了120天无临检、180天连续运行的佳绩，实现了汽机检修新的突破和跨越。

骄人的成绩也给陈厚录带来了荣誉，2005年他荣获全国劳动模范称号。如今的陈厚录已经走上更高、更重要的工作岗位。作为光明的使者，从一名默默无闻的学徒工，到一名家喻户晓的“技术状元”，继而成为远近闻名的专业技术带头人，陈厚录凭着自己的聪明才智和无悔追求，风雨兼程地走出了一条自强不息、岗位成才的闪光之路，用无私的奉献在牡丹江第二发电厂这块沃土上，挥毫写春秋！

编辑：董任可

## 徐 祥

徐祥，男，汉族，1962 年 12 月出生于黑龙江省巴彦县的一个普通农民家庭，本科学历，是一位研究员级别的高级工程师。他曾担任牡丹江造纸厂三车间主任、厂长助理、副厂长、副总经理，牡丹江恒丰纸业集团有限责任公司副董事长、总经理，目前担任牡丹江恒丰纸业集团有限责任公司董事长、党委书记以及牡丹江恒丰纸业股份有限公司董事长。在徐祥的领导下，该企业的发展模式不断改善与升级，连续 5 年进入黑龙江省企业 50 强，该企业规模在全国卷烟纸行业居于第一位，同时在世界该行业范围内排名第三，这与徐祥的苦心经营是密不可分的。同时，徐祥也获得了全国企业文化建设领军人物、牡丹江市十大杰出青年企业家和市拔尖人才等荣誉，成为享受黑龙江省政府特殊津贴专家、黑龙江省优秀党务工作者，2005 年获得全国劳动模范荣誉。

徐祥的青春是在牡丹江恒丰纸业度过的，而这些时光则是他最充实、最有成就感的时光，他这个人虽不擅言辞，但每当提起与纸相关的事情的时候，他都滔滔不绝。1986 年从东北林业大学的林产化工专业本科毕业之后，徐祥就来到了这个统一分配的单位——牡丹江造纸厂，它是牡丹江恒丰纸业集团的前身。经过在恒丰纸业集团的努力奋斗，徐祥成为集团党委书记，他对党务工作特别认真，并积极地参加公司内的一些学教活动来丰富自己关于党建工作以及经营管理等方面的知识，主动将理论与实践相结合，锻炼自身的思想和业务能力，以此推进企业的管理工作。徐祥除了参加企业党课和各种发展战略研讨会之外，还经常与其他人分享、交流自己的心得体会，他写的读书笔记及文章多达 20 万字。徐祥还将理论应用于实践——积极与职工交流，找出工作中的漏洞并及时解决。他的学习热情很快地影响了企业内部的党员干部，逐渐形成了一种“工作学习化，学习工作化”的氛围。之后为方便大家的学习，企业内建立了党委理论中心学习小组制度，并制定了党员干部的学习计划与制度，合理规划学习的科目和培训进度，使干部的学习逐渐走向正规化。除此之外，徐祥积极在公司内部开展自我检查、互相检查、整体修改等活动，逐渐消除了一些领导的骄傲自满情绪，所谓谦虚才是进步的推力，做人徐祥是这样做的，公司他也是这样管理的。随着学习与自省氛围的逐渐浓厚，企业逐渐构建起了“职责明确、工作规范、行动迅速、运转协调、执行有力”的工作运行机制，不仅有利于逐渐提升干部们的理论素养，也增强了领导层之间的凝聚力与向心力，能够对企业实施高效管理，推动整体的发展进步，牡丹江恒丰纸业集团先后被评为牡丹江市学习型企业标兵以及保持共产党员先进性教育的先进单位。

徐祥作为这个国有企业的党委书记不仅注重领导干部的素养教育，对推动公司的经济发展亦非常专注。资本是一个公司长期发展的保障，为了提升企业的竞争力，徐祥通过吸引投资者进行资本重组、重置股权、建立新的子公司（如湖北恒丰纸业、恒丰热电有限公司）等方式为企业提供资金支持。之后恒丰纸业集团的总资产以平均每年 13.78% 左右的速度增长，其竞争力远强于其他同行企业。

除了严格规定公司内部管理层的管理制度之外，徐祥在企业的管理模式、资金的分配、产品的生产与销售等方面也严格要求，不断升级企业内部的各个系统，使其逐渐走向现代化。为推动企业管理模式的创新，他进行了“OA 办公自动化系统和 ERP 管理、变动成本考核、物资配送制、原辅料物资招标采购制、资金管理预算制、技术服务销售模式、IS09000 管理、IS014001 环境管理等一系列管理创新，使企业产品交验合格率达到 97.5%，目标成本覆盖率达到 100%，制造成本年降低额 1000 万元以上”①。在徐祥看来，一个好的企业除了拥有管理优势之外，还需产品优势以增强其特色优势，而产品质量的提高则需优质的生产设备，为此，徐祥和其他领导人非常重视生产设备的先进性，公司将十几亿元的资金投入设备的升级与更换，“其中包括，由德国 VOITH 公司引进的年产 1.2 吨特种薄页纸生产线，5000 吨斜网纸机生产线，由法国 ALLIMAND 公司引进的年产 2 万吨高档印刷型接装原纸生产线等等”②。这使得企业原本的二流卷烟纸产品迅速达到了国际水平，企业的良好发展势头获得了公司职工的敬佩，增强了职工的干劲。

在环保的管理上，徐祥非常重视企业对环境造成的一系列污染，并积

---

① 《为企业衔金的领头雁——记牡丹江恒丰纸业集团党委书记、董事长徐祥》，《牡丹江日报》2011 年 6 月 4 日。

② 王岩：《以科技创新为基础，恒丰纸业在创新中腾飞——访牡丹江恒丰纸业股份有限公司徐祥董事长》，《造纸信息》2007 年第 10 期。

极对企业进行节能减排、防污治污的相关工作。为提高企业效益、保护美丽环境，公司支出6000万元左右经费建造污水处理厂，改造5台纸机封闭循环用水系统，引进先进的超效浅池气浮设备处理网下稀白水，经过这一系列的改造，企业在5年内减少了80%左右的造纸过程中所用水量，在减少成本的同时也保护了环境。

在企业日益壮大、事业不断上升的同时，徐祥也不忘帮助身边的弱势群体，他带领企业职工进行公益活动，充分显现其社会主人翁意识。为提高企业职工的幸福感，他捐资修建职工住宅楼和职工运动场，到有困难的职工的家庭中去慰问探访，并在职工有嫁娶、患病、家人逝世的时候一定到场，这是他规定的“三必到”“三必访”等制度。可以看出，徐祥在管理企业有方的同时也是一个体恤职员的好领导，建立了很好的党群关系、上下级关系。为尽自己最大的努力帮助弱势群体，徐祥还投资修建公路、帮助困难家庭孩子上学、设教育奖励基金等，赢得了群众的信任。

其实徐祥有能力获得更好的发展，但他还是在恒丰纸业集团坚守着自己的事业，即使自己身边的人在不断寻求更好的机会，或从政，或经商。徐祥说他的坚守只是因为热爱，因为热爱这片土地，热爱这个他熟悉的、亲切的企业，看着企业能够一步步强大，他就像看到了自己孩子的成长，他与它早已成为一家人。徐祥希望企业能在巩固其行业地位的基础上，进一步深化企业管理，扩大企业资金投入，以此增强企业竞争力，使恒丰成为国际知名品牌！

编辑：李正鸿　李明飞

## 曲大庄

曲大庄，男，汉族，中国共产党党员，1957年3月出生于黑龙江省哈尔滨市的一个书香门第。父亲在曲大庄高考期间不幸英年早逝，为照顾孤独的母亲，他1973年5月放弃了学业，来到父亲之前工作过的哈尔滨电机厂，进行汽轮发电机的设计与产品的开发工作。1982年7月，他以飞行器设计与力学系飞机设计专业于北京航空学院本科毕业，为了照顾母亲，他放弃继续进修的机会，来到了哈尔滨工业大学读取了航天工程与力学系一般力学专业的博士研究生，并于1993年6月毕业。在工作期间曲大庄曾任哈尔滨电机厂研究所电机室、强度室、规划室组长，规划室副主任、主任，哈尔滨电机厂有限责任公司研究所副所长、副总工程师兼研究所所长、副总经理，哈尔滨电站设备集团公司副总经理，哈尔滨汽轮机厂有限责任公司董事长、总经理、党委副书记，哈尔滨动力股份有限公司执行董事、总经理等职，之后还担任国家核电技术公司的副总经理，是其党组成员之一。2012 年 4 月 11 日，曲大庄以博士身份被聘为上海交通大学机械与动力工程学院的兼职教授，他表示很乐意将自己的知识传授于后辈。2016 年他成为中国国电集团公司的外部董事。

曲大庄在职期间获得的主要荣誉如下：中国机械工业联合会科技进步二等奖，黑龙江省“五一劳动奖章”，国家科技进步一等奖，黑龙江省科学进步一等奖、二等奖、三等奖等奖项；2004 年曲大庄被评为哈尔滨市全心全意依靠职工办企业好厂长、哈尔滨市劳动模范，2005 年被选为全国劳动模范，2006 年获国务院政府特殊津贴。此外，他还发表过《三峡工程重点技术装备科研攻关》《非正常运行方式对发电机影响研究》等文章。

曲大庄在哈尔滨电机厂工作期间，肯干又能吃苦，还有一定的研究水平与领导能力，因此获得了领导的重视。2001 年为了重振哈尔滨汽轮机厂，曲大庄被上级领导派到这里，同时也开启了他不一样的人生。当时的哈尔滨汽轮机厂由于大环境下国家产业政策的调整，国家于 3 年之内停建和援建电站项目，以及市场化体制的不断深化改革，其自身旧有体制的一系列问题的产生，如管理制度落后、生产效益较低、交易一直延期等情况的出现，这个从 1958 年开始投入生产的国企陷入了生产危机，这也正是曲大庄当时面临的困境。为摆脱这个困境，曲大庄通过引进并优化技术、改善管理制度等措施提高生产效率，取得客户及员工的信任与支持，以此提升哈汽的竞争力和整体实力。

曲大庄任职之后的一个最大的挑战就是赶在眼前的沁北项目，这个项目是“1996 年，哈汽在华能集团的沁北亚临界 60 万千瓦汽轮机的项目上中标。但是这个项目长时间没有开工，到 2002 年初的时候，该项目的技术标准已经从亚临界向超临界升级，原来的中标合同和技术方案自然废止”[①]。

---

① 万萍、郭俐君、由庆祝：《重振哈汽——记哈尔滨汽轮机厂有限责任公司董事长、总经理曲大庄》，《中国工业报》2005 年 9 月 21 日。

但当时中国的企业还没有相关的研制成果，该项目投资方就要求其与国外在超临界项目上有相关成就的大公司合作进行制造。这对于当时的哈汽是一个挑战，当时最早的合作伙伴日本东芝集团由于害怕风险过大而不想继续合作，并且也没有提供最新的技术方案和性能指标，导致在新的投标中并无明显优势。于是，曲大庄将新的合作目标转向了当时正与哈汽存在合作项目的日本三菱公司。为了争取到三菱公司的核心技术以挽救沁北项目，达到该项目投资方的要求，曲大庄带领着技术员们制作技术协议及条款、双方合作意向书及相关图纸，最终在谈判过程中，日方同意有条件地将其核心技术转让给哈汽。在哈汽各方人员的努力下，曲大庄及其同伴制作的标书成为日三菱公司的最终选择，之后哈汽拥有了中国第一台60万千瓦超临界汽轮机，之后该项目开始的首年，哈汽就收到了30多台订单。“以沁北项目为起点，哈汽在当年共拿到了包括漳山空冷30万千瓦、大同空冷60万千瓦、伊拉克萨拉哈丁30万千瓦主机和海南8.26万千瓦联合循环机组在内的近26亿元的订货合同，创造了哈汽经营历史上的最好水平。”[①] 在哈汽步入正轨之后，曲大庄提出提升哈汽的研发水平的目标，应将引入的核心技术积极消化与创新，达到为我所用的效果。此外，为提升生产效率，哈汽投入2.38亿元将生产设备更新换代，使生产能力提高3倍左右。

曲大庄选人注重真才实学，在工厂的用人制度上，为避免出现职工懒散怠工的现象，他改变了原本的“合同工”制度，精简职工，每年都招收各高校大中专毕业生，不断提升职工的质量；同时，招收临时工，并对所有职工一视同仁，提拔有实力的人才。对于职工的分配制度，则在基础工资基本平等的基础上，每个人以奖金的不同将整体的工资水平差距拉大，有效地激发了职工的工作动力，提高了生产效率。在管理制度上，为适应市场经济的发展趋势，曲大庄一方面引导、改变职员传统的计划经济思想，另一方面精简员工，通过机构的改组，哈汽的部门从70多个减少为33个。另外，他还将一些部门归类整合，促进单位之间的直接对接，以提高工作效率，使哈汽的产品生产实现了质与量的飞跃。

---

① 万萍、郭俐君、由庆祝：《重振哈汽——记哈尔滨汽轮机厂有限责任公司董事长、总经理曲大庄》，《中国工业报》2005年9月21日。

2003 年，在为某项目进行机组生产时，技术人员发现有一台汽轮机转子的动平衡总是无法通过，而对于汽轮机的核心部分——转子来说，生产制造成功与否关键在于最后的动平衡。所谓的动平衡就是要求转子在达到每分钟 3000 转的转速时，残余不平衡量引起的振动数值小于 70 微米，比一根头发丝还要细。一个转子的重量一般在几十吨甚至上百吨，在运转时速度为每分钟 3000 转左右。如果转子在这种高速运转中不能保持平衡，就会发生事故。在此之前，其他企业由于转子质量问题，就发生过叶片脱落飞出将厂房击穿，飞到几公里以外的大型事故。

这个转子的动平衡研究大约持续了一个月，技术人员最终决定将整个转子分解后重新组装。一般情况下，公司领导并不负责技术上的问题，如果技术上出了问题，也是聘请专家进行解决。但这件事被曲大庄看在眼里，他那种科研人员的思维又“蠢蠢欲动”起来。他对技术人员说：“这个转子已经耽误了很长时间，重新组装一定会影响整个生产进程，问题可能不是出在转子上，也许是出在测试系统上。”回去之后，他将多年来测试系统的数据重新梳理了一遍，最后终于发现整个测试系统存在一个非常微小的不稳定区域，在普通的转子上一般不会产生影响，但是对于某些敏感的转子极有可能出现问题。于是，他请技术人员对这个不稳定区域进行了分析，又做了专题实验。结果证明，确实是系统的不稳定性对这个转子产生了影响。当技术人员将测试系统修正以后，转子动平衡合格，生产恢复正常。

曲大庄说，他们那代人不怕吃苦，一心只为国家，任何时候都愿意去祖国最需要的地方，而“铁人”王进喜、甘当人民勤务员的淘粪工人时传祥等人就是他们当时的榜样。他们希望祖国能涅槃重生，再复辉煌，希望能够以自己微薄的力量奉献国家。事实证明，曲大庄成为自己希望的模样，他将自己奉献给了国家，为东北老工业基地的振兴付出了汗水与努力，并得到了中共中央领导人的肯定。在他的带领下，哈尔滨汽轮厂逐渐走出国门、走向世界市场，并以强大的竞争力与一些跨国公司合作、竞争。他是曲大庄，中国人民的榜样！

编辑：李正鸿　李明飞

# 第五章　2010～2015年东北（黑龙江）老工业基地全国劳动模范和全国先进生产者

## 韩玉敏

韩玉敏，女，1975年生，黑龙江省牡丹江人，1993年成为公交车上的一名售票员，2001年转岗成为牡丹江市公共交通有限责任公司驾驶员。韩玉敏被誉为牡丹江公交系统的李素丽，创造了连续6年无行车责任事故的好成绩，并探索出了针对老人、儿童、残疾人等5类特殊人群的服务方法。韩玉敏曾获得全国“五一劳动奖章”、建设部先进个人、黑龙江省劳动模范、黑龙江省五四青年奖章、黑龙江省巾帼建功标兵、黑龙江省十大杰出青年候选人、牡丹江市学雷锋青年志愿者先进个人标兵、牡丹江市劳动模范、牡丹江市优秀共产党员标兵、牡丹江城建系统先进生产者标兵等光荣称号。2010年韩玉敏获评全国劳动模范称号。

作为一名共产党员，韩玉敏将她的全部热情都倾注在工作岗位上，以服务乘客为宗旨，将贡献作为自己的人生目标，踏实工作、勤于思考，在立足本职工作的同时，不断提高自己的业务水平。作为一名公交车司机，每天行车里程达144公里，一年365天周而复始，这种奔波辛劳的工作，许多男驾驶员都吃不消，但是韩玉敏却从不喊累，并从心底热爱这份工作，十年如一日地为乘客提供优质服务。韩玉敏认为八尺车厢是城市文明的窗口，体现着一个城市的精神文明风貌，她用自己的实际行动彰显着牡丹江市昂扬向上的精神风貌。

韩玉敏于1993年1月走上工作岗位，成为一名公交车售票员。带着对工作的满腔热情，韩玉敏始终模范地遵守职业道德，全心全意地为乘客服务，深深感受到平凡工作的不平凡。在这样一个平凡的工作岗位上，她始终以真诚的笑脸、周到的服务、细心的关怀迎接每一位乘客。结婚的第二天，韩玉敏就回到了工作岗位上。由于平时工作太忙，她甚至在婚后很长一段时间都没有回娘家，父母想念女儿就做一点吃的送到公交车终点站。有时工作忙起来韩玉敏就无暇顾及父母，她深感对父母的亏欠，但她觉得乘客在她心中占据很重的分量。乘客对她的理解和关怀，让她不能在原地踏步，公共汽车线路有终点站，为人民服务是无止境的。2000年，为了适应改革的需要，韩玉敏报名参加了公司举办的驾驶员培训班，经常是上午出车，下午参加培训，几乎是一边在售票岗位上服务乘客，一边参加并通过了公司组织的驾驶员培训。2001年，牡丹江市实施了无人售票制度，韩玉敏也正式由一名公交车售票员转岗成为一名驾驶员。

乘客永远是韩玉敏最多的牵挂。为了更好地服务乘客，她将自己的公交车装扮成了一个温馨的家。下雨的时候，她会为没带伞的乘客多准备几把伞；下雪的时候，她会尽量保证车内地面干净并在后门踏板上铺一块毛毯；冬天的时候，车扶手会特别凉，她会及时买来绒布把扶手包裹上；夏天的时候，她会及时挂上纱帘，方便乘客出行。韩玉敏会在自己的车上准备一个小药箱，里面常备着创可贴、晕车药等物品，为了防止高温天气乘客中暑，她还会在车上准备湿毛巾和矿泉水。在开车的过程中，韩玉敏尽量保证平稳，以免车速太快车体颠簸使乘客产生不适。

岗位的转变相应地也带来了职责的转变，秉持着干一行爱一行、严谨热情、乐于奉献的工作作风，韩玉敏在新的岗位上进行了反思，服务工作光有热情是不够的，必须掌握乘客的心理，具有广博的知识。在不断的服务实践中，韩玉敏针对老人、小孩、孕妇等5类特殊群体想出了不同的服务方法，并在整个公司得到了推广。韩玉敏在开车的过程中，如果遇到老年人乘车，她会尽量将车门停在他们面前，并且等老年人上好车再平稳启动。遇到独自乘车的小孩，她也会多加关照，将小孩子的座位安排在自己的驾驶位旁边。韩玉敏驾驶的公交车途经聋哑学校，为了使聋哑人乘车更方便，更好地服务特殊群体，韩玉敏报名参加了手语班，利用自己的业余时间到聋哑学校学习哑语。当她发现一位经常坐车的聋哑学生，因缺少家庭温暖产生轻生念头时，就用哑语多次和他交谈，同其家长沟通，终于使这位聋哑学生打消了这个念头，挽救了一个年轻的生命。韩玉敏认为，丰富的知识能够使她更好地服务乘客，在闲暇时间里，韩玉敏不仅掌握了手语技巧，还自费攻读了大专函授课程，并且专门拜师学习英语的日常口语。韩玉敏对她所驾驶的公交车途经站点的情况了然于心，每每有乘客询问乘车情况，她都能够对答如流，乘客们都称呼韩玉敏为“活地图”。公交车作为城市的名片，公交车司机对外展现的不仅仅是个人风貌，更代表着牡丹江市的城市风貌、精神风貌。一次，韩玉敏在公交驾驶的过程中，发现公交车上来了一批戴小红帽的老年人，一打听才知道，他们来自北京，是自发到牡丹江看雪堡、游雪乡的。利用停车的间隙，韩玉敏向他们介绍了牡丹江的人文风情及商业网点，感动得这些人直夸牡丹江人的素质高。为了给乘客提供优质的服务，韩玉敏努力提高自己的业务水平，她从未叫过一声苦喊过一次累，从来没有放松过为乘客服务的劲头。乘客给公交公司写来了表扬信，称赞她换了岗位却没换为乘客服务的真诚热心。

公交车是一个流动的小社会，韩玉敏在每天的驾驶过程中会遇到各种各样的人，在早晚下班的高峰时期，车厢拥挤、嘈杂，经常会发生矛盾与口角，韩玉敏总是能巧妙处理乘客之间的矛盾，显示出较高的服务水平，既认真负责，又给乘客留有余地，对待一些不讲理的乘客，韩玉敏也是以礼待人，以情感人。韩玉敏十分注重与乘客的情感交流，用自己真挚的热情温暖乘客的心，韩玉敏认为公交车是文明的窗口，公交人是倡导文明的使者，小小的车厢，是城市的缩影，是社会温暖的底色，每天都要为各行各业、各个层次的乘客服务，不能因为乘客不投票就用语言攻击，公交系统服务人员既要倡导、传播精神文明，又要给乘客留有余地。韩玉敏始终坚守着一个原则：乘客发火，她耐心；乘客粗暴，她礼貌；乘客挑剔，她周到。

对于以“自强不息、创业创新、开拓开放”为主要内涵的牡丹江城市人文精神，韩玉敏说，公交车被人称为一个城市的名片，作为无人售票公交车的驾驶员，既是牡丹江城市人文精神的实践者，也是城市人文精神的体现者。韩玉敏 1993 年 1 月参加工作至今，无论是在乘务员岗位还是驾驶员岗位，十年如一日，爱岗敬业，无私奉献，时时处处以李素丽为榜样，以党的宗旨确定自己人生的目标，实现自我价值，用实际行动践行和弘扬城市人文精神。

编辑：李正鸿　杨雨檬

## 何登龙

何登龙，男，1953 年生，黑龙江省甘南县人，大庆油田有限责任公司第四采油厂第二油矿五区五队高级技师，大庆石油学校兼职教师，职业技能鉴定中心考评员，参与编写集团公司《抽油机安装工》《采油工》《注水泵工》等培训教材和大庆油田《抽油机维修工理论和操作技能试题集》《集输工理论试题集》等技能鉴定教材。他获得过全国“五一劳动奖章”、全国知识型职工标兵、集团公司中国石油榜样、大庆油田自学成才标兵、功勋员工等称号，2010 年获评全国劳动模范称号。继 20 世纪 60 年代大庆油田首推“拼命也要拿下大油田”的“五面红旗”之后，今天大庆油田再次推出了新时期的“五面红旗”，“永攀新高的工人技师”何登龙便是大庆油田新时期“五面红旗”之一。

何登龙只有初中文化，但他凭着自己的勤奋成为高级技师。他认为：“一个人文化基础差，但追求不能差；知识水平低，但志向不能低。”身为普通工人的何登龙，通过勤奋学习，刻苦钻研，攻克了一个又一个的生产难题，徒弟遍及大庆油田。十几年来，他搞技术革新 32 项，创经济效益 310 多万元。从 1991 年开始，他多次在局、厂、矿担任操作技能培训教练，培养厂级技术能手 85 人，其中有 36 人荣获局技术能手称号。

何登龙任劳任怨、吃苦耐劳，他把忙碌的身影留在生产和培训的第一线，他将自己的全部精力和平生所学都奉献给了他深爱着的大庆油田。时光如梭，一晃间，何登龙加入大庆油田第四采油厂已经 37 年。37 年间，那个当年只有初中文凭、憨厚老实的毛头小伙子已经成为硕果累累、技术高超的高级技师，他始终把终身努力、终身学习作为自己的奋斗目标。“大庆”两个字代表着光荣与责任，从 1991 年进入大庆油田以来，何登龙就下定决心以铁人王进喜为榜样，要扎根岗位，多学东西，做出一番事业。

何登龙认识到工人学习的根本目的，就是解决生产实际问题，能解决问题才是真本事。在此观点的驱使下，何登龙结合生产实际，边学习边实践，解决了许多生产和技术难题。一次，他发现小班工人经常手工调节二合一液位，不仅工作量大，而且液面和温度容易波动，达不到生产规定的要求。于是，他就开始搞现场研究，终于发现是调节螺杆上下止点在设计上与实际应用不相符所致，接着，他通过反复试验，对调节螺杆进行重新加工。更换后的四台二合一加热炉的液位实现了自动调节，而且还降低了员工的劳动强度，提高了生产管理水平。多年来，经他检查发现和处理的抽油机技术难题达80多井次，节约费用30多万元，累计提合理化建议85条，进行技术革新32项，创经济效益210多万元。

何登龙时时刻刻都会带着笔和本子，遇到不懂的问题，立刻记录到自己的本子上，并且每天都有写日记的习惯，将平时工作中遇到的难题困惑、心得体会记载下来，并反复研究不懂的问题，直至将不懂变成精通。每半个月，何登龙会把全队的井位逐一巡查一遍，并对各井位情况进行详细记录，因此，他也被人们称为活教材、活地图。这个随时记录、随时钻研的习惯，何登龙保持了37年。

初中毕业的何登龙在求职路上付出的精力倍于常人。“只要坚持学习，就能超越自我；只要不懈努力，在平凡的岗位上一样可以创造不平凡的业绩。”① 这是被何登龙挂在办公桌前的一句话，这句话既是何登龙的座右铭，也指明了何登龙不懈努力的方向，时刻激励着他并给予他不断前行的力量。何登龙每天晚上都会在家里看书学习，邻居们很少能看到他下楼散步，他将自己的业余时间都留给了书本，对知识如饥似渴了无倦意的何登龙常常在灯光下学习到深夜。在工作过程中常常会遇到不明白的问题，这更加激励着何登龙对知识的渴求。

2002年的夏天，何登龙还对计算机一窍不通，而此时，随着科技的不断发展和进步，计算机技术在油田生产中的应用越来越普遍，何登龙意识

① 何登龙：《在油田发展中奉献才智》，中国工会新闻网，http://acftu.people.com.cn/GB/67576/5644157.html，最后访问日期：2018年7月10日。

到，自己必须尽快掌握计算机技术。为了学习汉语拼音，何登龙对着新华字典一点一点地学，不会计算机操作，就对照着书本，一个步骤一个步骤地练习。学无止境，何登龙不断渴求着学习新的知识，通过不断的学习，现在的何登龙已经能够使用计算机进行制表、绘图、多媒体教学等，并在油田内部建立了自己的网站。

“一人红红一点，大家红红一片”。深谙此理的何师傅当了工人技师后，又把多带徒弟、广泛传播知识、无私奉献知识、实现知识共享作为义不容辞的责任，通过身体力行、言传身教，在生产实践中，把一个个生产骨干变成了生产能手。何登龙有一个绰号叫“何大拿”，如今，“何大拿”在大庆油田可谓无人不知，无人不晓。技术工人培训，何登龙已经成为“总策划”“总导演”“总协调”。尽管工作异常繁忙，厂里的培训工作甚至其他厂请他讲课，他从来不推脱。

忙忙碌碌，加班加点，他累在身上，却乐在心中。2006 年 11 月 10 日，采油四厂可以容纳 100 多人的培训教室座无虚席，采油一线工人正在聚精会神地听何登龙讲解采油工艺流程和技术要领。教室里除了何登龙的讲课声和书写的沙沙声，似乎再听不到其他的声音。这样的培训授课，每个月都有 10 多次，听课的工人已不仅仅来自采油四厂。如今，何登龙的采油技术培训已经成为大庆采油四厂的一张“名片”。何登龙曾说，他一生最大的心愿就是把自己的知识传授给他人。经过多年的培训和传帮带，何登龙的徒弟难以计数。在何登龙的精心培育下，他的许多徒弟实现了“三变”，即徒弟变师傅、没名变有名、工人变技术能手。

何登龙先后参与了大庆油田《采油工技术比赛资料选编》等书籍的编写工作，结合生产中出现的抽油机各种疑难问题，自编了《抽油机常见故障原因及处理》教材，主编了《抽油机维修工》理论和操作技能试题集以及《集输工》理论试题集。由他累计起草、编写的书籍共计 300 多万字，成为岗位员工学习的必修教材。

除此之外，何登龙还采用新颖独特、灵活多样的培训方式对青年工人进行技术教育。2003 年，他用收集的 2000 多件闲置设备、仪器、仪表、工具等，组织筹建了 1100 平方米的员工技能培训室，建立可操作生产工艺模型 16 套，完善各项操作规程 17 项，可进行采油、集输、注水、污水、锅炉、输油、测试、电工、注聚工等技能培训，目前已培训员工1269人次。他先后培养出矿级技术能手90多人，2人在全国油田青工技术大赛中分别获得采油工第二名和第三名。他带出上百名徒弟，其中许多人学有所成。

“是企业这块肥沃的土壤培养了我，今后，我还要在这片肥沃的土壤上辛勤耕耘，多为企业培养技工人才。”① 当谈起百年油田的宏伟目标时，何登龙神采飞扬地说。

编辑：李正鸿　杨雨檬

## 何　琳

何琳，蒙古族，1967年出生，中国共产党党员，1988年参加工作，现任大庆炼化公司质量检验部润滑油检验站班长。自参加工作以来，她以饱满的工作热情，勤奋的学习劲头，乐观的人生态度，赢得众人的尊敬。她2006年被评为中央企业技术能手，2009年当选为中央企业劳动模范，2010年被评为全国劳动模范。

对工作追求极致，对产品精雕细刻，坚持用“工匠精神”打造“大师工作室”，这是大庆炼化公司质量检验与环保监测中心润滑油检验站“何琳班”的作风。工作30年，何琳获奖无数，获得全国劳动模范、中央企业劳动模范、中央企业技术能手等称号，连续15年被评为大庆炼化公司劳动模范。她带出的团队先后被授予省级“学习型标兵班组”和“巾帼建功示范岗”荣誉称号。

21岁技校毕业后，何琳成为一名化验员。初入职场的她，在实验室复杂的仪器面前一头雾水。老师傅告诉她，过硬的基本功只有在日复一日的勤学苦练中才能掌握。性格倔强的何琳，全身心投入到工作中。知识储备不够，她就一头钻进图书馆，光学习笔记就记了30多本，操作手法生疏，她反复练习。工作初期，公司润滑油装置开工，质量检验部相继成立润滑油检验站。站领导将价值百万元的新引进的美国设备——大型模拟蒸馏仪

① 《中国石油天然气集团技术能手、采油高级技师何登龙》，新浪网，http://news.sina.com.cn/c/2005-08-10/10556656381s.shtml，最后访问日期：2018年7月10日。

器交给何琳，让她责任。当时，何琳爱人的身体不好，她整天心力交瘁。可领导的重托像一记重锤敲打在她的心上。她不分昼夜地学习，尽力解决好生活与工作之间的矛盾。很快，她就把洋设备学懂弄通，成为部里唯一的使用专家。厂家来人调试设备，她跟随其后，遇到问题立即请教。厂家的态度由开始的冷漠变得热情起来，架子也慢慢放下来。后来，何琳与他们结下深厚的友谊。日本岛津公司色谱专家张道平女士每次到公司调试设备都会专门看望何琳，并送她一些最新的专业资料，帮助她分析解决工作中遇到的疑惑。最令人吃惊的是，42 岁时，她自学考取了东北石油大学化学工程专业。她撰写的《柴油中的多环芳烃分析结果的准确度》获得 2012 年度黑龙江省优秀 QC 成果一等奖。

何琳先后完成炼油、润滑油、聚合物等 11 套装置的开工分析任务，精通掌握 18 种产品 200 多个分析项目。经她分析的数据多达 19 万个，填报的产品质量检验单有 3 万多张，全部精准无误。2012 年，何琳被聘为集团公司技能专家，成为百万石油员工中唯一的油品分析技能专家。

在公司生产食品级白油期间，何琳被委以重任，负责管理食品级白油中砷、铅、重金属等 14 个分析项目。从事化验分析工作的人都知道，现行标准中有国家标准、企业标准和行业标准，一般没有人会对标准产生怀疑，何琳却在建标工作中提出异议。按照国家标准，在砷含量分析中必须要用到的三氧化二砷，是一种剧毒药品，化验员每次用这种药品做分析时，即使在通风橱内进行还需加倍小心。何琳反复论证后，提出用毒性不大的砷标液代替三氧化二砷作为标准物质。“何琳的胆子可真大，竟敢修改国家标准，能行吗?”① 面对质疑，何琳信心十足：“我是经过反复试验的，能行。”② 经过仔细论证后，公司确认何琳的方法可行，并向该项目国标起草部门提出了可行性操作，很快，何琳的提议得到权威部门的认可。

渐渐地，何琳成为大家心目中化验分析的“国家标准”，解决疑难问题的多面手。一次，这个公司生产的石蜡产品运抵大连港，准备出口欧洲，

---

① 《用“工匠精神”打造“大师工作室”——记大庆炼化公司质量检验与环保监测中心润滑油检验站“何琳班”班长何琳》，《黑龙江日报》2016 年 8 月 22 日。

② 《用“工匠精神”打造“大师工作室”——记大庆炼化公司质量检验与环保监测中心润滑油检验站“何琳班”班长何琳》，《黑龙江日报》2016 年 8 月 22 日。

海关检验时认为石蜡产品中的一项指标不合格，要求退货。何琳带上封样赶到大连，与即将出口的产品进行对比试验，分析结果与出厂合格产品数据完全一致。后经有关单位专家组成的仲裁委员会检定，认为石蜡产品没有任何质量问题。这件事，让海关对公司的产品质量和化验员的操作水准非常认可，主动提出对公司生产的石蜡产品免检一年。

“一晃就是30年，感觉时间过得太快，再干几年就退休了。”何琳感慨地说。作为班长，她把自己掌握的知识无私地传授给班里的13名员工。在“何琳班”，不管年龄长幼，大家对何琳有共同的尊称——何师傅。

何师傅带徒弟有一套办法，差的拉一把，自觉性低的带一步，没兴趣学的推一下，总之，学习进步一个都不能少。女工张中华提起何师傅的帮助，感慨万分：“我当初想，都四十好几了，照顾孩子就够忙的了，哪有时间钻研工作，提高自己”①。何琳找她谈心，平时学习带着她，调仪器也拉着她，还把自己的学习笔记放在她的桌上。潜移默化之下，张中华态度转变了，学习主动性提高了。通过勤学苦练，第二年，她顺利通过助理技师的考试。据统计，在何琳的带领下，她所在的班组有10人分别被聘为高级技师、工人技师和助理技师。

2014年，黑龙江省工会将何琳所在的班组建成省级技能大师工作室。这个大师工作室建立以来，何琳倾注了大量的时间和心血。她经常说：“我快要退休了，工作时间很宝贵，我要尽自己所能，争取再培养出5至7名技术骨干。”②

何琳曾说，是大庆精神、铁人精神培养了她，是企业的严谨作风影响了她，作为一名普通员工，用心做好本职工作，就是对深爱企业最好的报答。秀丽、柔婉是女性的代名词，然而在何琳身上体现出的却是一种坚强。何琳用柔弱的肩膀扛起了家庭、工作和学习的重任，取得了骄人的成绩，并微笑、从容地面对生活、享受生活。1991年，何琳成了家，孩子将要出生时，她爱人得了尿毒症，何琳和爱人的家都在外地，生活的重担全落在

① 何琳：《挑战权威“改”国标》，中国石油新闻中心，http://news.cnpc.com.cn/system/2016/09/08/001610005.shtml，最后访问日期：2018年7月10日。

② 《用“工匠精神”打造“大师工作室”——记大庆炼化公司质量检验与环保监测中心润滑油检验站“何琳班”班长何琳》，《黑龙江日报》2016年8月22日。

身材矮小的何琳肩上，她一边照顾爱人和孩子，一边挤时间学习。领导和同事们了解到她的困难，及时向她伸出援手，这个小家在大家的帮助下，安享着那份珍贵的幸福。感受到幸福的何琳总是怀着一颗感恩的心，尽自己最大的努力帮助他人。站里一名女工的女儿病了，高额的医药费，巨大的精神压力，令这位离异女性六神无主。何琳及时向她伸出援助之手，带头为这对母女捐款。在她的带领下，班组的姐妹们和润滑油站的员工共捐款1.6万余元。为了给“希望工程”做点贡献，何琳参加站党支部组织的“大手拉小手，向着快乐走”帮困助学活动，活动中，何琳代表她们班与红岗区杏树岗镇兴隆河小学姜胜泽小同学结成帮扶对象，不但给姜胜泽送来书本文具，还送来很多生活必需品，使本要辍学的小胜泽又回到了课堂。何琳和班组姐妹商量，今后将以班组的名义，资助姜胜泽完成所有学业。

何琳凭借着对工作的无限热爱、对生活的乐观向上、对人生的执着如一、对未来的美好憧憬，铿锵地走着自己的旅程。

编辑：李正鸿　杨雨檬

## 胡志强

胡志强，男，汉族，1973年3月出生，中国共产党党员，1994年毕业于大庆石油学院，曾任大庆油田钻探集团钻井二公司钻井四分公司1597队技术员，钻井三分公司1205队第十八任党支部书记，2006年到今任1205队第十九任队长，曾获钻探集团首届十大杰出青年称号。作为1205钻井队的第十九任队长，胡志强不忘初心，牢记使命，秉承大庆精神、铁人精神，以拼搏与奉献为初衷。胡志强带领着1205钻井队实现了共和国钻井历史上一次又一次的超越，连续3个月完成表层定向井每月五开五完，完成首口中深井施工任务，提前完成大庆油田首口长水平段取芯井施工任务，实现了取芯收获率达99.1%的全国纪录……胡志强带领1205钻井队为国家的石油安全做出了巨大的贡献，用实际行动确保大庆油田原油的持续稳产。

胡志强所在的大庆油田钻探集团钻井二公司1205钻井队是一支有着光辉业绩的英雄队伍，铁人王进喜正是这支队伍的第三任队长。正是在铁人精神的指引下，胡志强从一个“新兵”成长为技术能手、岗位带头人，也接过了传承铁人精神的接力棒。

胡志强出生在黑龙江省龙江县，儿时的胡志强就将王进喜作为自己的榜样。胡志强的兄弟姐妹都没有上过大学，他的父母说不管有多难也要供出一个大学生，于是11岁的胡志强离开了家，到30里地外的乡中学寄宿求学。尽管生活条件艰苦，胡志强的成绩一直在班级名列前茅。作为班长的胡志强将班级事务处理得井井有条，强大的适应能力使他克服了各种各样的压力。胡志强顺利地考入了省重点高中，在校期间，学习成绩依旧十分优秀。临近高考时，由于一次感冒打针，胡志强产生了非常严重的过敏反应，很长一段时间内，他的身体状况不是很好，也因此他的学习成绩开始不稳定，在高考时与重点大学失之交臂。深思熟虑之后，胡志强报考了大庆石油学院的钻井工程专业，翻开了他人生新的一页，开始了与钻井的第一次接触。

1994年，大学毕业的胡志强以优异的成绩被分配到大庆油田钻井二公司，正式成为一名一线的钻井工人。十几年来，一起来的同学都离开了基层队，他留下了；遭遇操作失误受伤，他没有退缩；海外公司想挖他，他没走。

胡志强对待工作一丝不苟，每一个环节都对自己高标准、严要求。艰苦的钻井工作磨炼了胡志强坚忍不拔的意志。从钻井工人到技术员，他稳扎稳打，一步一个脚印地前进。由于他兢兢业业的工作态度，吃苦耐劳的工作表现，2003年，30岁的胡志强开始担任1205钻井队的党支部书记。当他第一次看到1205钻井队曾获得的一面面锦旗、一块块奖牌时，强烈的归属感与责任感使他暗自下定决心，作为1205队的新成员，一定要将王进喜的铁人精神传承下去。

2003年6月的一天，胡志强正在钻台上指挥生产，被万向轴上拧断的螺丝飞打在脸上，脸上全是血，下颚骨折，四颗门牙都被切断，他迅速被同事们背下钻台。当时，队友们认为大学生只会死读书，没有实际的本领，胡志强很怕因为自己的这次受伤，使别人对自己的工作能力产生怀疑，他心里难受得不得了，决心一定要把自己的工作做好做精。本该住院的胡志强，在医生处置完伤口之后就执意回到了钻台上，继续投入到工作当中。“拼命三郎”是队友们对胡志强的评价，即使身体微恙，胡志强也总是坚守在自己的工作岗位上，毫不懈怠。有一次，1205 队钻井队在一口井加重之前赶上了风暴，载有重晶石粉的卡车被困在离矿山 100 多米的泥地里。当时，拖拉机已经全部被派出，没有其他可供调度来运输重晶石粉的车辆，为了不影响生产，胡志强当机立断，做出了要把所有的重晶石粉扛到井场的决定。雨天地面湿滑，胡志强的关节炎复发，刚刚打完封闭针的胡志强顶着膝关节的伤痛，带领着仅有的 8 名钻工，在瓢泼的大雨中扛起了重晶石粉。一袋重晶石粉大概重 50 斤，胡志强一次就扛起了 3 袋。以“人拉肩扛”的铁人精神为指引，在湿滑的泥水中，胡志强和 8 名钻工深一脚浅一脚地扛着石粉，滑倒了再站起来，历时 4 个小时，9 个人在暴雨中将 26 吨重晶石粉全部背进了井场。

2006 年，胡志强成为 1205 钻井队的队长，为了保证工作的时间和质量，他总是衣不解带地忙碌在工作现场。困了，他就躺在冰冷的铁板上小睡片刻，饿了，他就啃几口凉馒头喝点水。全队员工齐心协力，连续 3 个月取得表层定向井每月五开五完的好成绩，创下了 1205 队建队以来同类井型施工的历史最好水平。在胡志强的领导下，1205 钻井队顶住了困难与考验，实现了一次又一次的超越，创造了共和国钻井历史上一个又一个新的纪录。2005 年，成功实现中深井施工；2006 年，提前 20 天完成大庆油田首口长水平段取芯井施工任务；2008 年，实现单井年交井 60 口，进尺 71430 万米，单机单井进尺创大庆油田 1971 年以来历史新高；2011 年，在接待任务繁重的情况下，又创出表层定向井每月九开九完的历史新高。2011 年 12 月，1205 队累计打井口数突破 2000 口大关，成为我国钻井史上的又一座里程碑。

铁人精神一直指引着胡志强一步一步地前进。在胡志强看来，无论什么时候，铁人精神都是激励人们前进、不断拼搏、实现事业成功的强大精神力量。胡志强深深地感受着这种铁人精神的力量，并身体力行为铁人精神赋予新时代的新内涵。胡志强认为，新时期的铁人精神表现为团队的整体协作和科研创新。

为了提高团队的整体协作能力和研发创新能力，胡志强认真思考并创新推出了多项举措。例如：“青工岗位技工学校”，井场是教室，钻井平台是平台，实现零距离手工操作技能在工作现场，技能转移双打效果，实现理论与实践的有机结合；“青工大拜师”，签订老师和学徒合同，明确师徒帮带责任，定期检查师徒帮带学习的效果。胡志强还帮助年轻员工做好职业生涯规划，建立员工成长档案，让他们尽早熟悉岗位，在岗位中成长。在钻井公司举办的第二次员工技术大赛中，1205队获得团队总比分第一名和3项个人第一名。安全生产是钻井施工的重中之重。为了引导人们树立强烈的安全感，胡志强在1205钻井队组织了一系列安全培训、经验分享活动，并根据生产岗位的实际情况制定了“岗位安全禁令”。

在胡志强的领导下，1205队获得了“百面红旗”单位、青年文明号、全国青年文明号、全国青年文明号“十年成就奖”等荣誉称号。胡志强的奋斗和毅力也收获了各界的肯定和赞扬。胡志强先后荣获大庆钻井十佳青年、铁人风采优秀员工、青年岗位人才等荣誉称号。2010年胡志强荣获全国劳动模范称号。

编辑：李正鸿　杨雨檬

## 刘晓东

刘晓东，男，1965年11月出生，高级技师，汉族，中国共产党党员，现任东北轻合金有限责任公司热轧机主操纵手。刘晓东连续三年被评为哈尔滨市劳动模范，2003年获得有色金属行业技能奖，2005年被评为国防科技工业技术能手，2006年被评为全国技术能手，2007年被评为黑龙江省劳动模范，2010年被评为全国劳动模范。

1987年，22岁的刘晓东从部队退伍之后，成为东北轻合金有限责任公司轧板分厂的一名工人，开始了他与热轧机的首次接触。“既然当了工人，就得往好里干。”[①] 为了熟练掌握轧制技术，刘晓东阅读了大量理论书籍，同时积极向厂里的老师傅请教，并且时常与工程技术人员进行交流讨论，在无数次操作的基础上，刘晓东从刚工作时毛手毛脚的小学徒逐渐成长为东北轻合金有限责任公司的轧制专家。刘晓东在不断工作实践的基础上，大胆开拓创新，总结出了一套热轧优质操作法，成为公司热轧机操纵手队

① 马晓放、李玥来：《他为“神六”轧制新材料　记省十届劳模刘晓东》，搜狐网，http://news.sohu.com/20070420/n249579957.shtml，最后访问日期：2018年7月10日。

伍中的佼佼者。刘晓东的名字与东北轻合金有限责任公司所创造出来的许多第一项紧密相关，创新精神是刘晓东在工作岗位上不断取得进步的力量源泉，走进公司，刘晓东的名字无人不知无人不晓。在竞争十分激烈的铝加工行业，只有高质量的板材才能满足市场的需要，为此，刘晓东不断提高自己的轧制技术，细致认真地对待工作的每一个环节，向书本学习、向老师学习，并从实践中学习。无数的不眠之夜里的自学努力和放假的专业培训让刘晓东迅速掌握了热轧机的操作技术，成为操控领域的领跑者。刘晓东为此付出了艰辛的努力和汗水。在国家重点工程中，急需两种特种铝合金材料，这种合金的轧制技术要求非常高，轧制不成功的次数很多。刘晓东急得睡不着觉、吃不下饭，每天连轴转地工作在热轧机前，全身心地投入到板材轧制中。无数次的反复试验，轧制方法的不断修改，刘晓东和团队同志废寝忘食地扑在工作岗位上，功夫不负有心人，在刘晓东的不断努力下，公司成功制造出了特种铝合金板材，使国家重点工程能够顺利进行。2002～2009年，每年生产超过130吨该种轧制板材，为公司创造了2400万元的经济效益和显著的社会效益。

同事们眼中的刘晓东是合金轧制领域的全才，不管是多难的轧制任务，他都能顺利解决圆满完成，不论是普通的板材还是高精度的铝合金材料，轧制技术精湛的刘晓东都手到擒来。面对同事们的夸奖，刘晓东常说："所谓的经验，没有现成的，都是一点点地，攻坚克难干出来的"①。近年来，铝加工业发展迅速，随着市场需求的扩大，双金属复合材料得到了很大的发展和应用。为了满足汽车、空调和制氧机的迫切需求，双金属复合板的合金品种已经发展成各种不同的合金产品。然而，由于设备和工艺条件的限制，铝涂层的生产存在包铝层偏差、厚度不均匀、表面质量差等缺点，还会产生许多几何废物，成品率较低。为了满足用户的需求，东北轻合金有限责任公司对双金属复合板的生产工艺不断革新。在生产轧制双金属复合板的过程中，刘晓东不断摸索、不断总结积累经验，逐渐形成了一套完整的操作流程，并且总结形成了"一次封闭，两次焊接，三次轧制"的操作方法，生产出来的双金属复合板精度更高、质量更好，成功解决了双金

① 陈永：《金牌合金掌控人》，《中国有色金属报》2010年6月26日。

属复合板轧制操作方面的技术难题，成品率达到67.2%。刘晓东探索出的操作方法，使得大规模批量生产该种双金属复合板成为可能，公司现已实现240吨/月的生产量，月收入700多万元，为公司带来了巨大的经济效益。

在工作中，所有难以轧制的合金，公司都会优先考虑刘晓东来承担。公司收到了神舟五号载人航天飞船头盔座椅合金的生产任务，时间紧、任务重，关乎国家重大科技突破，因此，刘晓东不敢有一丝一毫的松懈。他无暇顾及自己生病了的孩子和年岁已高的父母，全身心地投入到7055及7050合金研发工作上。一次一次的反复试验，一次一次的技术更改，面对世界上仅有三个国家能够生产的7055和7050铝合金，面对高标准的质量要求，刘晓东没有退缩，他暗下决心一定要啃下这块硬骨头。经过十五次的反复试验，刘晓东终于成功生产出了7055和7050合金，填补了国内铝合金生产的空白。

刘晓东并没有倚仗着自己的经验和高超的轧制技术而停滞不前，而是更注重技术创新，注重新产品开发和质量控制，取得了显著的成绩。热轧板生产中的横波缺陷一直是影响产品质量的重要因素。他积极协助专业技术人员解决关键问题，经过多次试生产，创造了20%产品加工率的操作方法，并采用加热恒温控制方法来控制板材横波，使废品率降低了40%。在过程改进和新产品开发过程中，刘晓东本着攀登高峰的精神，有效地解决了5083和7075合金的轧制问题，成品率比原来提高了6个百分点，年利润达到9000多万元。

创新也体现在降低增效上。在7号和16号的废品处理工作中，刘晓东率领集团通过二次加工对部分不合格产品进行了重组，降低了废品率，平均每月处理40吨废品，节约了成本。刘晓东要求团队严格执行工艺规程，提高产品质量，检查生产卡、任务清单并确认温度和每天的铸块规格。通过严格的管理，产品合格率稳步提高。刘晓东平均每年轧制1.6万吨铝，工作以来，他轧制了24万多吨铝，总产值超过6亿元。2006年，他带领的热轧乙班创造了生产指标和质量指标的两项第一。2012年12月8日，全国高技能人才表彰大会在北京举行，刘晓东出席会议并获奖。在他光辉的人生中，又添加了一个辉煌的荣誉——第十一届中国技能大奖。这是时隔15年后，有色金属行业产业工人杰出代表再次获得此项殊荣。

多年来，东北轻合金有限责任公司在热轧方面涌现出许多技术专家，但在技术和经验方面，很难承担所有责任。因此，公司和分厂都意识到“只有一个刘晓东是不够的，所以需要培养更多的刘晓东”。刘晓东不但有自己的学习方法和对研究技术的努力，更重要的是他具有较高的职业道德和个人素质。在公司的“名师带高徒”活动中，他无私地将自己的理论知识和操作技术传授给了他的学徒，并培养了三位优秀的徒弟走上工作岗位，培养了铝加工工艺的优秀人才。有一次，当他的学徒在夜班作为一名主操作员轧制硬质合金板时，轧制了很多次都没有成功。最后，他不得不打电话给自己的师傅刘晓东。刘晓东什么都没说，马上到了单位，了解合金情况后，通过调整压合力，让合金在热轧机上顺利通过。事后他得出结论，他的学徒不仅要知道该怎么做，而且还要明确知道调整的理由，并将自己多年轧制经验全部传授给了他的学徒。

刘晓东始终坚持创造性地开展工作，保持自己作为优秀共产党员的良好形象，讲程序，讲协作，讲效率，努力工作。他在岗位上取得了出色的成绩，是东北轻合金有限责任公司生产线上的一名尖兵，是中国铝加工生产线上涌现的一名金牌工人，无愧于“金牌合金掌控人”的称号。

编辑：李正鸿　杨雨檬

## 马　兵

马兵，男，汉族，中国共产党党员，中国通用技术集团齐齐哈尔二机床（集团）有限责任公司配套分公司马恒昌小组的组长。2006 年他被授予齐齐哈尔市劳动模范、全市职工学习之星标兵的称号，2007 年他被评为齐齐哈尔市劳动模范，2009 年获得黑龙江省“五一劳动奖章”、黑龙江省劳动模范的荣誉，2010 年被授予全国劳动模范称号。

“马恒昌小组”是以第一批中华人民共和国劳动模范马恒昌命名的，它被誉为“中国工业制造领域的旗帜”。在齐二机床，能够进入马恒昌小组是一种荣誉，只有通过技术大比武的技术尖兵才有资格提出申请，还需要通过党组和工会的认可才能加入，而这个小组的第十八任组长马兵正是老英雄马恒昌的嫡孙。

“像爷爷一样努力学习，学习技术，并成为像爷爷一样的优秀员工。”①这是马恒昌小组工会领袖、青年工人马兵的信仰和追求，他以作为中华人民共和国著名的劳动模范、劳工维权人士、老英雄马恒昌的嫡孙而闻名。他不依靠祖父的光环，也不依赖于组织的特殊照顾，而是通过自己的努力，系统地学习，获得了大学文凭。每一天，他都坚持早出晚归，带领团队努力工作，艰苦奋斗，全身心投入到实际工作中去。在企业振兴和发展的过程中，他做出了较大的贡献。

## 一　事业为重，爱岗敬业

他为人朴实，工作认真，热爱工作，致力于学习高级技工的技术技能，在短时间内快速掌握了一般零件的加工方法。在工作中，无论如何分配工作或安排工作，他都没有抱怨，而是心甘情愿地接受。例如，顺利完成加工 X6132、10201 刀具、102013pin 等轴部件的生产计划。因此，他深受领导和同事的喜爱。每年公司都会开展劳动竞赛和合理化建议的活动，马兵不仅自己参与其中，而且组织小组成员积极参与。他每天一大早就来，每天都要加班，经常工作到深夜，每月完成的任务都在部门名列前茅，产品的质量合格率达100%。每次公司评选立功人员，由于名额数量有限，他作为小组的副组长总是主动礼让，在新时期体现了中国工业工人和共产党员的崇高品质。有一年5月，工厂从沈阳买了一台数控车床，根据平时工作表现，领导安排马兵操作这台车床。他努力学习数控车床的理论知识，不断提高技术操作水平，充分发挥自身能力，将理论与生产实践相联系，在不到一个月的时间内基本掌握了操作方法。现在这台数控车床在马兵的操作下，已经开始加工各种轴部件，并投入到紧张的生产工作中。

## 二　以诚待人，团结互助

如果想要成为一个团体的领导者，就必须坚持“以人为本”和“以诚相待”的原则，这样才能得到成员的信任，团队才会有凝聚力。马兵同志作为小组的组长，他认为应该把重点放在团队的团结互助上，应关心爱护组员。每当一些人遇到大事，马兵总是能够及时了解情况，并帮助解决。

① 《马恒昌小组组长马兵：做一名像爷爷一样优秀的工人》，中国机床商务网，http://www.jc35.com/news/detail/65771.html，最后访问日期：2018年7月10日。

当团队成员遇到困难时，根据困难程度，充分发挥互助会的作用，积极实施帮助。例如，组员米景龙和孙玉力的父亲因生病被送进医院，马兵和组员们买了水果去医院看望。此外，他还对家庭生活中遇到巨大困难的小组成员慷慨解囊，满足他们的迫切需要，将集体的关爱送到团队成员的心里，进一步加强工会组织的凝聚力。老队员王德福得了鼻咽癌，他的妻子没有工作，孩子还得上学，家庭生活很困难，马兵和组员们通过募捐支援工友，马兵自己带头捐助三百元。

### 三 不断学习，提高素质

学习实现梦想，学习改变命运，学习创造未来。这些思想早已深深根植于马兵的心中。2001 年初，他主动要求来到爷爷曾经工作过的车间当技工。来到车间接下来的三个月里，他在市劳动模范、高级工人技师周有才师傅的帮带下进行生产。周师傅的身体力行，使他进一步意识到优秀工人与普通工人之间的差距，仅仅掌握一项技能是远远不够的，必须坚持自学，从生产实践中学习，丰富自己的知识，开阔视野，获得新技能。从技校毕业后，他觉得自己的文化水平不高，无法满足企业发展的需要，因此，他参加了机械制造专业的专科学习，利用业余时间进行自学。近年来，企业从恢复性发展转变成跨越式发展，生产任务成倍增长。2002 年，他的铣床车间产量不到 1000 台，但在 2005 年就达到了 2400 多台。除了通过人员、设备以及技术创新来提高生产效率以外，还必须早晚加班以确保生产计划的完成，马兵平均每天工作时间超过 12 个小时，每月只有两个周末的休息时间。在这种情况下自学，困难是可以想象的。他就算是吃饭时也会拿着自己的自学课本，吃完晚饭后，他还得学习一段时间，他几乎每天晚上 10 点后才下班回家。累了一天，他很想早点休息，但是为了学习文化知识，达到自己制定的每一个学习目标，他不得不挤出时间来学习。有时，他坚持不下去了，就用凉水洗脸，保持清醒，整理自己的思绪，然后再继续学习。一次，他困得在桌子上睡着了，醒过来后，他还要学习一段时间，坚持每天完成制订的学习计划。经过近 3 年的自学，他终于获得了机械制造专业的本科文凭。

马兵在生产实践中善于总结，不论干什么活，他都先研究加工方法，经过实践验证是否得当可行，然后再进行加工。知识的积累是一个循序渐进的过程。他注意平时一点一滴的积累，经过一番努力，终于进入了加工关键件的车间，圆满完成了多批 X6132 的刀杆体、稍头等关键部件的加工任务。

2003 年，他接受了一个电力项目的三种调节阀座的艰巨任务，他负责的部分是关键项目的关键部分。成功与否，不仅涉及企业的声誉，更关系到关键项目的顺利开展。他与一起工作的技术人员共同研究要点，经过多次试验，终于摸索出一个可行的处理方法。最终，所有的主要部分都达到了设计要求，保证了产品的成功生产，为企业赢得了良好的声誉。

2004 年，马兵被调到了马恒昌小组，这为他的自学增添了新的动力。在领导、同事和家庭成员的支持下，他开始自学数字控制知识，又一次达到了知识的新高度。不久，公司为小组配备了一台数控车床。车间领导把公司的“先进武器”交给他，并安排指导教师指导他学习和使用先进的技术，这也为这位优秀的工人提供了更加广阔的舞台。他在指导教师的教导下学习数控编程的原理和数控机床的基本知识，还学习了《数控车床技师培训书》《数控机床系统维护技术实例》等书籍。经过老师的悉心指导和自己不懈的努力，他很快掌握了数控车床的一般编程技术。一年多来，他在车间完成了 600 多个小时的生产计划，创造了他过去几年车工生涯最高的生产纪录。在生产实践中，他善于思考，并尝试学习复杂关键部件的编程技术。目前，他正在研究螺杆和蜗杆的加工工艺，进一步提高数控车床的生产效率。自学丰富了他的知识和经验，提高了他的工作技能，为他的创新奠定了基础。他积极参与小组的技术创新活动，提出了“加强定额管理、合理使用刀具”等合理化建议，这些建议最终都被公司采纳了。他作为一个实际的教练采取了主动措施。他利用业余时间培训小组成员关于数控车床基本知识和实际操作数控车床编程，并将他的数控加工技术传授给每个团队成员，以便他们能尽快掌握数控技术。经过近半年的学习和培训，小组成员掌握了数控车床的简单编程和操作技术。2011 年，他达到了 9286 小时的工作时间，相当于一年九个月的工作量，产品质量是 100% 合格。2011 年初，他和他的师傅孙玉立一起组成了合作小组，并教会师傅数控技术。经过 3 个多月的学习，孙玉立基本掌握了数控技术，并与马兵轮班生产，迅速形成了数控车床的最强生产能力。为此，他开创了企业见习职工教师傅技能的先例。

“建设知识型、技能型、创新型劳动者大军，弘扬劳模精神和工匠精神，营造劳动光荣的社会风尚和精益求精的敬业风气。”① 提起研读十九大报告的感受，马兵动情地说道：“这一句真是说到了我们技术工人的心坎里”②。作为一名来自生产一线的技术工人，在20多年的工作中，他深刻体会到要用精益求精的工匠精神来体现当代工人的价值。在回到企业后，他将“马恒昌小组”体现出的工匠精神融入到十九大精神的贯彻落实中去，致力于培养出更多、更好、更优秀的“大国工匠”，为加快推进东北老工业基地振兴做出了贡献。

编辑：李正鸿　杨雨檬

## 王凤兰

王凤兰，女，汉族，中国共产党党员，博士学位，1965年1月出生，教授级高级工程师。她1988年毕业于大庆石油学院，同年进入大庆油田第四采油厂工作，历任地质大队地质室副主任、试验大队责任地质师、厂副总地质师，2000~2010年在大庆油田勘探开发研究院工作，任副总地质师、总工程师，现任大庆油田有限责任公司开发部主任，中石油高级技术专家。她于2002年获黑龙江大学硕士学位，2008年获中国地质大学博士学位，并获得全国“五一劳动奖章”，2009年享受中华人民共和国国务院颁发的政府特殊津贴，同年被聘任为中国石油提高石油采收率国家重点实验室副主任，2010年获得全国劳动模范荣誉称号。

参加工作以来，她主要从事油田地质、油藏工程、三次采油和开发规划工作，主持完成科研项目30多项，重大现场试验10余项，获省部级以上奖励4项，市（局）级奖励7项。在国内外学术期刊发表论文20余篇，参与编写专著2部。作为大庆油田开发领域的领军人物之一，她以女性所特有

---

① 习近平：《决胜全面建成小康社会 夺取新时代中国特色社会主义伟大胜利——在中国共产党第十九次全国代表大会上的报告》，人民出版社，2017，第31页。

② 唐心怡、常雪梅：《马兵代表：弘扬工匠精神　放飞青春梦想》，《黑龙江日报》2017年10月22日。

的坚韧和毅力，攻坚克难，奋力拼搏，科学编制了大庆油田可持续发展规划、大庆油田原油4000万吨持续稳产规划方案，被列入国家“十一五”规划之中。她主持开展的特高含水期多学科精细油藏描述技术、聚合物驱提高采收率技术取得了突破性进展，为实现大庆油田4000万吨持续稳产、创建百年油田、维护国家石油战略安全做出了突出贡献。

“能与石油结缘，是我的一生幸运，也是我为之奋斗的舞台。”① 王凤兰认真地说。从油田地质、油藏工程、三次采油到开发规划工作，王凤兰的心镶嵌在松辽盆地的每一个含油区块上。科学编制大庆油田原油4000万吨持续稳产规划方案，设定大庆油田今后合理产量规模，是一系列世界级难题，千钧重担落到王凤兰柔弱的肩膀上。长垣水驱如何精细开发调整？外围三低油层如何有效开发？……“求解”之路，需要面对枯燥、艰辛和痛苦，更需要坚韧、睿智和忠诚。面对各种制约条件，王凤兰从矛盾中挖潜力，从逆境中求希望。规划编制中，她带领科研人员在尊重油田发展客观规律的前提下，主动采取各种行之有效的措施，从完善不同油藏类型方案编制的模式和加大三次采油及外围油田有效开发技术的研究入手，对大庆油田老区、外围和三采的合理产量进行科学论证。

饱含着王凤兰等科研人员智慧和心血的《大庆油田原油4000万吨持续稳产规划研究》受到集团公司领导和国内权威石油专家的高度肯定：“大庆油田原油4000万吨持续稳产规划是一个解放思想、实事求是和积极进取的规划，符合大庆油田的地质条件和开发特点，充分体现出用高科技打好新时期新会战的特点，操作性、可行性较强，可以作为大庆油田实现原油4000万吨持续稳产的依据。”②

2009年6月，胡锦涛总书记到大庆油田考察时高度评价大庆油田的“三超”精神，指出“超越权威、超越前人、超越自我”，很有气魄，要继续弘扬这种精神，瞄准更高目标，攻克更多难关，使大庆油田不断焕发新的生机，为确保能源安全发挥更大作用。

以王凤兰为代表的大庆油田科技工作者不辱使命，攀登了一个又一个

① 《王凤兰：结缘石油　奉献一生》，《中国石油报》2010年12月7日。

② 《王凤兰：结缘石油　奉献一生》，《中国石油报》2010年12月7日。

科技高峰，破解了一个个科技难题。她把女性特有的细腻、坚韧的品格恰如其分地应用在了科研这项“苦差事”上，而且做得有声有色。

为适应特高含水期精细挖潜的需要，王凤兰组织开展不同类型河流砂体内部建筑结构表征方法及剩余油空间分布模式研究，组织设计国内第一口长井段密闭取芯水平井。她时刻关注水平井是否安全着陆，水平段是否准确控制，钻头钻遇了泥岩层怎么办。每当钻遇目的层不明的时候，王凤兰日夜思索，从大量的测井和油藏等专业数据资料中分析研判。

在成功完成国内第一口长井段密闭取芯水平井的基础上，她重点研究不同类型河道砂体平面分布及内部结构、水驱和聚驱后各类厚油层动用状况及剩余油分布规律，系统总结出特高含水期各类河道砂体平面及层内剩余油分布模式，提出特高含水期多学科高效挖潜的开发模式，形成综合优化技术。

多年来，她组织参与大庆油田更长远的科技开发，特别是对三元复合驱油技术的研究与探索。多少个不眠之夜，付出多少心血，只有她自己知道。2008 年在美国举行的化学驱国际研讨会上，王凤兰发表的《大庆油田三元复合驱进展及展望》SPE 论文，引起世界对大庆油田三次采油的关注，这位科研女将让世界对大庆油田的技术实力刮目相看。

王凤兰人如其名，言语轻细，静处如兰。“当接过全国劳动模范荣誉证书的那一刻，我的心情无比激动。作为一名油田科技工作者，我只是做了自己应该做的工作，尽了自己应尽的义务，党和国家却给予我如此崇高的荣誉，我更感到自己肩上沉甸甸的压力和责任。”① 在荣誉面前，王凤兰表现出的依旧是科技工作者的严谨、冷静和沉稳。

一直以来，在身边同事眼中，她的“身教”重过“言传”。2009 年国庆，为制订《大庆油田 2010 年至 2012 年滚动开发规划》，王凤兰仅匆忙赶回家陪家人吃了顿晚餐。紧迫、艰巨的工作不仅没有让下属惧怕和后悔，反而个个兴致勃勃，动力十足。8 天假期，她带领科研人员熬了两个通宵，在规定时间里保质保量地完成了规划任务。长期一个姿势伏案工作，让王凤兰患上了严重的颈椎、肩椎和腰椎顽疾，护腰和止疼药成了她的必备。她的办公

① 《王凤兰：结缘石油　奉献一生》，《中国石油报》2010 年 12 月 7 日。

桌上两样东西最多，一个就是大摞大摞的资料，一个就是各种各样的药片，身体不舒服就吃点药顶着，照常工作。

最好的锤炼是克服困难，永恒的追求是攀登高峰。摊开一张地质图表，王凤兰表示，在今后的工作中，她将继续把科技攻关做好，尤其在复合驱方面尽快攻关，集成配套，尽快转入工业化应用。王凤兰正是用信念和执着履行着自己的人生格言，全身心地描绘着大庆油田可持续发展的美好蓝图。

编辑：杨雨檬

## 王英武

王英武，男，1974 年出生，黑龙江省哈尔滨人，哈尔滨市东安发动机集团公司工人。王英武以开拓创新、勇于奉献的精神为人生信条，在工作岗位上创造出了一个又一个的生产奇迹，并且用他兢兢业业的高贵品质、改良工艺的创新精神，影响了越来越多的人。2009 年，他被授予“哈尔滨市建国以来最具影响力劳动模范提名奖”，2010 年荣获“全国劳动模范”光荣称号，同年被授予“哈尔滨市首席技师金牌工人”，2011 年被授予“航空报国突出贡献奖”，2011 年被聘为“中航工业车工工种首席技能专家”，2013 年被授予“全国技术能手”称号。王英武的精神影响着周围的同志，同时也带动周围的一大批人齐心协力，团结奋进，形成了一个特别能战斗的光荣集体。2014 年，王英武顺应时代发展趋势，首先成立了劳模创新工作室，致力于解决车间及公司在生产加工过程中遇到的难题，在他的带领下，劳模创新工作室凭着永不服输、争创一流的劲头攻克了一道又一道生产难题。在哈尔滨市“名师带高徒”活动中，王英武连续两届获得“模范名师”荣誉称号，他所带领的劳模创新工作室团队获得黑龙江省“工人先锋号”荣誉称号。

父母是孩子的第一任老师，家庭环境给了王英武很大的影响。工人家庭出生的王英武，在父母“技术立身”的影响下，不断成长。上学的时候，王英武比别人更愿意多动脑筋，多认真思考，遇到难题的时候从不轻言放弃，即使付出百倍的努力也要克服困难、解决难题。这种言传身教的传承，使得王英武在工作中也常常是保持着不服输的劲儿。车工的工作听起来简单，实际其中内含的门道和学问有很多。“三分技术七分刀”，一把好刀往往是出活的关键。为了干好工作，王英武将磨刀作为自己首要攻克的难题，无数次的练习，使得王英武练就了磨刀的绝活，不管是废刀还是旧刀，到了王英武手里就全都能变为成型刀。老劳模白延明是王英武学习的榜样，为了能够学到白老掌握的车胶模技术，他一遍又一遍地练习了一个多月，终于找到了窍门，学会了消除啃刀、卡刀的技术。王英武始终把勤俭节约当作自己的本分。他总是从点滴小事着手，别人使用过的，甚至是不能再用的车刀，他就拿回来进行修缮和改造，继续使用，并且还可以继续生产出合格的零件。靠知识、靠技术、靠技能成长起来的新一代工人劳模，正率先垂范，用行动影响着越来越多的人。求新、革新、创新的劳模王英武，始终工作在生产第一线，刻苦钻研技术业务，善于总结经验，他研制的“锥度校正法”，大大提高了生产效率。

与王英武同时代的人们大多都会有一个白领梦，希望自己能够成为衣着光鲜的上班族，但王英武身上却有着劳动人民勤劳肯干、脚踏实地、无私奉献的精神，劳模精神感染着他，激励着他，使他立志要成为一名合格的工人。刚刚进入哈尔滨市安东发动机集团公司工作时的王英武，加工出来的铝圈经常是又大又薄，合格率非常低，为了熟练掌握加工技术，王英武阅读了大量的理论书籍，同时积极向厂里的老师傅请教，并且时常与其他同志进行交流讨论，经过反复的对比、研究，王英武终于发现了问题所在。为了提高铝圈的合格率，王英武加班加点地不断练习不断实践，在他的努力下，他所加工生产的铝圈合格率基本实现了百分百。但是，王英武并没有满足现状，而是不断地提高自己的生产技能，练就了一身过硬的本领，车起相当于头发丝 1/70 精确度的产品时也能手到擒来。在工作中，经常会遇到各种各样的问题和情况，如何有效地解决问题成为难题，王英武深知，只有不断地学习研究、掌握更多的知识和技能，才能克服工作中出现的困难，才能解决生产难题。知识就是力量，只有依靠不断学习、开拓创新才能够不断进步；只有熟练掌握生产技术，立足本职，才能成为一名合格的工人。为了获得更大的进步，王英武废寝忘食地进行技能学习，总结工作经验，创新工作方法。在提高自身能力的同时，王英武没有忘记将自己掌握的经验与同事们进行分享，对于新入厂的年轻后辈，王英武总是积极地给予指导和帮助，在他的悉心指导下，同事们的生产技术水平得到了逐渐提升。王英武总是给自己定下新目标，给自己布置新任务，从未停下过学习的脚步，为了消除车间的生产瓶颈，除了熟练掌握车工技术之外，他又研究起了磨工技术，通过反复的研究与生产练习，他很快就掌握了大内经技术，并且仅仅用了一年的时间，就成了这个工种的高级工人。王英武带头组织解决车间加工上的难题70多项，解决数十项机加问题，完成公司级攻关项目10余项，为公司和车间节约了百万余元的科研成本。2005年，王英武报名参加了哈尔滨市“技运会”，并且获得了车工第一名的好成绩。

在王英武看来，要想增加经济效益首先要做的就是提高生产效率，为了提高效率，王英武不停钻研，由他研制出的多用途定位盘，使加工高温合金夹具的工作效率提高了三倍，仅此一项创益3万余元。对待工作，王英武总是干在前面、想在前面，将加工生产的每一个环节烂熟于心，他思考最多的事情就是如何能把工作做得更好，为此，在日常工作中，王英武将创新二字牢记心间。在近十年的时间里，由他创新提出的技术革新和生产合理化建议，直接为公司创造了300多万元的经济效益，累计节约了230多万元的生产成本。王英武的个人工作时间是车间平均工作时间的2倍，平均每年加班500个小时以上。王英武用自己纯熟的生产技艺，为车间解决了一个又一个关键生产问题，既节约了生产成本又提高了生产效率。面对工作中不断出现的新问题、新挑战，王英武总是冲在最前面，勇于思考问题，并且善于解决问题，在工作中彰显人生价值。2011年，王英武被调到了民机生产线，主要负责航空发动机压气机部分的零组件加工工作，我国某型机扩压器有壁薄、直径大的特点，按照正常的加工方法加工很难保证生产质量。经过反复研究，反复加工生产，王英武发现问题出在零件装夹上，在薄壁件装夹的过程中，装夹的方法是关键，如何装夹与生产质量好坏密切相关。王英武创新性地提出了粘胶的方式，保证了零件处于自然状态下加工，避免了零件在装夹的过程中产生变形。经过了严谨仔细的实验之后，王英武所提出的装夹方式被证实可行，攻克了扩压器机加变形的难题，为我国的薄壁类零件机加变形控制技术攻关提供了新思路和新方法。这种由王英武创新提出的加工方法已经被广泛使用于薄壁类零件加工，并且获得了良好的效果，零件加工成品率逐年提升。

从一名技校生变为高级技师，只有王英武自己知道为了实现这一巨大跨越他所付出的努力与汗水。可以说，王英武是一名用知识武装起来的产业工人。他真真切切地诠释了“知识就是力量”“劳动是幸福的”，他用踏踏实实的行动，执着地履行着一个产业工人的责任。

编辑：杨雨檬

## 韩振东

韩振东，男，汉族，1974 年 12 月出生，大学本科学历，中国共产党党员，现在是黑龙江省华电能源股份有限公司佳木斯热电厂的一名热控专家。2010 年，韩振东荣获全国劳动模范称号。2018 年 1 月 29 日，黑龙江省第十三届人民代表大会第一次会议，推选韩振东作为黑龙江省代表出席了第十三届全国人民代表大会。

1996 年，韩振东从哈尔滨电力学校热动专业顺利毕业，成为学校选出的优秀毕业生，毕业后就被分配到佳木斯热电厂从事热工自动化保护工作。踏实肯学的韩振东令保护班从此多了个忙碌于学习的身影。韩振东明白，要学的知识很多，他从不敢松懈。他不怕苦累，跑现场、摸系统、熟悉走向，虚心向有经验、有技术的老师傅请教，对照设备认真琢磨。只要一有时间，他就会专心致志地看专业书，工作之余，他还会注重理论知识学习，各种专业上的书堆满了工作单位和家里。尽管看了很多书，韩振东远远觉得不够，一有机会就向厂里的同学、校友索取专业上的资料。他经常到书店看一本本厚厚的专业书以熟练掌握专业知识，为了提高专业素养，他报名参加了长春工业大学的成人自学考试。韩振东将学到的理论知识运用于实践，在以前的基础上他的工作能力又得到了大幅度的提高，成为同龄人中的佼佼者。韩振东虽然平时话不多，但是只要谈起工作上的理论知识，他的兴致就来了。每当大家遇到工作上的难题，首先就会想起他，每次他都会耐心解答。韩振东的努力得到了大家的肯定，2005 年，韩振东被升为班组技术员，2007 年，他成为专业专责工程师。

2008 年厂里扩建新机组，新机组与老机组相比，在热工性质和技术难度上有了很大的变化和提高。同时，新设备对应新技术，让每位同事都倍感压力，韩振东为此每天坚守在现场。功夫不负有心人，经过刻苦地学习和钻研，韩振东牢牢掌握了新技术。在一次试验过程中，韩振东发现机组有跳闸的可能性，这一问题如果不能妥善解决，本次试验就无法正常进行。韩振东立刻采取行动，将问题查出，避免了事故的发生。[①]

2009年，在上海举办了一场热控技能大赛，韩振东是厂里派出的唯一选手。面对大家的信任，韩振东十分担忧，工作忙碌的他几乎没时间准备比赛，领导看出了他的焦急，劝他回去复习，准备比赛。韩振东战胜了压力，没有退缩，仅用了一个星期的时间备战，就信心十足地站到了赛场。这次大赛汇集了百余名顶尖高手，可谓强手如林，很多选手为了本次比赛还准备了几个月，而韩振东也没有辜负大家的信任，在比赛过程中，他过五关斩六将，最终夺得金奖，全集团仅有5人获此荣誉。

“超前性的思维，创造性的劳动”是韩振东工作状态的真实写照。他和厂里其他人的不同之处就在于别人在重复简单的工作，而他则负责解决别人不会的一项又一项难题。为了工作，韩振东每天都坚守在供热扩建的现场，忙完一天的工作回家时，已是夜深人静。韩振东不仅对自己要求严格、认真学习钻研新的技术领域，对于生产过程中的各个环节更是严格把关。在2×300MW供热机组尝试生产和移交过后，经仪器检测，二氧化硫数值偏大，脱硫系统不能正常运行，将直接造成环境污染的严重问题。韩振东没有忽略环保这一重大问题，和技术人员多次进行测试，掌握了CEMS故障分析、诊断、处理方法，解决了烟气在线监测和脱硫指数偏大问题，保证了脱硫系统的正常投运和达标排放，以此有效承担了环保方面的责任与义务，还为企业成功避免了巨额环保罚款和机组关停的危机。韩振东熟练的专业技术使他在面对一些设备状况时，能够提出许多行之有效的建议，在实际操作中解决了很多热控专业方面的不合理问题。

2011年12月下旬，国内首项300MW供热机组循环水余热利用科技示范工程——佳热电厂循环水余热利用工程72小时试运正处在关键时刻，进入热泵的蒸汽温度始终控制不稳，致使自动调节产生振荡，严重影响供电、

① 姚琦：《全国劳模韩振东：岗位上的“万能钉” 解决难题他最行》，《中国职工教育》2010年第12期。

供热负荷，温度经常超标，多次调整无效，试运陷入窘境。韩振东再次站了出来，他全力优化完善热控系统，发现问题并向厂家提供了改善意见。在韩振东的多次沟通协调下，回收热量由24万吉焦提升至151万吉焦，年节约标煤由0.6万吨提升至4.11万吨，为国内300MW供热机组循环水余热利用树立了典范。

企业在发展过程中为了抢占南方市场，派韩振东等去广西钦州电厂进行检修维护。面对巨大的压力，韩振东并没有向困难妥协，压力就是动力。通过锲而不舍的努力，韩振东不仅克服了专业、技术等各方面的困难，还受到充分肯定，成功为企业赢得好口碑。任务接踵而来，公司再派韩振东去长沙领导热控检修维护工作，韩振东克服一个个困难，挑战自己，完美完成任务，得到一致好评。

正是因为经过多年的刻苦工作，2011年韩振东被评为企业劳模创新工作室带头人，他培训并带动了一批新的技术骨干。他带领42名成员，先后组织8个专业攻关小组完成了33个技术创新项目，创造直接经济效益928万元。他探索和实施了“于海涛燃烧调整法”，具备100%掺烧褐煤能力，煤炭控本能力实现质的跨越。现在整个东北发电系统都在使用这种操作方法，为国家、为社会创造了巨大的经济效益、社会效益。接着，“尹凤祥降氨法”“张宇调水法”等操作模式脱颖而出，为企业的精细化管理增添了新的路径。工作室的火箭点火作用，发挥了企业创新驱动的引擎力量。“供热机组的余热交换器清洗装置”和“供热机组的排污装置”等五项热泵科技示范项目技术获得了国家专利。[①]“提高高加水位调节系统的自动投入率”获全国QC小组优秀质量管理奖，“降低厂用低压电动机的损坏率”获黑龙江省优秀质量管理一等奖，“300MW机组开式循环水余热利用技术研究及应用”获中国华电集团公司科技技术进步一等奖。他领衔的“韩振东劳模创新工作室”也被命名为黑龙江省“工人先锋号”、创新示范岗、热电机组及燃煤技术改进劳模创新工作室。

身材瘦瘦且腼腆的韩振东谦虚而又随和。工作多年来，韩振东斩获了

① 王彦：《超前性思维，创造性劳动——记热控专家华电能源股份有限公司佳木斯热电厂韩振东》，《黑龙江日报》2017年8月11日。

许多荣誉。但是在和同事相处时，韩振东却从不骄傲自满，大家对他的评价是：踏实、能干、爱啃书本。同事们还亲切地叫他“东子”。人的精力有限，厂里闲不下来的韩振东，很少能和家人一起。但是，他的家人都十分理解和支持他。

新员工说：“什么问题问他，他都知道。”老同事说：“他总能发现别人发现不了的缺陷、解决别人解决不了的问题。”专业主任说：“有他在，我一百个放心。”身边人的赞同，对韩振东来说是莫大的荣誉。韩振东，踏实肯干、勤勤恳恳，二十多年磨一剑，他由一名普通技术工人成长为热控专业行家，功夫不负有心人。

编辑：刘鑫棣

## 张　东

张东，男，汉族，1967年12月生，黑龙江省齐齐哈尔市人，中国共产党党员，大专学历，现任齐齐哈尔建华机械有限公司机加二厂机加二工段工段长，高级工人，2010年获全国劳动模范荣誉称号。

在中国兵器工业集团齐齐哈尔建华机械有限公司，张东这个名字，对于大家来说并不陌生，他的同事们总是忍不住夸奖他，自豪而骄傲地说：“看看人家那工作干的，不服不行；当工人，干到这份上，这才叫值。”他浓浓的双眉，炯炯有神的双眼，无一不体现着东北汉子自强、刚毅、坚定的性格特点。

### （一）勤奋好学、刻苦钻研，做知识型员工

齐齐哈尔建华机械有限公司，始建于1904年，工厂前身是黑龙江枪械修械所，1946年由新四军接管，公司现为中国兵器工业集团的旗下企业。建华厂现为中国兵器工业集团公司子集团北方华安工业集团有限公司，是在2011年6月，在集团公司第四批结构调整中由黑龙江华安机械有限责任公司和齐齐哈尔建华机械有限公司合并组建而成。1983年，年轻的张东进入了建华厂，成为机加车间的一名车工。刚刚参加工作的他，对于车工所负责的工作并不是很了解，他虚心向同事们学习，主动向师傅们请教。车间是流水线生产，加工方式单一，张东总是有不懂的地方就及时请教，手

脚勤快、头脑聪明、上手很快的张东不久就可以独立进行操作并且成为机加车间的生产骨干。张东所在的车间开始承揽民品加工的项目，以此来实现由计划经济向市场经济的转型发展。面对新的挑战，张东敏锐地察觉到，仅仅是掌握现有的普通操作工的单一加工技巧是不行的，必须要不断学习新的知识，掌握新的加工技艺，用知识武装头脑，才能够适应新时期的发展需要。成为一名知识型产业工人的信念，支持着张东不断前进。《机械制造》《车工工艺学与设备知识》《数控车床加工基础》《数控设备的维护与使用》，机械加工类的各种书籍占满了张东的业余时间，他总是手不释卷、如饥似渴地学习着新的知识。但仅仅掌握知识是不够的，张东将学到的内容与自己的生产实践相结合，理论联系实践，并在实践的过程中不断发现新问题，掌握新技巧，总结工作经验，创新工作方法，积极向其他技术人员请教。在提高自身能力的同时，张东没有忘记将自己掌握的经验与同事们进行分享。

在建华厂的工作经历，既是他不断学习、不断克服困难练就过硬技术的成长之路，更是他不断进步、日趋成熟的岗位创新之路。从事机加工作以来，张东多次解决在生产中遇到的疑难问题。张东在不断生产实践的基础上，积累了丰富的工作经验，但是他并没有止步不前，而是将创新放在了工作开展的第一位。2005 年，建华厂承担了生产 45000 件某产品弹尾零件的任务，该零件对生产工艺要求极高，且生产流程复杂，面对时间紧、数量多、加工费时且极易产生废品的生产任务，分厂按照正常的加工方法加工很难完成全部生产任务。张东焦急万分，为了能够顺利完成生产任务，他反复思考，反复尝试新的生产方法。面对转动的机床，张东眼前一亮，能不能用手瓣尾翼的办法试一试呢？他马上将脑海中的想法付之于实践，找到工具和材料，亲手制作卡具来进行实验，可以！他的想法能实现！兴奋的张东在得到有效的结果之后，立刻将自己的想法上报给了分厂领导，在经过单位领导及技术人员讨论之后，他的生产方法投入了使用。原计划用时 100 天才能完成的任务，实际上仅仅用时 45 天就已经完成了，并且劳动的生产率提高了 3 倍，人员使用减少了 16 名，铣床设备节省了 8 台，实现了产品合格率 100% 的好成绩。在张东的创新思考下，分厂节约资金 14. 24 万元，他以开拓创新、勇于奉献为人生信条，在工作岗位上创造出了一个又一个的生产奇迹，此项革新成果被评为齐齐哈尔建华机械有限公司2005年度质量管理成果一等奖。

张东终日忙碌在生产的最前线，在生产工作中积极主动组织解决工段长期以来影响质量的一些技术难题。多年的学习实践，让他QC成果多次获奖，为企业节约了颇多资金：2003年，他的QC《某产品机加良品率》，节约资金3万余元；2004年《某产品机加良品率》获集团公司一等奖，节约资金5万余元；2006年《某产品零件机加工艺的研究》获省一等奖，节约资金4万余元；2007年《提高某产品机加良品率》获集团公司二等奖，节约资金2万余元；2008年发表《某产品机加工艺改进》课题，节约9000余元。2009年他积极参与到《某型零件机加工艺的研究》及《某产品机加工艺改进》中，他积极配合技术人员选择最佳的工艺方案和最少装夹次数，提高产品合格率，降低工人劳动强度，完全满足产品质量要求，此两项QC成果节约金额近22万元。

（二）开拓创新、勇于奉献，甘做民品发展的开荒牛

张东不仅是工段长，而且还兼任民品室主任。建华机械有限公司是军工企业，在二级民品开发上不占优势。他从基础开始，一个一个单位跑，逐步扩展关系单位，逐渐建立了一批客户网，利用军品空隙时间进行民品加工，生产过程中哪是窄口，哪是关键，他都了如指掌。每次拉民品料，他都跟着，严格控制原材料质量、数量、价格。由于民品多数是非标产品，加工难度大，而且用户要求比较苛刻，开始，员工对能否生产出合格的非标产品有不少顾虑，他就鼓励大家通过民品，练就过硬的技术本领，并亲自无偿地教给同志们，主动承担一些难活、累活。一次，重达百余斤的民品需要车制，这种工作经常要装卸，采用乳化液，可以说既脏又累，劳动强度特别大，他就主动承担下来，每天一干就是十多个小时，一天工作下来，满脸油污，汗流浃背。虽然很累，但他心里觉得很踏实、很充实。

2008年，机加二厂某民品打磨任务紧，人手紧缺，张东就利用业余时间帮忙，一干就是多半宿，因为打磨工作又累又脏，他的脸就像是好几天没有洗似的，所以有人和他开玩笑说他没有洗脸，他笑着说："是啊，没有洗，不过我可天天给这些民品洗，于是就没顾上我自己的脸了"。他就是这样，只要哪里任务是关键，哪里肯定就有他。

（三）率先垂范、勇当先锋，做工友的贴心人

张东自从1998年当了工段长之后，无时无刻不严格要求自己，面对工作他总是冲在最前面，成为生产车间里的楷模人物，工友们对他又钦佩又信任。

张东非常注重培养工段员工的综合能力，他经常组织员工学习工艺知识，开展操作技能培训，提高全员的综合素质。拥有一技之长固然重要，但更重要的是技能的传承。只有在传、帮、带的过程中，技能才能得到提炼、补充与升华，他利用业余时间组织工段员工学习《军民两用技术》《机械加工》《安全法》《工艺学》等相关书籍，并要求大家认真做好笔记。严格按“五好一准确”优秀工段创建活动的有关要求，进行周密的布置和检查，通过“五好一准确”创建活动的开展，大家已养成良好的自我管理习惯。工段在质量、安全、现场管理等工作上成了建华机械有限公司的排头兵。

他不仅工作出色，还十分关心工段员工的生活，虽然自己并不宽裕，但谁家有个应急应短，他总是主动帮助。工段员工赵强家庭经济状况差，患癌症去世后，留下体弱的妻子及上小学的儿子，生活比较困难，张东看到这种情况主动帮助其家属忙前忙后，每逢年节他都去看望赵强的家人，送去一些必需品。

在他带领下的工段通过不断学习、总结，逐渐形成了一些全员认可的工段文化。互助互学，创建和谐学习型团体，大家都能彼此以兄弟相待，工作上是好同事，下班后更能融洽地成为生活上的好朋友，整个工段呈现出一幅和谐景象。

多年来，张东以干一行、爱一行、精一行为人生信条，在岗位上创造了一个又一个佳绩，但他并不满足，仍孜孜不倦、勤奋学习，向着新的、更高的目标不断迈进！

编辑：杨雨檬

## 秦世俊

秦世俊，男，汉族，山东掖县人，1982年6月出生，中国共产党党员，大学本科学历，现担任中航工业哈尔滨飞机工业集团有限责任公司数控铣工，高级技师，中航工业首席技能专家。2013年，秦世俊获全国“五一劳

动奖章”，被评为黑龙江省劳动模范、哈尔滨市劳动模范，2018年5月，被评为2018年全国向上向善好青年（爱岗敬业好青年）。

2001年9月，秦世俊从哈飞技校毕业，参加工作。由于公司数控工段需要人手，秦世俊就被分派到了那里做一名数控铣工，每天的任务是帮师傅们打下手。刚刚参加工作时，秦世俊并不喜欢这份工作，在他看来都是体力活儿，都不用动脑筋。刚毕业的学生血气方刚，所学知识无法被有效运用，秦世俊感到了巨大的心理落差。回家后，他跑去向父亲诉苦，父亲耐心地告诉他，数控是趋势，不会就学、不懂就问，才是一位合格的员工。似懂非懂的秦世俊开始按照父亲的话去做，终于感受到了全身心投入这项工作的乐趣。从工作的过程中，秦世俊发现，自己已经喜欢上了这个专业，他开始把自己的全部心血都投入到加工产品中，那一件件产品在秦世俊心里已经远远不单单是产品，而是一件件作品。秦世俊勤奋刻苦的工作过程，都被师傅看在眼里，记在心里。公司里的高级技术师傅提出收秦世俊为徒弟。秦世俊听到这个消息乐坏了，但同时又感到压力很大。他十分珍惜来之不易的学习机会，认认真真从师傅那里求教技术上的问题和工作上的好的经验做法，不错过师傅交代的每一个细节，同时也从高级技师的知行合一中感受到老师对工作的热爱和专业程度，特别是老师傅们不怕吃苦、敢于争先攻克难关的精神让秦世俊深受教育。在一次技能比武中，秦世俊认识到了自己同别人相比的差距和不足，从此，他更加发奋刻苦，努力克服自己身上的不足，加深技术理论学习，注重在实践中积累工作经验，努力汲取前沿知识，以练促学。秦世俊根据工作实际要求，自学制图和编程，通过网络查找相关资料，自学计算机专业大专和本科课程。几大本厚厚的学习笔记记录了他的技术成长过程。凭着那份执着和不服输的倔强，仅仅入厂4年，秦世俊就成为公司里最年轻的高级技师。自此，秦世俊认真工作，仅仅用了14年的时间就完成了平常人25年的工作量，一共自制工装、夹具200多套，更新多种机型加工程序300余条，技术创新661项，提高了6倍左右的生产效率，节约金额480余万元，培养了高级技师1名、技师2名。由秦世俊首创的“逆向思维、反向采点加工腹板法”“快速找正1/4圆孔中心法”等20余种新型加工方法被加入产品工艺规程中，解决了许多技术难题。2010年，在第四届黑龙江省数控技能大赛上，秦世俊也凭借精湛的技艺和扎实的基本功获得职工组数控铣工第一名的好成绩。

在公司，秦世俊总是主动承担难度系数大的工作任务，并且都以高质量的成果完成任务。带着最初的那份热爱、执着，秦世俊完成了一个个艰难的任务，攻克了一道又一道技术难关。在加工某机型的关键件的过程中，技术要求误差必须控制在0.03mm以内，这着实是常人难以完成的。但是，秦世俊在困难面前并没有退缩，反而眼前的困难成为他前进的动力，经过无数次的反复试验和尝试，秦世俊最终找到了攻克误差难题的关键，获得了成功，公司的产品如约完成，获得了对方的大力称赞。还有一次，在加工过程中遇到薄壁轴类零件，按照以往的工作经验，若要在这种薄壁轴类零件上进行加工，难度相当大。面对困难，秦世俊还是像以前一样，勇于尝试，经过连续攻关测试，终于研制出一款“薄壁轴类零件同心顶压式夹具”，这种夹具的构成是“端面顶盖”“尾部顶盖”，有效解决了这类难题，已经申报国家发明专利。①

随着技术能力和技术经验的不断提升，秦世俊也从一名技术工人变成了师傅，开始收徒，立志将自己的技艺传授给更多的人，虽然俗话说“教会徒弟，饿死师傅”，但秦世俊从不在意这些。在秦世俊看来，将自己的技术经验传授给别人，解决更多的技术难题，创造更多的生产效益和社会效益是一件令人幸福的事情。在传技艺授经验的过程中，秦世俊既是严师，也是慈父。在工作中，秦世俊严格按照科学的技术方法把经得起实践检验的技术经验传授给徒弟，并且要求徒弟勤学苦练，要有一丝不苟的工作态度和不服输的奋斗精神，遇到难关，咬牙挺过去了就是胜利。同时，在生活中，秦世俊又是一个谦逊慈爱的人，他会悉心关心徒弟的生活情况，为徒弟们的生活难题支招解难，总是以关爱的眼光看待徒弟的成长，当徒弟取得成功的时候他自己反而是最高兴的。

2014年初，秦世俊所在的公司以新引进的劳模和创新人才为基础，创建了以发扬劳模精神、凝聚创新智慧的劳模创新工作室。工作室以培育创新精神为着力点，发扬劳模精神的文化作用，聚力培养创新技术人才，为公司创新人才培养和重大技术攻关提供了重要的平台支持，培养出了耿连

① 高群：《匠心传奇——哈飞秦世俊劳模创新工作室侧记》，《北方人（悦读）》2017年第4期。

昌等表现优异的创新人才。在一次工作过程中出现了技术难题，工程技术人员耗时几个昼夜也没有找到问题的症结在何处，最后只得求助于秦世俊所在的劳模创新工作室。秦世俊带领团队成员，借助劳模团队的力量进行集体攻关，反复进行理论推演和技术论证，最终找出了技术问题的症结所在，及时将解决方案告诉了求教的技术人员。最终，由于解决了生产技术的主要难题，本批次的交检合格率几乎达到了百分之百。由此，秦世俊的劳模创新工作室的攻关能力得到领导和同事们的一致认可。

成立以来，劳模创新工作室的多名成员辛勤付出，解决了各种攻关课题，为社会创造了巨大的经济效益。2014年，以秦世俊名字命名的数控加工劳模创新工作室一共解决了“某型机机身中段铆接重要件加工”等15项攻关课题。秦世俊的工作室先后被命名为黑龙江省、中航工业和全国首批“示范性劳模创新工作室”。11月，工作室被中华全国总工会命名为“全国示范性劳模创新工作室”。一位劳模，一个榜样，一个工作室，引领了一个团队。如今，以秦世俊的名字命名的工作室已成为大家普遍认可的攻关难题、培养人才的摇篮。

在一次接受采访时，秦世俊被问到，如何理解“最美”一词。秦世俊说，对工作百分之一百的投入，全身心投入工作，就是最美。新时期，劳模不仅要传承老一辈劳模踏实肯干的精神，更要懂得创新，勇于创新，只有创新才能驱动发展，发展才是硬道理。

秦世俊说，希望和大家一起努力，把公司建设得更好，努力攻克更多的技术难关，让更多的直升机零件出自他们的公司，为中国技术走出国门贡献自己的力量。

习总书记说过，当代工人既要有力量、有智慧、有技术，又要懂发明、会创新。秦世俊一直难忘在人民大会堂被授予劳动模范称号时的承诺，用毕生心血助力祖国建设。作为一名普通的飞机零件加工人员，秦世俊始终保持着踏实勤奋的工作态度，在技术创新的道路上不懈奋斗，用青春热血展示了中国人民的担当，为实现中航工业“航空报国、强军富民”的美好愿望而不懈奋斗。

编辑：刘鑫棣

## 单永志

单永志，男，汉族，1970 年 3 月出生，中国共产党党员，研究生学历、博士学位，研究员级高级工程师，现在担任哈尔滨建成集团副总工程师、国家某高新工程型号总设计师。单永志是享受国务院政府特殊津贴的专家，是我国兵器科技的佼佼者和带头人。2012 年，黑龙江省评选劳模人物，单永志当选。工作多年来，单永志刻苦奋斗，作为先锋榜样，他不辞辛苦，先后承担了我国自主研制的多型航空制导炸弹、航空布撒器的设计工作。在型号研制的过程中，单永志多次立下大功，为我国的兵器科技做出了突出的贡献，他曾获得省部级以上科技成果奖共 9 次。2014 年，我国百千万人才工程将单永志选入其中。同时，单永志也被评为国家有突出贡献中青年专家。2015 年，单永志被评为全国劳动模范。

单永志学习认真刻苦，从小功课就好，十分优秀。1988 年，单永志考入南京理工大学，学习工程力学专业。大学期间，单永志认真学习专业知识，为以后的工作打下了坚实的基础。1992 年，单永志顺利从南京理工大学本科毕业。毕业后，他服从军工专业的“指令性计划”，被学校分配到哈尔滨建成集团，成为一名普通的技术员，奋战在军事科研的最前线，踏实肯干、兢兢业业就是他工作态度的真实写照。工作逐步步入正轨后，单永志慢慢开始介入军事前沿科技攻关的相关项目。单永志积极翻阅相关书籍，经过多年的不懈努力奋斗和认真钻研，成为建成集团的副总工程师。1996 ~ 2004 年，单永志从事航空炸弹研究，之后，他转为专攻精确制导工作。2002 年开始，单永志开始参与我国某高新工程重点型号的项目研究，为我国的军事科技献出智慧与力量。

单永志在军事科技上的成就离不开给予他奋斗平台的哈尔滨建成集团。哈尔滨建成集团是我国兵器工业集团中，面向海空武器领域的重点企业之一，是拥有国际顶尖水平的军品生产加工中心。建成集团与我国多所重点院校、研究所进行了合作，共谋发展，因此拥有源源不断的科研人才。哈尔滨建成集团也因它的实力所在，在我国航空弹药领域中占有着特殊的地位。可以说，建成集团给了单永志一个展现实力的平台，使他可以更好地去热爱、建设自己的事业。作为军事科研攻关的带头人，单永志首个建立了仿真模型、大型数学仿真软件，这两款仿真模型填补了我国科技的空白。在工作中，单永志一共申报国家专利50多项，为建成集团带来了近20亿元的产值。

参加工作以来，单永志一直兢兢业业，经常忙碌地穿梭在会议室与工厂之间。有时候，因为研究需要，单永志还要去北京参加各种研究会议。例如，单永志去参加激光制导的相关会议，会后还要对会议探讨内容进行编辑整理，发表相关学术论文。单永志和崔乃刚、李景慧以及刘暾共同发表了《激光制导炸弹导引规律研究及有效投弹区的计算》，这是关于采用风标式导引头的激光制导炸弹导引规律的研究，给出俯仰、偏航、滚动三个通道的控制信号。为了降低布撒器弹载计算机子弹药延时解算程序实时解算时间，单永志通过一系列的努力，用仿真计算进行了验证，结果表明这种方法计算结果误差小，精度达到了指标要求。单永志的研究成果，在学术上给予了后人极为宝贵的经验，为我国军事科技的发展做出了重要的贡献。

然而，时间有限，精力有限，事业上有所成就的单永志，却难以和家人相聚。一年365天平均下来，单永志只有三个月左右的时间能和家人在一起，其他时间全部奉献给了他所热爱的事业。他自认为对家庭照顾不多，照顾儿子和整理家务的重任全部落在妻子一个人身上，妻子是单永志的贤内助，儿子也十分争气，考上了哈尔滨工业大学航天专业。由于对妻子和儿子的照顾不够，单永志内心十分愧疚，但是他还要忙碌于兵科院、实验基地和他所关心的相关院校之间。即便是这样，单永志也没有觉得有多辛苦。在他看来，为祖国做贡献才是应该的，保卫好国家，国家昌盛才会有小家的幸福美好。在单永志看来，他的成绩不能完完全全归结于自己的努力，就被评为劳模的这份荣誉来说，他认为这更应该属于自己的科研团队，而不是属于他自己。

单永志说，他们的工作对集体协作能力的要求比较强，为了团结协作，遇到问题就得开会，平均下来每天大家都要开两到三次会议，如果出现问题，晚上加班也是常有的事。在单永志看来，取得的每一项科研成果，都是凝结团队的智慧和能量而得来，一个人根本无法成事，自己只是科研项目攻关的带头人而已。搞科研，要求大家有冲劲、有精神头、有上进心、有想法，能形成优势互补，自己只是起到了带头、示范的作用，更多的努力都来自团队合作。由于建成集团研究项目的特殊性，他们势必要比别人更重视人才梯队的“传、帮、带”作用。作为带头人，单永志做到了积极培养相关人才。至今，单永志已经培养出两名型号总设计师和一名型号副总设计师，三名项目负责人和十二名型号主任设计师。单永志团队所研制的项目有很多是不可逆的，难度十分大。例如，飞机在高空精确投弹，差一点儿都不行，必须一次成功。所以这就需要团队认真、充分讨论，做到技术完全公开，做好模拟演示，需要考虑到每一个细节，团队要有充分的融入感。单永志说：“我们有一些地面模拟实验，一旦失败，近 50 米以内都会被炸平，而我们就在 5 米范围内，这不是开玩笑的。”由此可见单永志对待工作一丝不苟的态度，他是当之无愧的模范带头人。

中国劳动模范，是我国工人阶级的优秀代表，是中华民族的精英，是我国的栋梁，是中国社会的精英，是中国人民的楷模。在中华人民共和国几千年源远流长的光辉历史上，各行各业都曾经涌现出成千上万的先进模范人物。在不同的历史发展阶段，劳动模范始终走在最前端，冲在最前面。劳模精神，激励着一代又一代劳动者为我国的繁荣富强不懈努力。劳模，是推进我国先进生产力发展和先进文化发展的代表，是当之无愧的时代领跑者。我们国家之所以会评选劳模，目的就是鼓励全国人民向劳模学习，为国家争光。

2015 年，单永志当选全国劳动模范。对于为祖国建设事业努力奋斗的人们来说，“劳动模范”这一称号是无上的荣誉，面对荣誉，单永志十分淡然。他认为，工人特别是技术员，这个职业保密性很高，虽然自己当过多年的劳模，但也并没有骄傲自满。没错，不追名逐利、甘于奉献这是中国人优秀的传统美德，这就是我们中国的劳模。我们的祖国就是需要像单永志这样不求名利、默默奉献的榜样。正是因为有了这样的人，我们的祖国才会逐渐走向富强，榜样的力量是无穷的，劳模的精神光耀神州。

编辑：刘鑫棣

## 吕新宇

吕新宇，男，汉族，中国共产党党员，1964 年 12 月出生，研究生学历、博士学位，东北轻合金有限责任公司副总工程师、中国铝业公司首席工程师。吕新宇曾主持完成了神舟系列飞船所需的相关铝合金材料的生产工作，为我国的载人航天及航空事业做出了贡献。同时，吕新宇也是东轻建厂60年影响东轻十大人物之一，并享受我国国务院政府特殊津贴。2010年，吕新宇获得了哈尔滨市长特别奖、黑龙江省长特别奖，2002年，被评为黑龙江省劳动模范。2015年，吕新宇被评为全国劳动模范。

1985年，吕新宇从沈阳黄金学院毕业，来到东北轻合金有限责任公司工作。工作期间，吕新宇踏实刻苦，钻研技术，潜心做学问，在相当短的时间里就成了东北轻合金有限责任公司的技术骨干。吕新宇专心投入研究，几十年如一日。

东北轻合金有限责任公司，即原东北轻合金加工厂，1950年4月，成为中国第一个铝镁合金企业。1992年，该厂被认定为特大型企业，1995年，被称为“中国铝镁加工业的摇篮”。1998年，该厂正式改制为国有独资有限责任公司，成为国家“特大型一级企业”。中华人民共和国成立以来，东轻的产品一直广泛用于航空、航天、原子能等国民经济的各个领域。东轻，传承着铝加工业的传奇。

吕新宇作为东轻人，对铝加工业有着强烈的挚爱，将精力和心血都投入在所热衷的事业之上。吕新宇一直锁定目标，希望让东轻生产出更优质的铝加工材料。多年的踏实积累和学习，让吕新宇收获颇丰。吕新宇先后主持完成《先进高性能铝合金材料研制》等4项专业课题，填补了国内这方面的空白。不仅如此，吕新宇的成就还达到了世界先进水平，满足了国内相关方面的需要。吕新宇的科研项目还荣获国家有色金属工业科学技术一等奖。吕新宇在忙于科研的同时，还不忘传授自身经验给更多的人，先后编写了《铝合金锻造生产》等5部专业著作。吕新宇认真钻研，在国家级刊物上发表过《某铝合金热轧板研究》《农业喷灌用铝合金管材研制》等学术论文30多篇。①

数十年的工作中，吕新宇时刻保持着谨慎。由于所从事工作的特殊性，“谨慎”成为吕新宇工作的常态。多年来，每当有记者尝试去问一些工作细节的时候，吕新宇都谨慎地回答“我的工作都涉及国家机密，不方便多说”②。

---

① 王强：《用青春编织银色的梦想》，《中国有色金属学报》2015年4月30日。

② 王强：《用青春编织银色的梦想》，《中国有色金属学报》2015年4月30日。

吕新宇在工作上要求特别严格。有一次，一位技术人员向吕新宇汇报工作，准备不是很充分，所以某项数据不清楚。吕新宇当场发火，严厉地告诫团队，搞科技研发最重要的就是要认真，差一点都不行，要时刻准备着去攻克一个个难关，特别是对待数据，一定要仔细再仔细，马虎不得。在工作上，吕新宇言语很少，但只要说出话来，都是十分有分量，但他只是就事论事，从不针对人。谈及荣誉，吕新宇不居功自傲。他说，所有的成果都不是一个人的努力得来的，是团队里每一个人努力的收获。如果没有东轻，没有团队，就不会成就今天的自己。面对荣誉，吕新宇平淡地说："和那些劳模比起来，我还差很远，我还要继续我的'银色'事业"。吕新宇认真钻研的脚步从未停歇，科研成果颇丰，获奖颇丰。在 2011 年、2013 年、2014 年、2015 年，吕新宇带领团队一次次获得大奖。在一项重点工程材料的相关方面，吕新宇团队的科研成果发挥了重要作用，为我国这一工程的顺利完成做出了突出贡献；2015 年，中国航空工业集团授予吕新宇团队"鲲鹏"优秀集体奖称号。东轻，成为材料企业中唯一的获奖单位。几十年来，吕新宇带领团队，填补了我国多项新材料领域的空白。东轻技术不断提升，同时，也促进了我国铝加工技术的巨大进步。

吕新宇说过，技术是企业发展的首要决定因素，在技术方面只有不断开拓创新，才能在严峻的环境下求得企业的生存与发展之道。身在铝加工企业，最重要的就是要做好铝加工方面的创新，通过创新来占领高端市场。特别是在国家需要的航空、航天所用的铝合金材料方面，出于附加值高、市场稳定等原因，有广泛的应用空间。吕新宇抓住机遇，潜心钻研，带领科研团队在创新的道路上永不停歇。

将铝合金新材料用在航空航天上，是东轻铝材料创新最闪耀的一点，神舟系列飞船都不可或缺铝合金材料。从神舟一号到神舟九号，高端铝合金材料大部分都由东轻提供。2011 年 11 月，天宫一号与神舟八号成功实现两次交会对接，标志着我国已真正掌握空间交会对接技术，成为世界上继美国、俄罗斯后掌握此项技术的第三个国家。东轻的努力也是这个成功的重要组成部分，因为东轻的铝合金材料经受住了在太空环境中难以想象的考验。东轻，也因此更为业内同行所钦佩。吕新宇，作为本次项目的主要负责人更是感受到了从未有过的自豪。但是闪耀的背后，吕新宇和所有的东轻员工也付出了道不尽的艰辛。从2000年开始，吕新宇就开始负责神舟飞船所需的铝合金材料的研制。10多年以来，吕新宇带领着团队攻克了一个又一个技术难题。在东轻的展馆里展示的每一个“神舟”用铝合金材料都满载团队的智慧和辛勤汗水，都满载东轻人勇敢攀登铝加工科技高峰、报效祖国的情怀。

在新形势下，铝合金技术的发展突飞猛进，吕新宇带领团队不断开拓创新，立下了赫赫战功。吕新宇常常对身边的技术人员说，材料研发要随时准备好去攻克各种难关，不管遇到什么难题，都要勇于担当、勇于探索。“祖国把一项项艰巨的任务交到我们手中，身为东轻人，就要用实力去证明给祖国看。”勇往直前、永不懈怠，指引着吕新宇等东轻人继续创造佳绩。

由于国内相关的铝合金材料的综合性能不能满足当今中国新型战机更新换代的技术要求，在第三代新型战机的研制过程中，关键性的铝合金材料还得依靠国外进口才能满足。随着社会的不断进步，航空材料国产化的形势箭在弦上。吕新宇带领自己的创新团队，十年磨一剑，最终完成了J11系列飞机用铝合金材料的研制任务，彻底走出了关键材料非国产化的荒漠，填补了在此方面的技术空白。其中，作为其中关键课题的5B02合金材料攻关，使吕新宇获得了有色金属工业科学技术二等奖。参加工作以来，吕新宇凭借卓越的创新水平和高度的爱国情怀，攻坚克难，曾先后组织完成了国家、省部级等重点课题50余项，获省部级科技奖励24项。其中的一些战略性课题为我国神舟飞船及航空航天领域提供了技术性支撑支持，达到了国际领先水平，获得了国家和社会的高度认可。

吕新宇说，在技术创新方面自己和团队还有很多不足之处，有不足、不完美难以避免，最重要的是发现不足并改掉不足，绝对不能总是提起过去的成绩洋洋得意。对东轻而言，要引进先进的生产技术，紧跟国际前沿步伐。公司员工，要积极开展科研工作，为东轻的可持续发展提供强大的、源源不断的动力和技术支撑。①

吕新宇工作以来，从没停止过前进的脚步。几十年如一日，吕新宇凭

① 吕新宇：《我国铝及铝合金冷拉（轧）回管外形尺寸及允许偏差标准与日本、美国标准对比分析》，《冶金标准化与质量》1997年第11期。

借其优异的表现，荣获全国多类奖项。然而，面对所取得的荣耀，吕新宇平静地说："这些荣誉不是我一个人的，是东轻人和这支科研技术团队成就了我，是东轻这个大家庭培养了我。"

编辑：刘鑫棣

## 孔祥俊

孔祥俊，男，汉族，1969 年 3 月出生，大学本科学历，1993 年 7 月参加工作，现任哈尔滨东安汽车发动机制造有限公司技术员，高级工程师。他为东安汽车发动机制造有限公司科研项目的开发立下了汗马功劳，使其成为国内首家同时拥有汽车发动机、自动变速器和手动变速器制造技术的企业。孔祥俊踏实肯干、认真钻研，工作上表现出色，曾先后荣获哈尔滨市劳动模范、黑龙江省"五一劳动奖章"、黑龙江省劳动模范，2015 年被评为全国劳动模范。

在一个寒风凛凛、大雪纷飞的哈尔滨的隆冬时节，北风夹杂着雪花，从门缝里挤进来，呼啸不止。在这样一个寒冷的北国冬天，时任哈尔滨东安汽车发动机制造有限公司技术中心发动机部高级工程师的孔祥俊摘下了眼镜，揉揉布满血丝的双眼，从堆满图纸的案台上抬起头看，大大的办公室里只有石英钟滴答作响，窗外已是繁星点点，远处的鞭炮声为办公室带来了一些节日的气息，原来今天是大年初一。原来当时正是孔祥俊所在的公司 4G15M2 项目开发的关键时期，孔祥俊为了在时间上抢得先机，工作已是废寝忘食，就连和家人团聚的日子也省去了。该发动机是在 4G15M 发动机的基础上开发的升级产品，全新开发的一款低速大扭矩发动机。① 孔祥俊在此项目中主要负责缸盖、缸垫的设计开发任务，为了保证开发节点的顺利完成，孔祥俊与时间赛跑，三个月以来只在大年三十休息了一天，其他时间都在加班加点地工作。

2007 年开始，孔祥俊负责主持 4G15M 发动机零部件国产化。多年来，孔祥俊为了项目开发，多次放弃了节假日和家人团聚的休息时间。一加班

---

① 郑云：《东安汽发的进取心》，《时代汽车》2012 年第 10 期。

就是连着三四个月是习以为常的事，他早已忘了上一次陪孩子玩是什么时候了，每次拖着疲惫的身躯回到家只能摸摸熟睡中孩子的小脸，然后一头扎在床上立马就睡着了。在那段紧张的时间里，他利用各种资源搜集相关方面的资料和数据，抓紧一切时间坐在电脑前研究图纸开发，埋头在结构设计的案卷中。功夫不负有心人，由于孔祥俊的不懈努力，仅仅三个多月的时间，就圆满完成了缸盖三维数模的设计开发工作。在此期间他先后完成了气门系、缸盖高度、气道、燃烧室、轮系布置、回油腔油路布置、VVT相关油路、杯状挺柱孔、水套、零件分型、缺陷预防等设计方案的定型工作。① 孔祥俊的辛苦没有白费，由他新开发的气道经过测试一次性就达到了目标要求，实现了发动机成本低、油耗低的性能指标，满足最初的开发目标需求，为东安汽车发动机制造有限公司提供了新的开发平台。

孔祥俊工作多年来，一贯坚持精益求精、敢于质疑、善于钻研的工作态度。他的业务水平不断得到提高，过硬的实力使他在工作中善于发现问题，勇于解决问题，业务精干的孔祥俊敢于与行业龙头“掰手腕”。

2008～2009年东安汽发公司和AVL共同合作开发4G93DVVT项目。奥地利AVL公司又叫“李斯特内燃机及测试设备公司”（AVL List GmbH）。AVL公司成立于1948年，目前已有70年的历史，是一家在世界汽车、发动机行业拥有很高知名度和良好声誉的高科技公司，是全球规模最大的从事内燃机设计开发、动力总成研究分析以及有关测试系统和设备开发制造的私有公司。全世界所有的发动机制造商都在AVL的客户名单里，特别是内燃机领域。② 该项目非常重要，已成为公司当年的技术升级项目，孔祥俊作为项目组的一员，主要负责该项目和缸盖进气歧管的开发任务，为提升整机的性能，AVL设计了一款在现有进气歧管基础上增长100mm的方案。孔祥俊在仔细钻研设计方案后发现问题，进气歧管方案生产难度大，而且存在生产成本高和工艺出品率较低的缺点。经过充分的理论论证后，孔祥俊立刻与AVL进行技术交流，指出了AVL在设计和生产上存在的一些不足。经过双方反复推敲和孔祥俊的据理力争，AVL最终接受了整改意见，针对孔祥俊提出的疑问，修改了

① 郑云：《东安汽发的进取心》，《时代汽车》2012年第10期。

② 李业：《东安汽发供应商体系精益管理研究》，硕士学位论文，哈尔滨工业大学，2016。

最终的设计方案，使得双方合作生产的发动机实现了成本低、性能优良的设计理念。孔祥俊用自己的实力真正地赢得了合作伙伴的尊重和敬佩。孔祥俊对自己负责的每个项目都精益求精，像这样的例子可以举出很多。

2009～2010年东安汽车发动机制造有限公司开始进行4G15V项目的研发，该项目是在单凸发动机上采用可变正时技术，能够提高低速扭矩性能，降低燃油油耗，又是公司的一个重点项目。孔祥俊针对设计公司发布的3D数模中存在的结构及工艺等方面设计不合理的地方，包括高成本因素、高风险因素及设计缺陷因素等进行甄别后，提出了合理化的建议，固化了缸盖和进气歧管的数模，创新采用了单凸可变正时技术和滚流技术储备，最终帮助公司实现了性能及燃油经济性。①

光阴似箭，时光如流水。转眼间十多年过去了，孔祥俊已经在东安汽发工作了十多年。相比过去，如今国内的汽车市场风起云涌，汽车工业发展形势喜人，生产各种汽车主机及部分零配件或进行装配的工业部门，如生产发动机、底盘和车体等主要部件，并组装成车的主机厂和专门从事各种零部件生产的配件厂都在快速发展。东安汽车发动机制造有限公司的发展也在日益壮大，孔祥俊需要肩负的责任也变得越来越重。东安汽发公司加入兵装集团、融入长安集团后，迎来了国内汽车产业新的挑战。

2011年，东安汽车发动机制造有限公司在进行市场调查后，根据市场的需求，决定开发满足斜置后驱及直立后驱车用缸盖。开发的目标在提升动力性的同时，降低整机的油耗。孔祥俊主要负责1.3L发动机项目中缸盖和汽缸垫的开发工作。该发动机是采用单凸机型可变气门正时技术，OCV油路采用内部供油的设计方案，有效地降低了生产成本，成功避免了漏油的隐患。有着十多年设计经验的孔祥俊独立完成了1.3L机型缸盖和汽缸垫的设计方案，并绘制了4G13S2－25机型用缸盖及汽缸垫的3D数模，同时协助缸盖组的同事完成了1.5L R101项目缸盖的3D设计开发工作。其中面向集团内中国长安的R101项目在2012年批产就满足了3.3万台的市场需求。孔祥俊的不懈努力为东安汽车发动机制造有限公司增加了新的经济增长点，带来了更好的效益。孔祥俊的实力得以彰显，用实力帮助东安汽车

① 李业：《东安汽发供应商体系精益管理研究》，硕士学位论文，哈尔滨工业大学，2016。

发动机制造有限公司推动项目新发展，孔祥俊个人，也在这一年以优异的工作成绩、出色的表现被评选为黑龙江省劳动模范。

现在，当年那个挑灯夜战满负荷运转的小伙子已经被岁月磨炼出两鬓白发，这个东北大汉的脸上增添了岁月的些许沧桑。十多年来的设计工作使他积累了珍贵而又丰富的工作经验。现在的孔祥俊在公司新成立的快速围堵作战室担任技术员，用他多年来的经验快速解决产品出现的问题。这是一个考验工作人员能力与技术的岗位，需要对故障件分解，进行材料对比分析，组织新材料生产装机，确定实验方案，跟踪实验结果，给出实验结论，在攻关过程中，提出改进方案，通过攻关组的共同努力以最快速度解决问题。用孔祥俊自己的话说，已经是个技术员的他，没有忘记传授经验。目前，孔祥俊先后带出的徒弟，都已成长为东安汽发公司技术方面的主力军，他们和师傅孔祥俊一起，正奋斗在东安汽车发动机制造有限公司的新项目上，用务实钻研的精神共同铸造公司的美好未来。

2015年，孔祥俊以其多年来在工作上任劳任怨的优异表现被评选为全国劳动模范，在人民大会堂挂上了沉甸甸的劳模奖章。

编辑：刘鑫棣

## 王德兴

王德兴，男，汉族，中国共产党党员，1960年出生，曾担任哈尔滨锅炉厂有限责任公司董事长、总经理、高级经济师，现在担任哈电集团总经济师，哈尔滨电气股份有限公司副总裁。2015年，王德兴荣获全国劳动模范荣誉称号。

1978年，王德兴考进北京科技大学材料学与工程学院高温合金专业，获得北京科技大学工学学士学位。大学毕业后，王德兴来到了哈电集团哈尔滨锅炉厂开始了兢兢业业的工作。

在王德兴等骨干的带领下，哈电集团哈尔滨锅炉厂发展得越来越好。哈电集团哈尔滨锅炉厂建于1954年，是从中华人民共和国成立初期延续到现在的老厂子。哈尔滨锅炉厂六十多年来的发展是东北老工业基地的缩影。最近几年，伴随我国社会主义市场经济的迅速发展，哈尔滨锅炉厂紧随时代潮流，紧跟社会发展的前沿，真正做到了向前看，不断充实自己，不断进行自主创新，引进人才和先进技术，哈尔滨锅炉厂勇敢地走在了同行业的前沿。厂里的每位员工都以自己是一名哈尔滨锅炉厂的职工而感到骄傲和自豪，王德兴自然毫不例外，陪伴哈尔滨锅炉厂一步步走向未来的他难掩心中的喜悦。

在王德兴的正确带领以及其团队的刻苦努力下，哈尔滨锅炉厂不断引进创新型人才，在企业创新的阳光大道上越走越远。创新的同时，当然要把环保作为重中之重。王德兴带领哈锅人不断努力，哈锅打开了环保市场的缺口，开发并取得了重大创新成果。因此，哈锅与山西某公司签订了合作合同，在环保岛一体化的市场开发中实现了从未有过的重要突破。这不仅是我国市场上第一个范围最广泛的超低排放的项目，同时也是哈电集团第一个关于电力运营的投资项目，这也标志着哈锅的产业结构调整有了重大突破。哈锅的所有成就，都离不开王德兴的辛苦付出、不懈求索。

王德兴带领哈尔滨锅炉厂在二次再热超临界、高效超 s 临界、准东煤燃烧、超低排放等领域取得了一系列重大突破，新技术新产品达到了行业最高水平，成为顶级的电站产品供应商。①

日复一日，哈尔滨锅炉厂工人们在王德兴的号召下在联箱生产车间进行集箱生产。工件加热温度通常达到 150℃ 以上，王德兴去看望工人们，只见工人们不畏高温，虽然汗流浃背，仍然全神贯注地工作着，以求保证产品的质量，就连王德兴站在一旁观看也不曾被专注的工人们发现。哈尔滨锅炉厂在产品制造过程中精益求精，“中巴经济走廊”最先开工的两个大型火电项目，4 台 66 万千瓦超临界锅炉都由哈锅制造，在我国“一带一路”建设中具有示范作用和重大的战略意义。

哈电集团哈尔滨锅炉厂有限责任公司董事长兼总经理——王德兴说，哈尔滨锅炉厂已进入 3.0 时代，全面开启了自主研发、原始创新发展的道路。哈尔滨锅炉厂严格按照习近平总书记的指示，把创新作为振兴发展的基点。王德兴带领全厂员工，按照习近平总书记指明的方向，立足于自身，不断加强科技创新、不断加强管理创新，代表中国民族工业英勇前进。王

① 薛婧、李爱民：《哈锅站在世界锅炉技术最前沿》，《黑龙江日报》2016 年 6 月 17 日。

德兴说，哈尔滨锅炉厂有信心、有能力继续为我国节能减排、振兴东北老工业基地做出更多的贡献，为我国的发展提供不竭动力。

王德兴认为，创新是保持公司长盛不衰、日新月异的永恒主题。王德兴带领公司全体员工努力由"哈锅制造"向"哈锅创造"转型。2015年9月，哈尔滨锅炉厂高效清洁燃煤电站锅炉国家重点实验室建设获国家科技部批准，标志着哈锅站在了我国锅炉行业技术研发的最前沿，接下来要奔着全球前沿努力奋斗。王德兴高兴地说，哈锅将一直坚持自主创新，不懈努力。

王德兴带领下的哈尔滨锅炉厂，数年来不断通过改进技术和技术创新，提高了本公司产品在市场上的竞争力，真正做到了人无我有、人有我优。事实上，我国70%以上的第一台电站锅炉的新产品都是哈尔滨锅炉厂制造。由此可见，创新对于哈锅人已经成为一种工作常态。哈尔滨锅炉厂积极整合炉后一体化产业链，将锅炉技术与烟气处理技术有效结合，在提高各项技术自身污染物脱除效率的同时，使多种主要污染物一次性脱除，实现污染物超低排放，具有非常好的环境效益。

王德兴说，哈尔滨锅炉厂之所以会有绵延不断的开拓创新的实力，最主要在于领导阶层高度重视人才的队伍建设。在基础试验研究、锅炉性能设计、燃烧技术研发和污染物排放控制等多个领域，哈锅都有强大的研发实力。2015年底，黑龙江省哈尔滨锅炉厂高效清洁燃煤电站锅炉院士工作站获得黑龙江省科技厅批复。

王德兴时刻铭记，人才是哈尔滨锅炉厂不断实现自我超越的基石。哈尔滨锅炉厂引进"千人计划"专家，利用先进的燃烧试验台，研发出最新型的旋流燃烧器，并成功应用在乌沙山电厂的改造过程中，有效防止结焦并延长了燃烧器的使用寿命。①

在哈尔滨锅炉厂有限责任公司的厂区内，机器轰鸣，工人们辛勤劳作，一片祥和的繁忙景象，据说厂里的合同订单已经排到了接下来的三年。哈尔滨锅炉厂的成就，自然少不了作为哈尔滨锅炉厂有限责任公司董事长、

① 强勇、李建平、范迎春：《煤城油城艰难脱困"新引擎"提速蓄能——从三个城市样本看黑龙江经济发展喜与忧》，《黑龙江日报》2016年9月1日。

带头人的王德兴的辛苦付出，他统筹全厂各项工作的能力不是常人能及的。

王德兴说，哈尔滨锅炉厂之所以能自立于电站行业，关键在于人才引进、技术创新、勤奋踏实、不畏艰辛。如今的哈尔滨锅炉厂，正昂首挺胸，大步向前。2015 年，王德兴被评为全国劳动模范。王德兴带领公司勇于创新的敬业精神值得我们每一个人学习。

编辑：刘鑫棣

## 周义民

周义民，男，汉族，1967 年 3 月 28 日出生，中国共产党党员，大学本科学历，现任国网黑龙江省电力有限公司大庆供电公司变电检修室高压二班班长、高级工程师。他曾获 2014 年黑龙江省第二届铁人式职工、“龙江工匠”、2014 年黑龙江省“五一劳动奖章”、省公司优秀技能人才、国家电网公司特等劳动模范等荣誉，被誉为“电力铁人”。2015 年 4 月 28 日，党中央国务院在北京人民大会堂隆重召开 2015 年庆祝“五一”国际劳动节暨表彰全国劳动模范和先进工作者大会，大庆供电公司变电检修室高压二班班长周义民荣获全国劳动模范光荣称号，并受到党中央国务院的表彰。这是大庆供电公司自成立以来员工首次获得的殊荣。

1994 年周义民来到大庆供电公司参加工作。参加工作以来，他将全部青春奉献在电力事业上，在创新的路上，勇于突破陈规。他是同事眼里的好大哥、好师傅，高压试验专业的技术带头人。

在工作中，他刻苦钻研业务技术，被视为善啃硬骨头的“秘密武器”。他参与研究的课题多次在国内各大期刊上发表并获奖。2013 年 3 月，在 220 千伏丰乐变电站进行预防性试验时，周义民发现一项 PT 的介质损耗值数据与历年报告相比明显偏大，在场的人不知所措，于是周义民仔细检查每一条试验接线，后来，判定是套管在降雪过后仍留有水滴所致，他以精湛的技术和认真的态度避免了设备隐患的误判断。在大型变压器的交接工作中，由于变压器套管最高处离地面有十几米高，试验接线必须要沿瓷套爬到套管的顶部接线，由于容易造成人员坠落事故，这一直是交接试验中的难点。然而，周义民制作完成的专门用于大型变压器套管和大型开关设备导电回路电阻试验的“多功能万向电力测试钳”则攻克了这一难关，大大提升了安全性，将高空作业变为安全的地上作业，获得了国家实用新型专利。

周义民思维活跃、性格内向，是班里出了名的“老实人”，也正是因为这种沉稳的性格让他想出了许多省时、省力、安全可行的好办法。

“四明确、五到位”现场管理法就是周义民经过多年的总结、提炼而形成的一种高压试验专业的精细管理方法。该方法是从试验任务分配、试验设备选择、现场安全管理、试验数据采集等多方面入手，覆盖高压试验专业工作全过程的一套科学管理方法。

2015年4月16日，在大庆供电公司220千伏本变电站春检工作中，周义民与同事正在开关场主变旁搬运仪器，进行精心试验。相比于之前，为了杜绝安全隐患、保证人身和设备安全以及试验数据采集准确，在今年的春检工作中，他创新提出了“四明确、五到位”的管理方法，并取得了较好的成效。“四明确”即被试设备明确、试验方法明确、试验仪器明确和安全措施明确。试验前，要求试验人员掌握被试设备的类型和型号，针对被试设备制定试验方法。确定试验方法后，准备试验仪器，再根据试验方法、试验设备以及试验环境制定出相应的安全措施。“五到位”即分工到位、检查到位、监护到位、测试到位和分析到位。试验中，试验人员分工明确，责任落实到位。设备加压试验前，由专人检查试验接线及被试设备，在确认安全无误后，监护人员密切观察现场情况以防意外。试验设备操作人员认真操作仪器设备，并准确读取试验数据，再把出厂数据和历史数据同试验数据相比较，从而得出正确的试验结果。周义民带领大家严格按照操作流程，小心翼翼地把握每一个环节，确保试验安全有效进行。

他常说，只要把简单的事情重复做好，慢慢就能成为专家，重复的事情用心做到位，就能成为赢家。行走在匠心路上，周义民自嘲是一名要历经九九八十一难的取经人，而勤奋不息是他的执着和坚持，不畏辛苦、不怕困难，是他的制胜法宝，匠心如初，痴心不改，是他一生的坚守。

周义民是善于创新的“巧干家”。自2008年担任高压试验班长以来，他参与研究的课题和写的文章多次在国内各大期刊上发表并获奖，取得了骄人的成绩。作为创新工作室的带头人，周义民在科技创新、技术研究等方面取得了丰硕成果，共获得国家实用新型专利4项。

敬业奉献的“拼命三郎”周义民埋头苦干，只要有工作任务，接到通知后就马上赶到现场，数年如一日地在生产岗位上发挥着模范带头作用。

他就是这样一个勤勤恳恳、任劳任怨的人。在班组管理、安全生产等各项工作中以身作则，由他开发出的“班组管理”和“设备上、下台及缺陷统计”两套管理软件，使班组管理走向了规范化、标准化。由其名字命名的“周义民职工创新工作室”更是获得了诸多荣誉。

“用心才能把事情做好”，这是周义民经常给班员说的一句话，而他正是这样一个“用心”工作的人，在平凡的岗位上勤奋地工作着，充分实现了自己的人生价值。

周义民团队依靠良好的工作态度、出色的业绩表现，在黑龙江省人力资源和社会保障厅及财政厅联合授予的全省 15 家“技能大师工作室”中脱颖而出。周义民作为全省电力系统唯一的上榜者，其工作室被授予“周义民技能大师工作室”称号。

目前，“周义民技能大师工作室”的成员主要以大庆供电公司变电检修室高压二班的专业骨干为基础，融合了“试验、检修、继电”等专业的优秀人才，充分发挥高技能人才的专业技术优势，努力将其打造成一个集科研、制造和成果转化为一体的专家团队、技术交流的平台、攻坚克难的阵地。周义民介绍，工作室今后将积极打通科技成果转化的渠道，努力培养出更多的优秀专家人才，为电网安全稳定运行提供持续不断的人才支撑和技术保障。

编辑：李正鸿　王慧

## 赵金国

赵金国，男，汉族，1974 年 9 月出生，大专学历，1994 年参加工作。2004 年 2 月，赵金国来到黑龙江建龙炼铁厂，他以满腔的热情、踏实的态度从一名普通的电气员逐步成长为炼铁厂辅助作业长、点检作业长、炼铁厂副厂长，起到了模范带头作用。在任职期间赵金国获得多项荣誉：2006 年被评为双鸭山市级劳动模范，2007 年被省政府授予第十届省劳动模范，2009 年获得全国“五一劳动奖章”，2015 年 4 月被评为全国劳动模范。

2004年2月赵金国来到黑龙江建龙炼铁厂时，正逢3号高炉筹建，他凭借着扎实的电工专业功底，克服了无经验、无原始资料等诸多问题，出色地完成了电气工程设备安装任务，为3号炉的顺利投产做出了贡献。

2010年，在炼铁厂冶炼钒钛矿炉况异常时期，他不怕脏和累，日夜守护在风口前、炉前，并引进了向烧结矿均匀喷洒氯化钙的方法，自行设计了搅拌泵，方便喷洒氯化钙，使钒钛矿冶炼渐渐步入正轨。炼铁厂2号高炉炉役检修，他5天没有合眼，日夜坚守。他还组织爆破人员对3号高炉内部的结瘤进行了成功爆破，使3号高炉的炉况渐渐好转。在3号高炉大修改造中，他编写大修方案，筹备大修材料备件，制作大修预算，参与鼓风机站静叶改造（由12级改为13级）项目的施工筹备工作。2014年，公司计划对1号高炉及2号高炉进行大修工作，为保证高炉按照计划大修，他坚持全程参与，积极配合工艺对高炉进行灌浆，为1号高炉大修的顺利进行奠定了基础。

“这次被评为全国劳动模范，其实也没啥可讲的，感谢建龙给了我成长的平台。”[①] 黑龙江建龙炼铁厂副厂长赵金国，用他朴实的话语述说着对炼铁事业的执着与热爱，平凡中，透露着一种奉献的精神。从参加工作以来，不论干什么工作，不论职务如何变换，不变的是他总以满腔的热情投入到工作中去，用他的话来表述就是：“工作中有些事情看似自己付出得多，但其实学到和得到的东西更多，不能怕吃苦、有付出就会有回报”[②]。

赵金国勤奋好学、踏实肯干，很快便在工作中崭露头角。2006年11月，他担任了炼铁厂点检作业长，负责全厂电气、仪表、机械、液压、自动化等设备的管理工作。2007年5月，他直接参与2号炉的施工建设，出色地完成了2号高炉的施工任务。2008年4月，炼铁1号高炉开始施工建设，他充分发挥自己的专业特长，结合2号、3号高炉施工中的先进经验，扬长避短，对炉顶装料设备进行合理改造，从设备的选型、订货、安装到

① 王喜双：《全国劳模、黑龙江建龙炼铁厂副厂长赵金国》，中国钢铁新闻网，http://www.csteelnews.com/special/1204/1213/201504/t20150430_281798.html，最后访问日期：2018年7月10日。

② 王喜双：《全国劳模、黑龙江建龙炼铁厂副厂长赵金国》，中国钢铁新闻网，http://www.csteelnews.com/special/1204/1213/201504/t20150430_281798.html，最后访问日期：2018年7月10日。

调试都亲力亲为。8月，1号高炉顺利投产，黑龙江建龙年产200万吨项目顺利实施。

2011年，炼铁厂进入冶炼钒钛矿的崭新局面。由于烧结矿低温还原粉化率高，会大大降低高炉透气性，对炉况顺行极为不利。对此，赵金国积极向兄弟单位学习，引进了向烧结矿均匀喷洒氯化钙的方式，并亲自联系氯化钙的采购计划。功夫不负有心人，截至2011年6月，钒钛矿冶炼渐渐步入正轨。

2012年1月，因为出色的工作业绩，赵金国被任命为炼铁厂副厂长，主抓全厂的设备管理工作。责任当前，他不断挑战自我，在繁重的工作之余，坚持参加东北大学举办的在线教育学习，通过刻苦攻读取得了机械自动化专业的毕业证书。

多年来的炼铁工作让赵金国深刻认识到：技术创新是企业克服生产困难、实现经营目标的有效途径，也是企业实现可持续发展的必经之路。

在工作中，赵金国大胆创新，积极组织技术攻关，大胆推出了一系列改革举措，获得了显著成效。他主抓的《2号高炉主卷扬改造》《2号高炉冲渣道改造》《3号高炉泥炮备用阀台改造》项目分别荣获公司2008年科技项目三等奖。这三项重要技术改革项目，不仅提高了设备的使用寿命，提升了机械运转的安全系数，而且也为高炉的生产顺行打下了坚实的基础。同时，他还针对现场设备缺陷问题，大胆提出整改，先后完成大小整改项目54项，弥补了设备运行中的不足，为设备稳定运行提供了有力保障。

2015年2月，由于公司进口的伊朗块矿中含有大量矿粉，需要筛分以满足生产需要，赵金国结合现场实际情况，提出了自己动手制作滚筛的大胆尝试。经过一个多月的努力，滚筛制作完成并一次试产成功，此项工作的顺利完成，不仅为公司节约了购买筛分设备的资金，而且还提升了点检员自己动手解决问题的能力，在创新和改良设备方面迈出了一大步。

在管理工作中，赵金国努力探索适合本厂基础管理工作的新模式、新方法、新途径，提高全员综合素质，打造过硬队伍。多年来，他以忘我的工作热情和兢兢业业的工作态度感染着身边的每一个人。同时，他也要求团队各专业人员必须要做到互补、互助、互励、互动。

在赵金国的影响和带领下，作业区的工友们发挥团队凝聚力，为企业的繁荣和发展贡献力量。在平日工作中，他不断提高自身管理水平和专业知识技能，强化设备的日常点检和维护保养工作，全面推行设备综合管理，组织各岗位合理使用、精心维护设备，对生产中出现的设备难题组织技术攻关，对不合理的设备组织技改，对设备操作人员、专检人员组织培训，使炼铁厂的点检工作实现了质的飞跃。在他的带领下，炼铁厂全年休风率从2009年的6.9%下降到目前的2.47%，并且实现了在东北严寒地区－30℃以下的低温环境下，炼铁设备正常运转，未因设备因素影响休风的良好成绩。

素质是立身之基，技能是立业之本。广大劳动群众要勤于学习，学文化、学科学、学技能、学各方面知识，不断提高综合素质，练就过硬本领。要立足岗位学，向师傅学，向同事学，向书本学，向实践学。三百六十行，行行出状元。

毛泽东曾经指出："社会主义制度的建立给我们开辟了一条到达理想境界的道路，而理想境界的实现还要靠我们的辛勤劳动。"① "社会的财富是工人、农民和劳动知识分子自己创造的。"② 每一个时期的劳模都具有不同的内容和特点，但他们都有一个共同点，那就是主人翁的责任感和艰苦创业精神，忘我的劳动热情和无私的奉献精神，良好的职业道德和爱岗敬业精神。赵金国亲历了黑龙江建龙炼铁厂发展壮大的全过程，而黑龙江建龙也见证了他兢兢业业、履责尽职的艰辛，见证了他对炼铁事业执着的坚守和勇气，见证了他精彩的钢铁人生。如今，赵金国正满怀信心地带领着他的队伍，为企业的创新发展贡献着他们的激情和力量，不断书写着一份份精彩的人生奋斗篇章！

编辑：李正鸿　王慧

## 刁晓峰

刁晓峰，男，汉族，1964年8月出生，中国共产党党员，中专学历，1983年10月参加工作，现任国家电网黑龙江省电力有限公司黑河供电公司

---

① 《毛泽东文集》第7卷，人民出版社，1999，第226页。

② 《建国以来重要文献选编》第7册，中央文献出版社，1993，第201页。

检修班班长。他曾获黑龙江省创新科技成果奖、黑龙江省机电协会专业论文二等奖。2012 年他被评为黑龙江省电力公司特等劳动模范，2013 年成为黑龙江省“五一劳动奖章”获得者、省电力公司科技创新先进典型人物，2014 年被评为国家电网公司劳动模范，2015 年被评为全国劳动模范。

刁晓峰作为国家电网黑龙江省电力有限公司黑河供电公司检修班班长、高级技师，从事变电检修工作 30 多年，发现消除设备重大隐患百余起，避免了重大经济损失。他数次完成黑河机场等要害部分的供电抢险任务，以精湛的技术、专业的素养为黑河社会经济发展保驾护航。将现代科技与变电检修紧密结合，他研制了“小型组合式”龙门吊，“波纹式金属膨胀器补油”专用工具，2010 年获得国家专利，为设备检修节省了费用，提高了劳动效率，目前已经取得国家专利四项，在审专利三项，他撰写的《变电设备检修创新与实践》等多篇论文已获得奖励。

他虽已经年过半百，却依然能看出他军人的底色和篮球运动员的风采。他把军人的责任感融入变电检修工作，实现了复转军人到全省变电专业优秀人才、全国劳动模范的华丽转身。有一次，一位老大爷的电表被偷了，家里没有电，导致家中孙女不能正常写作业。刁晓峰得知情况之后，耐心协助老大爷填写信息，看到老大爷腿脚不好，就申请先去安装电表再收费。可是当他看到老大爷家中潦倒的情况时，他默默地做了一个决定——自己掏腰包免费帮老大爷安装电表，他的行为感染了单位的所有人，他们都加入了帮助老大爷的队伍中来。刁晓峰说，人心换人心，只有真心，才可以换来真心。

当“科技发明”“专利”这样的字眼对于普通人来说还很神秘的时候，他已在枯燥的工作中推开了专利发明世界的小窗，让人们看到科技创新、专利发明世界的繁与简、苦与乐。因为热爱，他扎根变电专业多年，攻克了无数技术难关，因为责任，他潜心钻研业务，凭借丰富经验发明了四项专利，填补了国家技术空白。

刁晓峰从事变电检修工作 30 多年，在心爱的变电检修工作岗位上度过了最好的年华，见证了变电设备、变电技术的不断升级。他潜心钻研变电检修技术，对每一台变电设备的原理、参数和健康状况都了如指掌，他在专业竞赛中屡创佳绩，成为变电检修专业名副其实的专家和检修技术带头人。

他担任新建的 220kV 多宝山变电站变电班班长期间，由于偏远，每次值班通勤路程320公里，值班8天。他常常是四五个月不回一次远在黑河的家。他的工作大大缓解了运行值班压力，保证新站各项工作顺利运行。2012年7月12日，多宝山变电站新建SVC无功补偿装置投运期间发生动力电缆放电击穿事件，多亏刁晓峰及时发现，及时停运SVC设备，才制止了电缆沟电缆着火事故的发生，为国家挽回了巨大的经济损失。

2012年夏季，110kV克东变主变散热器截门漏油无法消除，已经列计划进行放油处理，但要动用很多人力、物力，停电时间长，会给社会生产和群众生活带来很大损失和诸多不便。刁晓峰来到检修现场后，没有盲目地拆解设备，而是仔细观察、科学分析故障原因。在做出准确判断后，在没有停电的情况下他果断处理，只用了一个小时就解决了截门漏油问题。

军人出身的刁晓峰，发扬其勇于担当、不怕吃苦的精神，在工作现场遇到作业难题，一般人会选择绕道而行，或是等待专业支持，而刁晓峰一遇到技术难题，就利用多年所学，将现代科技知识与变电检修实践紧密结合，研制一系列新型专业的工具和设备，为国家填补了多项电器设备检修专业空白。他以高度的责任感和丰富的经验研制了“小型龙门吊”专用检修工具、“波纹式金属膨胀器补油”专用工具、“碟形阀门渗漏油”专用工具和液压操动机构防慢分卡件四项国家专利，极大地提高了电气设备的工作可靠性，提高了检修工作效率。

变电站的电流、电压互感器，由于多年的取油样试验和本身的渗漏，造成运行的互感器缺油，设备长期在缺油的状态下运行会造成线圈绝缘劣化从而导致设备事故，以往互感器补油工作繁琐，消耗人力多，工作效率低。刁晓峰经过反复研究实验，研制了“波纹式金属膨胀器补油”专用工具，现场应用大大提高了工作效率，2个人4小时就可以完成20台波纹膨胀器的互感器补油工作，省时省力，节省了大量检修经费，提高工作效率10倍以上。这些发明成果的应用，为国家节省检修费用数百万元。他主持QC小组开展科技创新和技术攻关，攻克了多宝山变电站出于设计原因电容器经常损坏的难题，采用加固悬浮硬母排的方法，彻底解决了设备外力损坏问题，保证设备健康运行。2013年，他寻找设备频发故障原因，研制出处理主变蝶形阀门渗漏油的专用工具——SW6开关防慢分卡键再获国家专利。他结合设备原理研发解决主变低压侧套管在北方经常出现断裂的科技项目，目前已经逐步推广，为主设备健康运行奠定了坚实基础。

即使拥有了国家电网公司劳动模范、黑龙江省五一劳动奖章的荣誉，刁晓峰依然有一颗努力钻研的心。他在日常的生产工作中总是身先士卒、冲锋在前，为年轻职工传播着正能量。他深深懂得不学习就要落后这个道理，由于设备更新频繁，他总是默默钻研新设备原理。他毫不保留地把自己的技术、技巧与大家分享，每年生产工作结束后，他都将全年处理的设备故障原因与结果编制成冬训教案，耐心细致地讲解给年轻的检修人员。2012 年，他率领的检修队伍获得“黑龙江省工人先锋号”称号。

新的形势赋予新的任务。2014 年，黑河供电公司劳模创新工作室正式挂牌，刁晓峰率领他的检修队伍，注重培养思想道德素养，提升业务技能水平，不断探索新技术、新工艺、新方法，在技术创新、管理创新中解决生产实际难题，实现成果转化。他绘制了清晰的创新工作流程图和路线图，将自己在工作中的创新思维、工作方法通过“传、帮、带”的方式传授给身边的同事，并用“创新成果”鼓舞和激励更多的人投入“科技创新”活动，让创新工作室成为解决企业发展技术难题、培养变电检修专业后备人才的摇篮，并为北疆边陲的电力事业做出了很大的贡献。

也许有人说作为劳模他可能心里装的都是工作，亲情会有缺失，然而，他对亲人的牵挂一点不比其他人少。提起自己的女儿小时候坐在他的肚子上撒娇的情景，这个年过半百的男人眉宇间流露出幸福的笑容。有时在紧张的工作之余，他会拿起电话询问女儿的学习生活情况。从女儿出生到现在，他陪在女儿身边的时间真是太少太少，还有妻子，自己常年在外，家庭里里外外的操劳都是妻子承担，自己却分担得太少，他常说亏欠家人太多。还有远在农村常年守在老家的父母，虽然通了动车，但一年到头自己也难回去陪陪老人家。

刁晓峰的服务奉献精神表明我国工人阶级要增强历史使命感和责任感，立足本职、胸怀全局，自觉把人生理想、家庭幸福融入国家富强、民族复兴的伟业之中，把个人梦与中国梦紧密联系在一起，始终以国家主人翁姿态为坚持和发展中国特色社会主义做出贡献。

编辑：李正鸿　王慧

## 伍晓林

伍晓林，男，1966年9月出生，高级工程师，博士学位，大庆油田研究院总工程师，所学专业为发酵工程，擅长专业及领域为三次采油、油田开发，曾任大庆油田研究院采收率研究二室副主任。作为油田公司地区级专家，勘探开发研究院总工程师，伍晓林先后获国家发明专利8项、集团公司科技创新和技术进步奖4项、油田公司科技创新奖10项，发表相关的学术论文30多篇，曾获全国青年岗位能手、全国化工优秀科技工作者、集团公司劳动模范等称号。4月28日，2015年庆祝“五一”国际劳动节暨表彰全国劳动模范和先进工作者大会在北京召开，2968名全国劳动模范和全国先进工作者接受表彰。勘探开发研究院总工程师伍晓林作为以全国劳动模范身份参加会议的两名大庆油田代表之一，代表大庆油田全体干部员工接受党和国家对劳动者的最高礼赞。

“自主创新·永不停步”。创新是科研的生命，翻越的每一道“关卡”，都凝聚着智慧的光芒。创新是永不停息的脚步，攻克的每一个难关，都见证着广大科研工作者的汗水。在石油工业科研创新方面，伍晓林就是始终走在创新路上的那个人。多年来，他带领攻关组，在三次采油技术领域挑战“瓶颈”、开拓创新，研制出具有自主知识产权的三采用国产表面活性剂，填补了国内空白，建立了表面活性剂与原油的匹配关系理论，研制出了具有自主知识产权的强碱表面活性剂产品，打破了对国外产品的依赖。他又相继研制出了性能优越的弱碱烷基苯磺酸盐表面活性剂产品和无碱表面活性剂中试产品，实现了复合驱化学剂成本降低30%以上。

在大庆油田，伍晓林是个不折不扣的名人。不管你走到油田哪里，随便问一个石油工人，伍晓林是谁，大家都能道出一二。有的工人说，伍晓林拒绝美国大公司的高薪聘请，坚持留在大庆油田做贡献；有的工人说，伍晓林和他的团队发明的表面活性剂价值连城，为大庆油田节省下巨额成本；还有的工人说，有不少国内私人老板愿意出几千万元让他给搞个配方，或是请他指点一下，但都碰了钉子。事实上，他们说的都没错，大庆油田能够大幅度提高原油采收率，连续稳产高产，伍晓林和他的团队功不可没。

伍晓林是地道的安徽人，来到大庆油田工作纯属阴差阳错、误打误撞。

伍晓林家里面兄弟姐妹 7 个，他最小。伍晓林从小就爱学习，也学得好，但是由于家里穷，上完初中后他就想辍学出去干活挣钱，贴补家用。去哪里干活呢？伍晓林想到了远在黑龙江的大哥。伍晓林的大哥毕业于安徽农学院，毕业后分配到了黑龙江省亚布力农场工作。伍晓林将自己的想法与大哥商量，大哥说："那你来吧，我给你找活干"。眼看着马上就能挣钱养家，可把伍晓林乐坏了。可一见到大哥，听过情况，伍晓林就傻眼了。原来，大哥知道伍晓林已经辍学，就非常担心，他想让这个最年幼的弟弟回到学校继续读书，可怎么劝都不管用，无奈之下使出了"骗"招。第二天伍晓林只好背着大哥给他准备好的书包和课本，来到亚布力农场子弟中学继续读高中。

可是农场子弟高中的教学质量很差，甚至从来没有出过一个大学生，伍晓林很沮丧，原先辍学的念头又悄悄地萌生了。看到弟弟整天无精打采，大哥就安慰伍晓林道："我不是非要你上大学，但是你必须要读完高中，不然你以后怎么做事。再说，农场子弟中学以前没出过大学生，不代表以后出不了大学生啊"。听了这番教导，伍晓林终于明白了大哥的良苦用心。他告诉自己，一定要努力考上大学，成为农场子弟中学的第一个大学生。为了这个目标，他自学了全部的高中课程。三年后，也就是 1984 年，伍晓林终于实现了自己的目标，考上了齐齐哈尔轻工业学院。

回想大哥的恩情，伍晓林很感慨，他说若不是大哥的倾力帮助，自己就上不了大学，更不可能发明出那么多的技术。由于对黑土地感情很深，大哥退休后没回老家，就在当地定居生活。伍晓琳认为自己对大庆油田多出一分力，多发明一项技术，就是对大哥良苦用心最好的回报。

表面活性剂是什么？用专业术语来说就是具有固定的亲水亲油基团，在溶液的表面能定向排列，并能使表面张力显著下降的物质。听起来可能很深奥，有一定难度，其实这种物质就是用来提高原油采收率的关键物质。这东西值得人们为它付出那么多吗？值！

细说起来，表面活性剂的来头可不小，从大庆油田的宏观发展战略着眼，未来三五年即将大规模工业化应用的三元复合驱油技术中，表面活性剂是最为关键的一部分。可以毫不夸张地说，表面活性剂研制的成功与否，影响着大庆油田能否实现可持续发展的目标。为了这个神秘的东西，伍晓林和他的团队不知道在办公室里度过了多少个日日夜夜，这耗费了他十几年的青春与心血。

伍晓林在大学学的专业是工艺分析，和表面活性剂并没有直接关联，真正让他下决心花费一辈子心血也要把表面活性剂研制出来，得益于一次讲座。这还得从伍晓林的大学说起，在大学三年级的时候，伍晓林很钦佩的一位国内知名的表面活性剂专家来到齐齐哈尔轻工业学院做了一次报告，这位专家就是夏纪鼎先生，而伍晓林则是台下的听众之一。这次报告对年轻的伍晓林触动很大，特别是那句“表面活性剂是工业的味精”更是强烈地震动了台下的伍晓林，他由此真正认识到了表面活性剂的重要作用，从此下定决心，要考研究生，将研究表面活性剂作为自己的事业与目标。

伍晓林为什么要考研究生？不为别的，一是换学校换专业，二是要拜师夏纪鼎先生。在他看来，不具备这两个条件，离他研究表面活性剂的目标就差了十万八千里。为了理想，伍晓林认定“死理”，钻了“牛角尖”，咬定青山不放松，下定决心要成为夏纪鼎先生的学生。不幸的是，在考研的关键时刻，父亲去世了，突如其来的噩耗让伍晓林一下子蒙了，整日脑子里一片茫然，根本无心复习。就这样，大学毕业后他被分配到一家化工厂工作。然而伍晓林从没有放弃努力，始终坚持学习，终于在4年后实现了梦想，考入了无锡轻工业学院。这一年，伍晓林24岁。

伍晓林坦言，在研究生3年的学习中，最幸运的是他有机会参加夏纪鼎先生承接的一个研究表面活性剂的国家级大项目，这为他以后在表面活性剂的研究上取得突破性成果，打下了良好的基础。

1994年，伍晓林研究生毕业了。这时候，他面临着两个选择：一个是到宝洁公司工作，对方向他承诺了车、房等优厚待遇；另一个就是回大庆油田，从头干起。孰优孰劣不言而喻，可令人惊讶的是，伍晓林选择了后者。他说，放着宝洁公司这样让人羡慕的工作不干，偏偏选择了回大庆油田的原因是，从当时国内化妆品的角度讲，表面活性剂的研究已经饱和了，自己学的东西在宝洁公司得不到运用，而在国内油田的原油采收上，表面活性剂的研制还是一片空白，回大庆油田工作，一定能够大展拳脚，做出一番事业来。

话说得轻巧，真做起事情来哪有那么容易。不说别的，就凭伍晓林当时的资历，大家对于他的信任度与支持度并不高。伍晓林所在的采收率实验室的老专家，也好心地劝伍晓林，你搞什么不好，非要搞表面活性剂，这东西已经被外国专家掌握了，你就是再聪明，也不可能超过人家，还不如趁着年轻，研究点别的，兴许能够早出一些成果。这位老专家说的没错，当时表面活性剂的配方被美国人掌握着，而对于大庆油田来说，还是一片空白，要想从头干起，实现表面活性剂的自主研发，使其完全国产化，看上去前途很渺茫。

伍晓林不相信这个研究没有结果，非要憋着一股劲干出个样子来。这跟他出国参加一次国际学术会议的经历分不开。在那次会议上，伍晓林很诚恳地向美国的一位专家请教问题，可人家根本不搭理他，还扬言，要生产出与他们品质一样的表面活性剂比登天还难。伍晓林很生气，可静下来一想，表面活性剂的生产是世界性的难题，你说生产就生产？更何况自己只是一个籍籍无名的青年科技工作者，人家傲慢也有人家的道理。但是，这次不愉快的经历却狠狠地激发了伍晓林的斗志，他发誓，外国人能做到的，我一定能做到，而且要做得更好。

然而困难是客观存在的。没有实验室，没有科研团队，没有经费……怎么办？办法总比困难多。伍晓林想出的办法是，利用大家下班后和休息日这些零零碎碎的时间，见缝插针，一个人在实验室里摸索，这一来，就是3年。功夫不负有心人，表面活性剂的密码最终真让他给破译了，表面活性剂终于实现了完全自主国产。

这不禁使不少国内权威专家和集团高层决策者产生了疑问。国外的表面活性剂质量好，品质有保证，可价格特别贵，若投入使用，成本则势必居高不下，划不来。伍晓林生产的倒是便宜，可品质咋样？谁心里都没底，希望不要为了节省成本，毁了大庆油田。权威专家投来了怀疑的目光，领导决策者左右为难，用还是不用？大家的思想在激烈地斗争着……

怎么办？集团领导决定召开一次研讨会议，请大家开诚布公地谈谈，看看我们自己生产的表面活性剂到底能不能用。伍晓林一下子被推到了风口浪尖，自己的产品是死是活，就看这回的表现了。他详细地分析了国产表面活性剂的特点，描述了这个产品在油田推广应用后的光明前景。同时也坦言，投入使用确实存在一定风险。会场内，与会人员明确地分成了两派，甚至主张用国外产品的意见还一度占据了上风。关键时刻，主持会议的苏树林同志果断拍板，核心技术必须自己掌握，就用我们自己生产的表面活性剂！这次会议对国产表面活性剂的推广应用起到了异常关键的作用。打那以后，集团各级领导统一思想，全力支持，要钱给钱，要人给人。没有原料怎么办？中石油的领导亲自出面协调，再难、再缺，也要保证伍晓林的实验顺利进行。

实践证明，我们自己生产的表面活性剂远远领先于世界水平，不仅品质比国外高，而且价钱还便宜很多，真正是物美价廉。这项技术为降低原油采收成本、大幅度提高原油采收率、实现大庆油田稳产增产，做出了突出贡献。

伍晓林成名了，这是意料中的事情，单凭他为大庆油田做的贡献，任何荣誉放在他身上都不过分。事实上，伍晓林也的确获得了很多大奖，多项荣誉加身，鲜花纷至沓来。胡锦涛来大庆油田视察，他担任解说，赢得了一片喝彩。2009年习近平来大庆油田视察，还是伍晓林担任解说，受到了高度赞扬。这些荣誉，这些经历，在外人看来很耀眼，完全可以躺着吃老本了，但伍晓林始终很清醒，很淡定，依旧保持着那份胜不骄败不馁的从容和真诚。有人问他，你放弃了国外的高薪工作，又拒绝了国内大老板几千万元的诱惑，不遗憾吗？他望着窗外，很平和地说："我不是没有想过，但我是始终把事业放在第一位的人，只有在事业上取得成功才能实现我人生的价值，我才有归属感。而这，是国外大公司和国内私人企业根本给不了我的"。

国外公司只是一味榨取经济利益，生产什么完全视市场而定，表面活性剂的应用一旦饱和或者市场不是很需要的时候，他们必然会放弃研究。国内老板也是如此，哪里的舞台能有大庆这么宽广。留在大庆看似"傻"，其实正是大庆油田包括中石油的领导给了他一个充分施展才华的广阔天地。在这里，有领导上上下下、方方面面的支持和信任，有和谐进取的科研团队，有充足的经费保障，更为重要的是能够亲眼看到自己研究出来的成果得到推广应用，并产生巨大效益，那种幸福、那种满足是难以形容的。他说，自己虽然不富有，但比任何千万富翁还富有。因为，是大庆油田为他提供了最宝贵的舞台，让他实现了人生的价值。对他而言，还有什么比这更好的呢？

大庆，一个火热的名字，一个生产劳模的基地。作为意气风发的大庆人，伍晓林及其团队正高举铁人精神、大庆精神、劳模精神的旗帜，向着“百年油田”“百年企业”的目标进发，在“发扬我国工人阶级的伟大品格，用先进思想、模范行动影响和带动全社会，不断为中国精神注入新能量”，他们“始终做弘扬中国精神的楷模”，“始终做凝聚中国力量的中坚”。他们始终是“我国工人阶级中一个闪光的群体，享有崇高声誉，备受人民尊敬。”

编辑：李正鸿　王慧

## 吕娟娟

吕娟娟，女，汉族，1965 年 9 月出生，大学本科学历，现任大庆实验中学教师，英语特级教师。从教 30 多年来，她是英才班班主任、外语教研室主任、领军教师，不仅桃李满天下，获得无数的荣誉，并且教学科研成就硕果累累。她获得的荣誉如下：2012 年黑龙江省劳动模范，2010 年、2013 年两届黑龙江省师德先进个人，2011 年首届全国中小学外语教师名师，首届全国中小学外语教师教学能手，2001 年黑龙江省教学能手，2003 年黑龙江省教学改革先进个人，2011 年大庆市劳动模范，2012 年大庆市教育系统师德标兵，大庆市十大巾帼名师，2013 年大庆市学科带头人，2006 年大庆市优秀教师，2007 年市三育人先进个人，2010 年大庆市骨干教师，1998 年、2000 年、2003 年连续三届市级骨干教师，2002 年市教育系统学科带头人，2010 年大庆市教育科研骨干，2011 年、2012 年大庆市教育科研先进个人。2015 年吕娟娟被评为全国先进工作者。

从教多年来，她担任班主任大约 25 年，在教学第一线的平凡工作中，她总结出教育教学“五字诀”，德、爱、严、赏、活，以德正其心、以爱动其情、以严导其行、以赏激其能、以活促发展，形成了独特的教育风格。在 2006 年、2009 年、2012 年三届班级中，她所教学生全部考入重点大学，其中 52 人考入清华、北大和香港大学。她曾远赴加拿大学习，并总结出高中英语教学五大课型教学模式，在市、省及全国多个地区推广。她共荣获国家、省级公开课比赛特等、一等奖 19 次；主持完成国家、省级课题 6 项，主持在研国家、省、市级课题3项；撰写教学专著1部，主编教学论著7部，发表论文42篇；在省、市骨干教师培训中做讲座13次。作为外研社跨省“教材培训”专家、省教育学会理事、省中小学教辅材料评议专家库候选人、省视频课例知识代码编制研究项目专家、市重点学科团队带头人、市名师工作室主持人、市兼职教研员，她充分发挥辐射带头作用，引领省、市英语教学工作。

“教育中不能没有爱，就像大海里不能没有水一样。”这是她自1987年本科毕业，走上讲台的第一天起就铭记的一句话。多年来，她一直以一颗真挚的爱心，从事着她热爱的教育事业。她希望以涓涓智慧之流，滋润课堂上求知若渴的心灵；以涓涓暖流，濡养教室里活泼的生命；让自己涓涓流淌的生命在丰盈的黑土地、教育的百花园中映射太阳的光辉，闪耀理想的光芒！

从登上讲台的那天起，她就恪守“躬身敬业，教书育人”的原则，始终把提高自身的素质放在首位。她曾远赴加拿大UBC大学培训学习，开阔了视野，更新了理念。吕娟娟在教学工作中充分体现新课程的教学思想，将“模块化”作为组织教学、实施评价的依据；运用学生主体性的课堂模式，采用自主性的学习方式，引领指导学生进行自助式、体验式、探究式、生成式的学习方法；确定“三维”的教学目标，使知识与技能、过程与方法、情感态度价值观成为新课程教学关注生命、关注人的出发点和衡量标准。在不断学习、尝试、探索中，她汇聚二十六年的教学经验，梳理对新课程的理解，总结出“高中英语教学五大课型的教学模式”，并撰写了《新课标高中英语不同课型教学设计》一书。

扎实的专业功底、不懈的刻苦钻研精神，使得她有足够的实力与勇气承担国家、省、市组织的各级各类公开课教学、教师技能比赛，并在比赛中充分落实教改精神，展示自身素质和才能。她曾荣获国家级比赛一等奖7次，省级特等奖、一等奖8次，市级特等奖、一等奖6次，连年获得全国中学生英语竞赛优秀辅导教师。

在教学、科研过程中她不断总结经验，积极撰写教研论文。近五年主编、副主编6本教学辅导及参考书籍；英语教学专著《新课标高中英语不同课型教学设计》于2013年5月由黑龙江省教育出版社出版，《高三英语复习中如何有效地利用顺序选修教材资源》等35篇论文发表在《中学外语教与学》《中学生英语》《基础英语教育》等国家、省级刊物上，4篇论文发表在国家级英语专业报纸《英语周报》上。

她认为，一位优秀的教师应该是一个具有教学魅力的人，而一位成功的优秀教师首先应该是心理学家。一个老师的魅力不仅仅是她的课讲得精彩，更因为她对学生有着春风一般的温暖和热情，像慈母般悉心照料。教师自己首先是一个心理学工作者，自己的工作就是为学生的未来直至终身的完善发展奠定一个早期心理基础——这是具有决定性的人生基础，应该让学生拥有终身幸福的精神生活。怎样用自己的心灵，把那些单调、繁杂、琐碎、冗忙，常常难以把握、易出错误的工作，化作美好、理想和崇高？这是她在工作中始终思考探索的问题，也是她的工作目标。

她拥有一群群可爱的孩子，她和她的学生用青春、梦想与生命塑造了太多的教育故事……

她任课的班级里有一位女同学患有心理疾病，但心理问题的解决需要一个过程。刚治疗时，女生的病情几度反复，但想到自己身为教师的职责、想到家长的期待和孩子的未来时，她便鼓励女生坚持下去。也许是积极治疗的作用，也许是女生意志的坚定，也许就是我们的付出感动了上苍，女生的病终于明显好转了，而且渐渐地不再反复。转眼，高考临近，所有人都说女生像换了一个人，是那样的阳光健康。这时，女生家长在感激之余提出了一个请求：“孩子将来的路还很长，也许还需要吕老师的引导，就认孩子作女儿吧！”她欣然应允，她知道，从踏入自己这个班级起，每一个孩子的命运便与自己息息相关，她愿意履践一位慈母的义务，为他们的一生护航。

教育是一门艺术。如果说科学是基石，爱就是让这门艺术境界高远的翼下之风。当老师为学生们描绘出未来的愿景时，孩子们便会翱翔在广阔的天地。

她以自己积极执着、豁达开阔的胸怀拥抱着所有属于她的孩子，而那一颗颗纯净的心灵同样以自己的诚挚和成就回馈了她，让她这许多年来尽管辛苦但依然无悔，涓滴成海。孩子们的感恩之心、奋进之意汇聚成幸福的洪流。她知道，她是以爱为源流淌出自己生命的姿态。她幸福，在她的生命走过之处，有夹岸桃花，有擎天栋梁。

从教三十多年来，她始终是在全省知名的重点高中任教，所带的班级都是学校最好的班级，所教的学生是大家公认的最优秀的群体。通过多年教学及对优等生存在的心理问题的关注和探析，她发现优等生除了具有学生的普通的心理特征以外，还有其特殊之处，如自傲心理、自卑心理、虚荣心理、缺乏自信、好胜心理、恐惧心理等。针对这些情况，她总结出了帮助优等生克服消极心理的“五字诀”，即“德”“爱”“严”“赏”“活”：以德正其心——健康和谐人格品质，以爱动其情——关照美好情感，以严导其行——端正竞争观念，以赏激其能——挖掘特质潜能，以活促发展——纠正偏执通达人生。在悉心的教育引导之下，学生们个性发展得更为平和，对自我的认识更加清醒，而奋斗竞争意识更为理性。

“小溪只能泛起小小的浪花，大海才能迸发出惊涛骇浪。”一个人，只有置身于一个强大的集体，才能发挥更大的作用；一个带头人，只有打造出一支强有力的队伍才能彰显其价值！基于这种认识，她自担任英语教研室主任以来便注重队伍建设、团队发展。在与同事们的相处交流之中，她充分认识到要做好团队领军人物，必须以学识魅力和人格力量影响大家，以身作则，以自己的工作目标和态度树立起核心的价值导向。同时她充分了解同事们的个性与教学专长，积极调动每一个人发挥优势；建立互助合作的良性发展模式，促进整体教育教学水平的提升。经过大家的努力，团队的工作成绩斐然。今天吕娟娟带领的团队正在扬帆远航，引领着学生遨游在知识的海洋里。

编辑者：李正鸿　王慧

## 孙　杰

孙杰，男，汉族，1962年12月出生，中国共产党党员，现为黑龙江大庆公安局铁人分局社区警务一大队民警，主任科员。他自1981年参加公安工作以来，扎根基层36年，时刻牢记全心全意为人民服务的宗旨，用忠诚匡扶正义，用服务赢得民心，用爱心融化坚冰，用坚守保持本色，在平凡的岗位上做出了不平凡的业绩，先后荣获全国公安机关爱民模范、黑龙江省优秀人民警察、全省我最喜爱十大人民警察提名奖、全省最佳社区民警、大庆市道德模范、大庆市劳动模范等荣誉50余项，并在2015年获得全国先进工作者荣誉称号。

孙杰工作以来屡破陈年积案，抓获网上逃犯32名，包括3名外省潜逃10年以上的命案逃犯。孙杰进千家门、认千家人、熟千家情、知千家事，号称“百问不倒”，片区居民他全熟悉，谁家窗户上贴着出租，谁家又搬进了新人他必第一个到，他视片区的孤寡老人为自己的父母，悉心照顾。2007年，在信息化学习中，45岁的他从拼音学起，自费报电脑班，提高打字速度，录入常住人口信息和流动人口信息1万多条。

从警三十多年来，孙杰扎根社区、服务群众，淡泊名利、真心为民，以社区为家，认百姓为亲，与群众建立了血浓于水的深厚感情，用朴实的行动赢得了群众的拥戴，树立了人民警察的良好形象，被群众亲切地称为好人、亲人和能人。2010年3月24日，孙杰作为“全国爱民实践模范”代表在人民大会堂受到了胡锦涛、温家宝、李长春等党和国家领导人的亲切接见。2010年10月22日，中共大庆市公安局委员会做出《关于向孙杰同志学习的决定》。其先进事迹先后在大庆电视台、《大庆日报》、大庆网、新华网、东北网等媒体上宣传报道。

孙杰参加公安工作后，先在公交分局客运派出所和站前刑警队工作了四年，1985年3月，他被调到萨尔图分局团结派出所当外勤民警，2005年公安改革后他在铁人分局任社区民警。从1985年开始，孙杰一直负责团结社区工作。团结社区是大庆第一批兴建的敞开式社区，配套设施比较落后，随着新型社区的不断建设，很多居民相继搬离，闲置房屋大多对外出租，在油田总医院、大庆卫校附近做小买卖的都选择在此租住，流动人口多、出租房屋多，安全防范难度大。为了做好实有人口管理工作，孙杰在多年工作中养成了腿勤、眼勤、嘴勤、手勤的习惯，平时下社区坚持多看、多问、多打听，发现新情况顺手记下来。熟悉孙杰的同事都知道，他天天下社区，很少坐在办公室，对人口管理工作十分熟悉，团结社区的事情不用查电脑，有的事情查电脑也查不到，问孙杰就能知道情况，他就是“活电脑”。

2010年1月31日下午，居民李彦杰家因小区停水忘关水龙头，来水时家里没人，水大量渗到了楼下李铁军家，李铁军家刚装修完3天，这种事放在谁身上也受不了，一时间，楼上楼下发生了激烈争执，李铁军甚至手持尖刀相威胁，并扬言“不整明白没完”。孙杰知道情况后，主动把双方找到办公室说和了好几次，反复讲冤家宜解不宜结、远亲不如近邻等通俗易懂的道理，经过反复沟通，赢得了双方的信任和理解。

孙杰不仅是工作上很拼的警察，也是经得住考验的警察。个别案件的当事人有着很强的经济实力和复杂的社会关系，与他们打交道不仅需要有严谨的工作态度、饱满的工作热情，还须抵得住诱惑、抗得起高压。面对形形色色的诱惑和千丝万缕的关系网，孙杰一次次经受住了考验。

2011年，在全国公安机关开展的缉捕在逃人员的“清网行动”中，孙杰协助追捕一名涉税犯罪在逃人员，多次上门做其亲属的思想工作，敦促犯罪嫌疑人早日投案自首。其家属从行李包中拿出事先准备好的一沓人民币，塞到他手中，希望能够“法外开恩”。他当即严词拒绝，并对其进行教育，使其相信公安机关、相信法律政策，最终配合规劝在逃犯罪嫌疑人投案自首。两天后，该在逃人员在家属的陪同下主动投案并彻底交代了犯罪事实，案件得以顺利破获。

孙杰从小就接受“铁人精神”的教育鼓舞，铁人王进喜“宁可少活二十年，拼命也要拿下大油田”的革命干劲，激励着他不畏困难、不怕吃苦、甘于奉献。孙杰参加公安工作后，在“铁人精神——大庆公安永远的旗帜”的感召下，努力践行“忠诚、奉献、务实、创新”的大庆公安精神，恪守“责任、效率、质量、荣誉”的全警岗位理念，逐步成长为一名新时期的“铁人式”公安民警。他的成长同样离不开家庭的教育熏陶，孙杰的父亲曾是全省政法界的标兵，老人家经常教导孙杰：“你文化程度不高，不要想着当官，能踏踏实实为老百姓做点事就行了”。

孙杰对别人的事情做得都很到位，对自己家的事情却出于工作的原因，做得很少。他的爱人出于工作原因，得了静脉曲张，有一年病情加重需要手术，当时家里人除了孙杰全都在医院，孙杰却正在工作岗位上，爱人两个多小时的手术，他都不在身边，爱人住了一周的医院，他只是在手术后当天晚上十点多才匆忙赶去看了她一次，当时他爱人的弟弟十分不满意。在生活中因为工作，孙杰忽视了家人的事例还有很多很多。比如他的儿子在忙于装修婚房时，孙杰居然不知道儿子的婚房在哪儿。他对工作兢兢业业，把全部身心都投入到他热爱的岗位上，都放在为人民群众排忧解难的工作中。铁人分局局长李树文曾谈起孙杰，他说孙杰把半辈子都献给了工作，提起他辖区居民都会竖起大拇指，但对家人来说，他亏欠了太多太多。

在辖区居民心中，孙杰是个好警察，可在家人的眼里，他却是个永远为工作忙碌的人。从警30多年来，孙杰没陪家人外出旅游过，没陪妻子逛过街，就连全家人聚在一起吃顿完整团圆饭的次数都屈指可数。但他却是“15个老人心中共同的儿子”。孙杰是大庆警务改革中涌现出的优秀代表，是全市公安机关和谐警民关系建设的典范，“对群众温暖如春，对歹徒铁面无情”，在连续近10年的群众测评中，孙杰工作的社区，团结社区群众满意率均为100%，最近5年团结社区还被评为大庆市最平安社区。

在他身上体现出了一名共产党员“寒不改叶绿、暖不争花红”的优秀品质，彰显了人民警察“立警为公、执法为民”的公仆情怀，具有鲜明的时代特征。

是什么让他对工作如此坚守呢？孙杰认为，他和所有的警察一样，做的都是该做的事，尽了应尽的责，这份坚守源于对职业的“忠诚”，需要对岗位忠诚，尽职尽责。孙杰说，由于自己的工作性质，他大部分时间都在岗位上，家里的大小事情全靠他爱人一人。他动情地说：“选择了警察这份职业，就注定亏欠了家人，但所有的警察都在默默地奉献着，每个人都在舍小家顾大家。所以，我常说没有奉献精神是做不了警察的。”

编辑：李正鸿　王慧

## 毕　岩

毕岩，男，汉族，1967年2月出生，1992年毕业于北京大学，中国共产党党员，大学本科学历，现任中国联通大庆市分公司信息化服务中心技术主管，曾获得大庆市劳动模范、黑龙江省劳动模范、全国“五一劳动奖章”等荣誉，2015年他被评为全国劳动模范。

每当我们享受“五一”假期之际，每当我们使用快捷通畅的通信设备的时候，别忘记了“五一”国际劳动节的本质，别忘了我们的身边有千千万万的劳动者，他们为了我们每个人的幸福生活而努力工作着。中国联通，也有着这样可爱的一群人。毕岩就是2015年最高规格表彰中“网络劳模”的一员，他在平凡的岗位上，做出不平凡的业绩来。

2005年，大庆联通进行大规模管理流程再造，为推进工作的顺利进行，毕岩努力钻研，并经常与相关技术人员交流，最终开发出了功能完备的办公自动化系统，使企业的运行效率全面提高。该系统得到了全国同行的高度认可，并被其他分公司借鉴。2012年，“毕岩职工创新工作室”成立，在之后的两年左右，毕岩带领工作室数名成员，配合黑龙江联通BSS 4.2系统建设工程等大型项目开发，为公司解决技术难题15项，开发出“员工行为管理与数据分析系统”等企业管理信息化系统5项，有力地推动了企业的发展。

构建大庆信息港，提升城市文化品位。从1997年开始，之后的十年毕岩都坚守在对大庆市本地门户网站“大庆信息港”的建设和维护的岗位上。他还将168声讯平台与互联网结合起来开发了网上祝福、广电数字电视频道订购系统等，这些网站和应用系统不仅丰富了市民的文化生活，也促进了公司互联网接入业务的发展，为企业经营效益的提高做出了较大贡献。

建设办公自动化系统，支撑企业经营管理。2005年，大庆联通为规范企业管理，进行了大规模的管理流程再造工作。为配合这项工作，毕岩接过公司的重托，认真负责，废寝忘食，仅用了两个月的时间就开发出了功能完备的办公自动化系统，其核心功能就是网上流程审批。这套办公自动化系统全面提高了企业管理的运行效率，节约了成本，减少了企业的内耗。之后，此系统经过九年左右的多次完善升级，已经成为公司内部经营和管理的重要手段。该系统还得到了全省同行的高度认可，并被兄弟城市分公司所借鉴。

创办职工创新工作室，立足岗位搞创新。2012年，在市总工会的指导下，大庆联通创办了“毕岩职工创新工作室”。毕岩作为工作室的领军人物，充分发挥自己的技术专长，对工作室的成员进行业务上的传、帮、带，提高了成员们的技术水平。

毕岩连续21年工作在技术开发的岗位上，与其说他是企业技术创新的一个制胜法宝，不如说他就是大庆联通这个企业链条中不可或缺的螺丝钉，在企业的发展道路上闪耀着自身的光辉，照亮了企业勇往直前的进程。在信息化浪潮汹涌的时代，毕岩一定会乘风破浪，为企业、为社会创造更多、更大的价值。

想客户所想，急客户所急。每当面对客户的信号投诉，毕岩总会第一时间赶到现场，确定问题所在，并立即开展维修工作。有时可能遇到一些客户对维修工作不理解的情况，毕岩总是耐心地和客户进行沟通，尽最大努力、以最快速度把用户反馈的问题解决掉。

“作为联通公司的一名普通的员工，我的工作职责就是基站的日常运行和维护，我们所面临的情况就是我们二十四小时要随时待命，每当节假日的时候都是我们最忙的时候，我们要时刻保障我们负责区域的通信安全，用户的通信和宽带的正常。因为用户就是上帝，我们要把我们最好的服务去呈现出来，每当遇到这种情况，经过我们详细地处理，或者是跟用户慢慢地沟通，每当把这个问题解决掉了，说实话我们心里面有一种非常大的成就感。作为一名普通的一线员工，在以后的工作中，我也会更加严格地要求自己，努力提高自己的专业知识水平，为用户可以更好更快地解决一些投诉问题，为我们公司的发展去贡献自己最大的力量。”毕岩在一次员工座谈时这么说。

自参加工作以来，毕岩以严谨的工作态度、过硬的维护技能、全方位的优质服务，赢得了用户的高度认可，得到领导与同事们的一致好评。他用自己的实际行动证明，在平凡的岗位上也能做出不平凡的贡献。不管你在什么岗位，从事什么样的职业，凭着专注和坚守，就能让劳动这个简单的词语闪烁着动人的光辉，就能使劳模精神、工匠精神在中华大地上处处开花结果。

编辑：李正鸿　王慧

## 王友秋

王友秋，男，汉族，黑龙江安达人，1967 年 11 月出生，初中学历，1983 年 7 月参加工作，自 1992 年从事环卫工作至今，现任大庆高新管理有限公司市政保洁公司垃圾清运班班长，黑龙江省总工会兼职副主席。

他在环卫岗位上工作了 20 多年，他“自己脸不洗，也要让高新区脸面干净”，“用 23 年干好清运垃圾这一件事”①，他曾获得大庆市十佳美容师、黑

① 《环卫工王友秋：“自己脸不洗，也要让高新区脸面干净”》，大庆文化宣传网，http://www.dqdaily.com/xcwh/，2015 年 11 月 25 日，最后访问日期：2018 年 7 月 10 日。

龙江省“五一劳动奖章”、黑龙江省劳动模范、全国“五一劳动奖章”等荣誉，2015年他被评为全国劳动模范。

步入社会，走上工作岗位之初，王友秋和妻子经营着一个面包工厂，产品供应全市各大商场，销路很好，一度成为大庆的龙头企业。生意辉煌时他手下有六七十个员工，每天生产面包的面粉得用去40多袋，每天他手里经过的钱不下万元，如果继续当初的事业，今天的规模或许会更大。但是，挣钱并没有给他带来更大的快乐，1992年，王友秋萌生退意，他感觉疲惫了，想休息一段时间。

选择环卫做贡献。这时，由于他生意上出现了一些问题，王友秋解决完一次欠款纠纷后，他搬到现在的住宅——由于处于城乡结合地带，这里自建房比较多，而且卫生状况不太好。喜欢干净的他，每天早晨清扫自己家门口，他还义务把离家很远的街道也清扫得干干净净。这项工作他做得有声有色。一次，社区工作人员告诉他，你可以尝试下保洁工作，就这样，爱干净的王友秋穿上一身橘黄色环卫服，成为社区一名普通的保洁工。他爱岗敬业，工作上任劳任怨，不怕脏、不怕累，每天清晨5点准时到岗，扫完自己的任务区，有时候还帮助别的工友。再加上他深明大义，对人真诚，很快被选为保洁班长。在闲暇的时候，他得知同行中有一位在甘肃老家当了二十多年的村支书，就因为家乡太穷，才带着老婆孩子一起谋出路。王友秋被深深震撼，暗下决心，一定要带领这些兄弟姐妹，帮助他们过上好日子。他自掏4万元在自己家阳台上盖起保洁员班组休息室，里面电视机、电脑、洗衣机、饮水机一应俱全，冬天扫雪时，有些环卫工不能回家吃饭，王友秋出钱请大家吃拌面、抓饭……

身先士卒做表率。他所带领的垃圾清运班被大庆高新物业评为“铁人班”，他平时话语不多，最常说的一句话是：“自己脸不洗，也要让高新区脸面干净”，这句话也成为他带领的“铁人班”的班训。这个铁人班挑的都是重担，打的都是攻坚战，酷暑冲到综合整治的最前沿，严冬奋战在堆满雪山的马路边。作为班长的他身先士卒，埋头苦干，为班组员工处处做出表率，班组成员争先创优蔚然成风。

助人为乐赢尊重。工作中，他脏活累活抢着干，生活上、思想上更是关心爱护同志，一直以来，他几乎没有休息过，员工家里困难他掏钱，员工有事他顶岗，员工生病他看望，在员工的眼里他朴实无私，就像家里的大哥。在紧张的劳动之余，他还从未停止过学雷锋做好事，如拾金不昧，不厌其烦地为行人指路，顶烈日、忍异味在垃圾车中为别人找项链，挪动垃圾箱位置直到业主满意为止，等等。王友秋默默无闻、不计报酬，用爱心赢得了广大群众的尊重。

精细创新出实效。王友秋管理严格，严把工具材料消耗关，积极组织开展修旧利废，变废为宝；认真执行五级核算，节约成本，规划垃圾车经济行驶路线，降低车辆油料消耗和修理费用；开展五小创新活动，设计发明车载垃圾箱抬升助力臂，降低了人员劳动强度，提高了工作效率；努力开拓垃圾清运市场，增加班组收入；开源节流，管理出实效，每年为公司节约资金十余万元，班组业绩年年领先。

平时工作见成效。王友秋一直坚持带领 32 名工友顶酷暑、冒严寒，负责保障 5 公里主路、巷道和 300 米围栏，社区各楼道、地下室、无人管理区域的环境卫生。尤其在冬季清雪中，有时连续工作达 72 小时，年清雪量达 6000 吨，片区环境卫生得到辖区居民一致好评。生活中，他关心同事，乐于助人，几乎每个困难工友都得到过他的帮助。

平凡岗位获称赞。在社区保洁岗位上，王友秋的工作逐渐获得社会认可，他先后成为大庆市级劳模和黑龙江省级劳模。妻子说，我已经拗不过他了，他的环卫工服装成为辖区的一道风景。妻子现在反而被他拉到环卫队伍里了，经常会开车从社区给保洁员送饭。家中有稳定的收入，可是，王友秋从来不动钱，他不会从银行卡里取钱，也不知道自己工资卡里有多少钱。他唯一花钱的地方就是不断地为生活困难的工友们买东西，当其他社区的工友父亲去世，他知道后，也买东西去看望。妻子说，最近王友秋花钱有些多，刚给的钱，几天就花光了，后来才知道，他到监狱探望一个误入贩毒团伙的孩子了。而在妻子的记忆里，自从王友秋当上保洁班班长后，很少见他把工资拿回家，不是请环卫工吃饭，就是帮忙添置一些保洁用品，余下的钱都帮助了生活贫困的人。

“自己脸不洗，也要让高新区脸面干净。”王友秋说，刚开始穿惯了名牌服装的他也嫌穿环卫服上街丢人，这份夏熬热、冬熬寒的工作确实有点吃不消，但他还是咬牙坚持了下来。在王友秋的影响下，已经有越来越多的坐拥千万资产的自建房业主加入了保洁队伍。环卫工作，在他们眼中，已经超越了一份工作，而是一份公益的心，他们觉得能为社会做一些力所能及的事，才是踏实和快乐的。王友秋的妻子在接受采访时曾经说过："我老公真的可以，现在，他的行为也感动了我们的邻居们，他穿那身环卫服去工作，邻居们都很佩服他。"妻子说，王友秋爱干净，容不得家里脏乱，那身环卫服，每天晚上都要洗。可是到了外面，见了垃圾箱那个亲切啊，随便一靠，也不嫌脏，见到地上的垃圾，随手就捡起来。

王友秋是一名普通的环卫工人，他热爱劳动，热爱生活，是城市的美容师。扎根环卫事业二十多年如一日，他用"一人脏"换来"万人净"，他用实干赢得信任，用真诚换回尊重，用纯净的心灵托起一个城市的文明、一个社会的进步，他已经成为时代年轻人的榜样和学习的楷模。

编辑：李正鸿　王慧

# 附　录

## 黑龙江省（1950～2015 年）全国劳动模范、先进工作者名单

**1950 年**

**全国劳动模范**

王维本　王世成　梁　军　王兆全　王吉魁　杜先扬　李乐亭　赵化南
马恒昌　邢兆开　康学福　李庆萱

**1956 年**

**全国劳动模范**

赵仁修

**全国先进生产者**

吴桂兰　喜彩苓　赵廷凤　孙　广　沈玉林　李绪文　宋洪才　刘淑兰
李继庸　王崇珍　谢瑞年　李印章　王克绪　梁一鸣　杜长恒　隋振声
刘德先　林烈先　张元发　舒盛全　刘淑芝　牛福亭　张德录　周振义
林汉增　孟昭明　宋恩财　苏广铭　刘斗春　鄂　岳　孙鸿钧　巩士奎
姜春发　王明纪　陈慧卿　王玉叶　姜菊兰　石丕君　郭秀英　于洪珍
滕志超　贾焕章　苑　纯　宋广荣　殷焕山　王玉海　刘文盛　张振举
弓东钧　王立鹏　初文敏　张万任　魏恒新　丛桂连　李树全　初登高
李日才　高庆云　刘万生　任德山　王振起　牛长山　花雨峰　姜济洲
孙　青　周武尝　栾铁恒　丁家珍　刘景全　李　宽　邓永胜　齐庆芝

戴洪才 钱在瑛 毛延波 于忠秀 辛长荣 李德贵 李广昌 崔文彬
刘世章 姜凤号 吴树宝 戴国文 庞永凯 孙恒玉 邱善福 刘 坤
于凯南 王纯明 杨廷芳 富 海 白连山 尚士用 王久春 杜海顺
吴占山 于秀芝 王启科 孙玉祥 孙善桐 陈永兴 薛连斌 郑文忠
张德清 李廷福 李福树 李春海 董 俊 王海廷 乔世宽 王政武
于振和 张浩明 芦令长 吕凤珍 杨青山 王福海 苑淑珍 赵庆祥
门观信 徐 财 孟 杰 龙恩泽 蔡忠臣 王法善 阎立爽 张 钧
高静宇 陈石章 乔春明 李树相 王守均 范永恒 王国祥 刘庆福
闫 珍 尹顺子 陶秋来 刘百万 张 和 韩庆丰 李钟允 沈克祥
李新章 郭文运 李恩祥 曹凤贤 孙凤先 张庆波 张春尚 张庆深
郑绪增 乔凤山

**1959 年**

**全国劳动模范**

孙茂松

**全国先进生产者**

梁彦德 王洪华 王淑珍 张 荣 朱梦楼 苑秀兰 沙长德 韩春生
由昌明 李凤山 孙淑荣 栾淑伟 王 有 于洪亮 刘巨茂 顾仁莲
金国云 孙良卿 宋立孟 黄功铎 郑绪增 丁 一 周梦超 李 春
孙 有 何承勤 姜奇恩 贺介人 庞志才 李文秀 王殿相 韩枝茹
邹景云 陈春庆 宋 杞 郭云飞 金宝信 苏瑞堂 王海德 姚伟娴
王永礼 绳长春 刘士俊 张道恩 杜恩和 王兆林 魏桂莲 李福家
吴亚静 陈香春 刘长瑞 艾玉文 郝焕文 宫 海 迟富帮 王进喜
薛国邦 马志科 孟昭贵 苏万成 董坤武 刁 兴 王泽长 马永顺
乔凤山 井玉珍 韩建明 于丽芬 闫淑芳 白文生 于远新 张自起
刘永旭 张建芬 林书香 陈复杰 栾宝荣 关显廷 王世朝 李 荣
吴文焕 李宗堂 罗喜发 吴树绵 乔文权 郑春琛 张学友 王贵仁
刘慧芝 徐世祥 路宝生 白月起 张福文 白玉金 周福财 杨宝山
浦海滨 郎宏亮 戴天孙 李玉山 孙玉祥 杨炳文 赵振民 吕彦荣

庄洪飞　林治兰　刘志轩　孙永才　马玉珂　赵　祥　赵文林　王振兴
刘海东　汤海清　刘　恩　赵双科　曹秀英　李由萼　王锡令　李升华
杨德山　李长福　申铉弼　马英湖　宋洪才　王克绪　林汉增　苏广铭
刘万生　戴国文　孙恒玉　张庆波

**1960 年**

**全国先进工作者**

魏淑琴　徐蓓苓　白永华　王瑞云　田桂芸　杨治周　崔玉珍　张宝驹
任力华　李成惠　连成壁　李淑珍　刘培顺　杨　椿　戴子良　施传德
王　敏　刘振昌　杜桂芹　郝淑荣　武淑芳　张红兰　冯静荣　于景山
陈彦库　金昌鲁　刘希友　刘湘岚　赵　今　谢美娟　孙显扬　张大山
刘德福　赵正元　程云川　王海廷　周以良　严成斌　马持宗　李　柏
吴中澄　孟桂华　杨宝山

**1977 年**

**全国先进生产者**

全玉萍　顾　凯　刘　才　刘宝海　李景荣　蒋成龙　阎增林　魏兴正
吴全清　刘清海（1 人）（全国劳动模范、全国先进工作者）

**1978 年**

**全国先进科技工作者**

徐大懋　朱寿祺　徐文倬　郭其安　安圣究　李学成　郭福民　蔡复礼
徐乐澜　赵光吾　吴克贤　徐绍新　于凤柯　李光中　王致录　陈大钦
申尊茂　王素新　于维汉　杨衔晋　阴贵生

**全国先进生产者**

李树梧　张太义　崔景堂　刘　发　牟秋平　李文财　高敬贤　王锡武
郭四喜　兰希斌　侯良琴　王喜才　王维廉　王海廷　王金陵　肖步阳
姚永令　华子元

**全国劳动模范**

魏淑琴（全国劳动模范、全国先进生产者）、李凤祥

**1979 年**

**全国劳动模范**

柳玉芳　魏兴正　张全维　马江林　林存印　吴国富　吴全清　齐莉莉
耿玉亭　王仁宽　李守杰　李海山　刘木芝　温晓安　吕长松　王金陵
肖步阳　段凤歧　姚永令　王海德　刘清海　魏淑琴
孙茂松（全国劳动模范、全国先进生产者）

**1988 年**

**全国劳动模范**

李守堂

**1989 年**

**全国劳动模范**

丁福海　林有盛　王果青　郑纯智　张芝礼　孙金鼎　张麟悟　王焚宫
王发祥　全玉顺　王艳秋　张瑞林　申桂芝　贺静纯　范广举　刘颉治
魏明海　王之馥　常宝泉　臧金福　蔡文成　焦本志　孙永山　卢广辉
颜秉廉　丁淑琴　鲁　坤　李桂林　孟祥海　刘双明　宋井海　林继成
曹洪亮　李　军　申　冠　陈全友　李秀元　王志武　王德民　丁庆昆
杨金龙　张文财　张喜生　李永生　罗喜生　姜玉华　李殿臣　杜德顺
刘广宇　徐茂芳　韩　波　白志东　付洪亮　郑玉才　张大玉　潘丽娟
李　荣　刘显树　李秉和　李文福　郑桂珍　宋国才　关常友　侯兆明
李德贵　刘　荣　李凤武　徐寿山　张玉玲　于树春　罗维勋　张明国
于广敏　李德胜

**全国先进科技工作者**

华子元

**全国先进工作者**

沈杏初　袁乃超　赵玉霞　王殿云　王淑娟　林尚扬　张万祥　刘晓程
刘　平　高敬芳　魏兴柱　孟庆芬　李桂欣　赵　俭　刘惕若　张棣威
刘忠堂　冯克玉　李成烈　吴　林　杨　山

**1995 年**

**全国劳动模范**

毛俊达　李树成　王永华　王化国　阎喜绵　宋振雷　方贻春　任守宇
谢福亭　崔培禄　张举彦　丁长发　孙振英　宋起铿　佟承全　于忠涛
侯金顺　周东祥　路世有　陈大伟　田茂华　陶思国　冯永明　郭泗东
杜智校　马　军　黄玉良　赵纯义　赵维民　陶立华　李　德　杨　显
王效清　张秀国　戴树华　李春印　杨宝山　马成果　陈钟吉　李月明
孙维俊　张贵武　温安录　赵　禹　孙永富　范振杰　袁可夫　宋亚东
周有财　李志丹　李清荣　董振东　张　阳　刘金山　王树人　杨庆珠
刘关彬　那基栋　王德胜　张福山　吴陆第　张玉良　赵瑞民　常　祯
侯　福　郭永彬　马玉峰　赵世斌　王彩凤　高长荣　孙俊福　徐在山
邵玉峰　姜开福　齐国栋　傅华廷　张占学　朱光华　邵德胜　刘喜学
孙立春　赵国良　刘含贵　申佩怀　李沛军　王玉林　王学忠　王相军
王国双　宋守勤　段余志　李永林　苏艳霞（女）　杨华（女）
单亚文（女）　胡小妹（女）　修成翠（女）　刘桂琴（女）
赵玉勤（女）　郑玲丽（女）　朱莲香（女）　王桂荣（女）
迟凤志（女）　陈　云

**全国先进工作者**

程晓莉　马　军　张雅君　陈晓君　张金柱　杨玉庆　高红岩　王启民
乔淑芳　许继强　杨宝琛　宁桂茹　张茂英　孙淑兰　姜天亮　张志权
李万兆

**2000 年**

**全国劳动模范**

武永合　刘义明　李庆长　王殿贵　邢书明　孙普选　霍贵森　陈　宏
吕庆刚　邵惠培　韩金胜　张忠义　张桂琴　焦集群　王　瑞　于中权
丁金光　范宇光　李树林　何兆利　崔云飞　万国金　陈双印　李永江
董书河　曲宝财　宋国文　史庆明　李增洲　盖廷仁　王守志　冀宝发
孙永力　孙海军　刘殿阁　王　明　张　磊　李恩瑞　原文成　隋在云
刘喜阳　刘泽林　远立伦　彭河姜　刘存周　董孝利　崔学文　闫树忠

冯晓江　徐景波　孙玉庆　张卫东　杨　光　刘长发　高长河　王文君
宣士良　刘德良　隋秀海　张福贵　林庆富　郑学士　韩志富　田焕成
李景河　刘长玉　宋清晖　岳开鹏　丁振河　赵明军　高松梅（女）
洪淳贵（朝鲜族）　吴坚（满族）　朱忠植（朝鲜族）　孙乃奇（满族）
沈建华（女）　董鑫（女）　淑清（女）　姚桂兰（女）　陈玉华（女）
孙英琦（女）　蔡得植（朝鲜族）　尤树杰（回族）　刘金奇（回族）
肖红（女）　朱惠云（女）　刘玉翠（女）

**全国先进工作者**

杨士勤　尹国安　汪　春　李雅轩　苏　俊　何　实　张雅奎　姜洪池
王乐民　李丙仁　杨　博　张建华　王春才　张　伟　董树成　李　军
刘剑秋　王海滨　刘万春　张彦生　张　平　张　爽　庞永和　宋士云
刘　军　梁春生　关仁辅（满族）　徐秀珍（女）　王春娟（女）
王晓波（女）　袁立华（女）　杨扬（女）

**2005 年**

**全国劳动模范**

王会志　刘兆滨　李景慧　孙连海　尚维军　朱立彬　杜合庆　安桂起
李新民　何明言　王宪微　崔　波　王立波　秦海平　曲洪友　王富昌
李　枫　戚克祥　顾爱国　李希才　王伟东　崔万平　张国庆　陈文志
孙锡文　袁文志　万贵杰　杨迪林　朱宝华　邵根泽　沈洪波　闫凤海
张俊民　李　光　李景兴　吴庆沿　王福堂　曹跃伟　沈烈松　胡建平
陈厚录　王明瑞　杨寿和　王志军　孟庆龙　邓　伟　许远明　徐　祥
赵　明　王彦平　岳国君　王玉普　苗青远　田仁礼　曲大壮　张　雷
王学双　刘　涛　张国敬　徐柏成　李金泽　姜则卿　孙　斌　牟　生
李万学　张秀林　王紫水　宋金贵　刘铁山　曲彦明　孙克吉　金昌辉
郁家臣　刘贵德　战维福　佘树德　王守学　刘绍文　马春和　曾国寿
刘东良　王乐春　齐荣利　岳文祥　张百臣　关有奇（满族）
郭邯（女）　赵安玲（女）　周云霞（女）　苗颖杰（女）
钱新革（女，满族）　吴凌娟（女）　程淑荣（女）　王占柱（蒙古族）
辛凡非（女）　关彦斌（满族）　张荣（蒙古族）　邓淑芳（女）

**全国先进工作者**

于　涛　王士奇　高贵民　于尚清　韩焕章　王振山　刘德山　牟元明
李洪顺　李金锋　李　冀　赵秀兰（女）　赵翠娟（女）
钱丽敏（女）　白桂俊（朝鲜族）　徐鹤东（朝鲜族）　付晓秋（女）
麻晶莉（女）　郭明侠（女）　包国荣（蒙古族）　刘艳芬（女）
高淑云（女）　王淑婷（女）

**2010 年**

**全国劳动模范**

刘　岩　虞树水　王英武　刘晓东　王　海　张　东　侯国飞　马　兵
孙茂权　于　鹏　杜　军　项明汉　赵国庆　马凤海　王　义　冯乃珍
张国良　孙彦军　战吉利　李振涛　朱营新　杨兰清　吕双玉　何登龙
胡志强　徐金源　裴永斌　李先哲　陈　明　江　林　崔纯银　韩振东
宋德金　秦续江　焦贵金　丛焕武　张锡林　李大明　李国虹　吴启山
赵志富　王礼堂　王敬先　于洪成　孙民海　张晓军　薛兴义　崔礼杰
姜林奎　曲　波　赵明远　毕世英　邢晓峰　董配永　吴奉明　李光秋
李宝宇　陈立祥　张春雷　周伟林　李　和　魏来春　董景学　王克存
周庆堂　苗春生　吕桂林　王成海　佟振茂　包永富　姜在祥　张福元
王明群　穆文亮　刘春利　王大程　杨孝义　张海涛
朴广钟（朝鲜族）　关宵梅（女，满族）　韩玉敏（女）　姜玉梅（女）
何琳（女）　杜光霞（女）　李晓丽（女）　尹静（女）　钟杰（女）
霍兰（女）　邹彩飞（女）　关彦明（满族）　王凤兰（女）
李忠淑（女，朝鲜族）　刘玉英（女）　姜驰（女）　郝金凤（女）
刘子艳（女）　付荣耀（满族）

**全国先进工作者**

魏　林　王海山　王　影　张社义　谭久彬　王彦林　刘亚波　彭玉宝
曲祥民　徐开明　王德礼　郑玉林　周　俊　车　峰　张　斌
陈玉舫（女）　马素丽（女）　孙海鹰（女）　张晨辉（女）
栾丽君（女）　孙艺娟（女）罗丽君（女）　陈迎春（女）
王濛（女）　于雪梅（女）

**2015年**

**全国劳动模范**

秦世俊　李凤宝　高立华　单永志　吕新宇　孔祥俊　赵连彬　韩　杰
孙　平　王德兴　孟广彬　赵鹏飞　冷友斌　刘志富　伍晓林　申玉春
辛公华　李忠录　刘福义　栾景和　金宝林　刘文赋　杨　鹏　韩　峰
孟祥志　刁肇东　崔洪江　马椿平　邢云堂　刘伯松　朱文韬　王金喜
田洪武　王　权　郑　峰　潘泉利　陈荣峰　于明臣　纪福祥　于　林
杨明太　王友秋　毕　岩　周义民　刘宏伟　裴春海　孙维民　翟友财
秦贵忠　赵金国　顾长军　梁云林　龚保民　郑学林　韩文彬　田明辉
聂喜军　于庆顺　张学文　武殿生　阮　见　陈赞宇　郭彦文　卢洪国
王飞龙　刁晓峰　刘　强　吴德显　白伟东　郑召龙　周炳森　李秋霖
公明淑（女，朝鲜族）　许敏（女）　朱彩芹（女）　李召荣（女）
胡国静（满族）　李艳萍（女）　肖振丽（女）　邵文娟（女）
马峻嵘（女）　曹进（女）　杨海波（女）　胡春城（满族）
梅章记（满族）　薛华（女）

**全国先进工作者**

王　伟　李秀娟　李周复　林国英　陈常文　徐多新　李凤玉　李　彬
孙　杰　顾玉奎　高金国　马庆忠　崔子半　暴福生　曹文玉　牟国良
陈树文　牟清元　祁福利　于凯江　宋立群　高会军　来永才
阎丽（女）　于勇慧（女）　王涤非（女）　王蕴卿（女）
刘香萍（女）　宋志岩（女）　陈娟（女）　吕娟娟（女）　刘岩（女）
钱辉（女）　季洪敏（女，满族）　林秀华（女）　仲威平（女）

# 参考文献

《“80后”技能专家——记中航工业哈尔滨飞机工业集团有限责任公司职工秦世俊》，中工网，http://tech. xinmin. cn/internet/2015/04/22/27451611. html. 2015年04月22日，最后访问日期：2018年7月10日。

《“电力铁人”周义民：筑就光明梦想》，光明网，http://www. gmw. cn/，最后访问日期：2018年7月10日。

《“关有奇刀具”叫响全国》，《哈尔滨日报》2011年7月1日。

《2015年全国劳动模范和先进工作者名单》，《工人日报》2015年4月29日。

《爱民为民诠忠诚　扎根社区保民安——记大庆市公安局铁人分局民警孙杰》，黑龙江政府网，https://special. dbw. cn/system/2016/02/05/057077546. shtml，最后访问日期：2018年7月10日。

《大庆炼化昆仑聚丙烯酰胺为“三采”增油》，《大庆日报》2007年11月17日。

《大庆民警孙杰为市委组织部领导上特别党课》，《天天快报》2017年7月11日。

《大庆实验中学英语特级教师——吕娟娟》，中国高校网：园丁风采，http://www. huaue. com/gx/zysz100. htm，最后访问日期：2018年7月10日。

《大庆市　大庆石油举行开发建设35周年暨5000万吨稳产20周年总结表彰大会》，《黑龙江年鉴》，1995。

《大庆油田基层思想政治工作案例（3）》，人民网，http://energy. people. com. cn/GB/71899/152923/153220/9225471. html，最后访问日期：2018年7月10日。

《大庆油田伍晓林：每一滴油里都有科技含量》，《中国青年报》2015 年 7 月 21 日。

《第三届全国优秀企业家事迹简介　王志武（大庆石油管理局局长）》，《中国企业管理年鉴》，1990。

《电焊工梁彦德——优质高产的能手》，《机械工人》1959 年第 7 期。

《电焊工杨迪林：老老实实做人　结结实实焊接》，中国劳动力市场信息网监测中心，http://www.lm.gov.cn/TrainingSkillAccrenitaTion.bakold20150901/content/2007-09/05/content_12015.h，最后访问日期：2018 年 7 月 10 日。

《刁晓峰，黑龙江省 2015 年全国劳动模范和先进工作者推荐人选公示名单》，黑龙江省人民政府网，http://www.hlj.gov.cn/，2015.11.24，最后访问日期：2018 年 7 月 10 日。

《革新焊接技术的一员闯将梁彦德优质高产节约全面红》，《机械工人》1959 年第 12 期。

《关有奇有“话”要说》，《哈尔滨日报》2011 年 7 月 1 日。

《哈尔滨市国民经济和社会发展第十一个五年规划纲要》，哈尔滨市人民政府网站，http://www.harbin.gov.cn/art/2016/6/15/art_4977_71556.html，最后访问日期：2018 年 7 月 10 日。

《何琳：挑战权威“改”国标》，http://news.cnpc.com.cn/system/2016/09/08/001610005.shtml，最后访问日期：2018 年 7 月 10 日。

《黑龙江省代表孙普选：让技术工人“吃香”》，人民网，http://www.people.com.cn/GB/shizheng/1026/2373743.html，最后访问日期：2018 年 7 月 10 日。

《黑龙江省党代表李新民走上“党代表通道”》，《黑龙江日报》2017 年 10 月 25 日。

《欢庆群英盛会　人人争献厚礼　向苏广铭师傅报喜讯》，《金属加工》1959 年第 11 期。

《环卫工王友秋：“自己脸不洗，也要让高新区脸面干净”》，大庆文化宣传网，http://www.dqdaily.com/xcwh/，最后访问日期：2018 年 7 月 10 日。

《机床工人的榜样——记齐重数控装备股份有限公司工人尚维军》，东北网，

http://news.sohu.com/20060428/n243054076.shtml，2006 年 04 月 28 日，最后访问日期 2018 年 7 月 10 日。

《激情人生路　兵器报国心——记全国劳动模范、导航集团建成公司高级工程师单永志》，中国兵器工业集团公司党建网新闻中心，http://www.norincogroup.com.cn，最后访问日期：2018 年 7 月 10 日。

《技术革新能手铣工苏广铭》，人民铁道出版社，1958。

《艰苦奋斗再创业》，新华网，http://www.xinhuanet.com/politics/2018-02/22/c_1122436798.htm，最后访问日期：2018 年 7 月 10 日。

《李庆长共产党员服务队：15 年真诚服务书写善行人生》，人民网，http://hlj.people.com.cn/n/2015/1214/c220024-27307572.html，最后访问日期：2018 年 7 月 10 日。

《马恒昌小组》编委会：《机械工业战线的英雄集体马恒昌小组》，机械工业出版社，1979。

《摸清大庆的脉搏》，《中国石油月刊》1999 年第 3 期。

《全国敬业奉献模范候选人：李新民事迹》，中国文明网，http://www.wenming.cn/ddmf_296/dsjpxbz/mdfe/hxrsj/jyfx/201307/t20130715_1347909.shtml，最后访问日期：2018 年 7 月 10 日。

《全国劳模刁晓峰：责任砥砺品性　创新成就梦想》，中工网 http://www.workercn.cn/，最后访问日期：2018 年 7 月 10 日。

《全国优秀班组会聚南昌交流经验》，《中国职工教育》2008 年第 5 期。

《全玉顺三尺柜台的永恒微笑》，《哈尔滨日报》2011 年 7 月 1 日。

《圣火大庆传递结束　女法官顾双彦点燃圣火盆》，北方网，http://news.enorth.com.cn/system/2008/07/12/003540685.shtml，最后访问日期：2018 年 7 月 10 日。

《矢志不渝创大业——王彦平》，大庆文明网，http://dq.wenming.cn/trcs/201205/t20120523_232592.htm，最后访问日期：2018 年 7 月 10 日。

《孙普选：调整产品结构　做强做大装备制造业》，人民网，http://look.people.com.cn/GB/22220/142927/8934502.html，最后访问日期：2018 年 7 月 10 日。

《王凤兰：结缘石油　奉献一生》，《中国石油报》2010 年 12 月 7 日。

《王友秋："老九子"和他的"铁人班"》，《黑龙江工人报》2015 年 7 月 8 日。

《为企业衔金的领头雁——记牡丹江恒丰纸业集团党委书记、董事长徐祥》，《牡丹江日报》2011 年 6 月 4 日。

《习近平：在同全国劳动模范代表座谈时的讲话》，中央政府门户网站，http://www.gov.cn/ldhd/2013 - 04/28/content_2393150.htm? isappinstalled = 1，最后访问日期：2018 年 7 月 10 日。

《习近平在同全国劳动模范代表座谈时的讲话》，《人民日报》2013 年 4 月 28 日。

《习近平在知识分子、劳动模范、青年代表座谈会上的讲话》，《人民日报》2016 年 4 月 30 日。

《新时期的优秀产业工人——记全国劳动模范、建华公司员工张东》，中国兵器工业集团有限公司，http://www.norincogroup.com.cn/，最后访问日期：2018 年 7 月 10 日。

《永远追求最优的设计——记全国劳动模范、东安汽发高级工程师孔祥俊》，中国兵器装备集团有限公司集团新闻网，最后访问日期：2018 年 7 月 10 日。

《用"工匠精神"打造"大师工作室"——记大庆炼化公司质量检验与环保监测中心润滑油检验站"何琳班"班长何琳》，《黑龙江日报》2016 年 8 月 22 日。

《用工匠精神发力产业振兴——访省第十二次党代会代表秦世俊》，《哈尔滨日报》2017 年 5 月 1 日。

《用有限时间为员工办实事——记全国劳动模范王彦平》，东北网，https://heilongjiang.dbw.cn/system/2005/04/28/050025672.shtml，最后访问日期：2005 年 4 月 28 日。

《在不同岗位创造不平凡价值——各界劳模的心里话》，新华网，http://news.163.com/05/0429/21/1IHN2TBB0001124L.html，最后访问日期：2018 年 7 月 10 日。

《张新民，妻子的一句话让这位电网劳模找到了灵感!》，搜狐网，http://www.sohu.com/，最后访问日期：2018 年 7 月 10 日。

《只为守护一方百姓》，大庆文明网，http://dq. wenming. cn/，最后访问日期：2018 年 7 月 10 日。

《中国创业功臣大典》编委会编《中国创业功臣大典》，中国统计出版社，2000。

《中国创业功臣大典》编委会主编《中国创业功臣大典》，中国统计出版社，2000。

《中国工会运动史料全书》总编辑委员会、《辽宁卷上册中国工会运动史料全书辽宁卷》编委会编《中国工会运动史料全书辽宁卷上册》，辽宁人民出版社，1993。

《中国机械工业技能大师关有奇》，《黑龙江晨报》2012 年 4 月 26 日。

《中国劳模》，中国工人出版社，2011。

《中国石油天然气集团技术能手、采油高级技师何登龙》，新浪网，http://news. sina. com. cn/c/2005 - 08 - 10/10556656381s. shtml，最后访问日期：2018 年 7 月 10 日。

《中华劳模大典》编委会编《中华劳模大典》，中国统计出版社，1997。

《壮大装备制造业基地　提升机床发展水平》，《机电商报》2008 年 3 月 24 日。

《最美电力人》，http://www. whrelay. com/hyxw/813. html，最后访问日期：2018 年 7 月 10 日。

巴彦布：《巴彦布诗文集·上·巴彦布诗歌近作选》，哈尔滨出版社，1994。

白衍吉：《人生笔记·岁月琴弦》，黑龙江人民出版社，2008。

曾鸿钧、张兴华：《追访劳模十八载》，《当代电力文化》2015 年第 8 期。

曾江：《走在时间前面做时间的主人：金属加工领域的全国著名劳模苏广铭，王崇伦》，《金属加工》2008 年第 19 期。

曾强：《潜载导弹发射装置筒盖系统 CAE 研究》，硕士学位论文，北京理工大学，1997。

陈岩、詹宇：《站在创新的最前沿》，《人民邮电》2013 年 5 月 1 日。

陈永：《金牌合金掌控人》，《中国有色金属报》2010 年 6 月 26 日。

褚唤民：《齐齐哈尔市志稿·人物志》，齐齐哈尔地方办公室，1998。

崔乃刚、单永志等：《激光制导炸弹导引规律研究及有效投弹区的计算》，

《弹道学报》1996年9月30日。
崔乃刚、李景慧、单永志等:《激光制导炸弹运动数学模型的建立》,《哈尔滨工业大学学报》1997年8月30日。
崔玉娟:《胡志强:志在基层不退缩》,《中国青年报》2012年5月8日。
大庆石油化工总厂革命委员会生产办公室:《工业学大庆》,1977。
大庆石油英模萃典编委会编《大庆石油英模萃典》,石油工业出版社,1999。
大庆市地方志编纂委员会编《大庆年鉴(1988)》,河南大学出版社,1989。
大庆市地方志编纂委员会编《大庆年鉴(1993)》,哈尔滨工业大学出版社,1993。
大庆市地方志编纂委员会编《大庆年鉴(1995)》,哈尔滨工业大学出版社,1995。
大庆市地方志编纂委员会编《大庆市志》,南京出版社,1988。
大庆铁人传写作组:《铁人传(上、下)》,石油工业出版社,2000。
大庆铁人王进喜纪念馆编、许俊德:《铁人王进喜》,吉林人民出版社,2013。
大庆油田有限责任公司:《大庆油田企业文化辞典(50年)》,石油工业出版社,2009。
戴小民:《李新民大庆第三个"铁人"》,《大庆日报》2011年8月30日。
单永志、尹键、许河川:《反跑道子弹药延时快速在线解算算法》,《弹道学报》2011年3月15日。
党波涛:《中华民族脊梁故事》,华中师范大学出版社,2011。
丁世发:《马恒昌和他的小组》,沈阳出版社,1991。
东北工人出版社:《东北工业建设中的劳动模范》,东北工人出版社,1951。
董爱军:《信息产业链创新的模式研究》,硕士学位论文,武汉理工大学,2011。
董伟、孟辉:《情系万家灯火》,《人民日报》2002年1月22日。
董彦琳、杨德山:《党员语录》,国家行政学院出版社,2014。
范兴川、张平:《崎岖奋斗之路绮丽石油人生》,《科技日报》2005年5月9日。

符立萍：《用汗水筑就闪光工程》，《中国石油报》2005 年 12 月 15 日。

傅德华等：《二十世纪中国人物传记资料索引》，上海辞书出版社，2010。

高锋、金一鸣：《石油之子王启民》，浙江人民出版社，2011。

高明岐、黄耀道编著《中国职工劳模列传》，工人出版社，1985。

高明岐：《全国五一劳动奖章获得者待遇大辞典》，山西经济出版社，1998。

高明寿、钱彧境：《中国林业年鉴 1988》，中国林业出版社，1989。

高群：《匠心传奇——哈飞秦世俊劳模创新工作室侧记》，《北方人（悦读）》2017 年第 4 期。

高学东：《用继承和创新领跑时代》，《黑龙江日报》2005 年 4 月 28 日。

高永强：《用知识书写人生美丽篇章》，《黑龙江日报》2005 年 6 月 8 日。

工人日报编辑部编《工人阶级的光辉形象——王铁人》，工人出版社，1966。

关志立：《当代工人学习铁人王进喜读本》，陕西人民出版社，1990。

郭强：《“工业学大庆”：一面始终高扬的旗帜》，《工人日报》2009 年 7 月 6 日。

郭强：《知识型工人何登龙》，《工人日报》2006 年 8 月 10 日。

哈尔滨年鉴编辑部编《哈尔滨年鉴 1988》，黑龙江出版社，1988。

哈尔滨年鉴社：《哈尔滨年鉴 2002》，哈尔滨年鉴社，2002。

哈尔滨市地方志编纂委员会：《哈尔滨市志 - 23 - 劳动人事档案》，黑龙江人民出版社，1997。

哈尔滨市地方志编纂委员会：《哈尔滨市志 - 第 36 卷 - 人物志》，黑龙江人民出版社，1999。

哈尔滨市劳动志编纂委员会：《哈尔滨劳动志》，黑龙江科学技术出版社，1991。

哈尔滨水泥厂工会：《移山“愚公”魏兴正》，《中国建材》1964 年第 7 期。

哈宣、刘冬梅：《默默无闻奉献　点亮万家灯火——记国家电网公司哈尔滨电业局客户服务中心共产党员服务队队长李庆长》，《中国监察》2005 年第 16 期。

韩丰林、樊学东：《产业工人的楷模——记黑龙江省牡丹江市木工机械厂优秀共产党员、全国劳模李守堂》，《党建研究》1989 年第 5 期。

鹤岗市地方志编纂委员会：《鹤岗市志》，黑龙江人民出版社，1990。

黑河地区编纂委员会:《黑河地区志》,三联书店,1996。
黑龙江年鉴编辑部编《黑龙江年鉴1992》,黑龙江年鉴社,1992。
黑龙江省地方志编纂委员会:《黑龙江省志－第六十八卷－劳动志》,黑龙江人民出版社,1995。
黑龙江省地方志编纂委员会:《黑龙江省志－第七十六卷－人物志》,黑龙江人民出版社,1999。
黑龙江省地方志编纂委员会:《黑龙江省志石油工业志》,黑龙江人民出版社,1988。
黑龙江省杰出青年科学基金网,http://jj.hljkj.cn/qn/。
胡万明、齐英杰:《黑龙江省木工机械行业形成与发展概况》,《林业机械与木工设备》2005年第2期。
《中国工人阶级的先锋战士铁人王进喜》,湖北人民出版社,1972。
黄兴:《梦想语录》,湖南文艺出版社,2013。
机械工人编辑部编《先进铣工苏广铭》,机械工业出版社,1958。
机械工业部办公厅:《机械工业的脊梁》,机械工业出版社,1995。
鸡西市地方志编纂委员会:《鸡西市志(上下)》,方志出版社,1996。
季福堂:《世界著名企业企业家经营谋略全书》,山西经济出版社,1993。
佳木斯市地方志编纂委员会:《佳木斯市志》,中华书局,1996。
贾旭博、张馨:《许振超式的好工人孙连海》,《齐齐哈尔日报》2007年5月31日。
江门市关心下一代工作委员会:《双百人物》,江门市关心下一代工作委员会,2010。
姜恒雄:《中国企业发展简史(下)》,西苑出版社,2001。
蒋希伟:《全国道德模范提名奖获得者:李庆长》,《中国精神文明建设年鉴》2008年第10期。
孔祥俊:《永远追求最优的设计》,《北方人》2017年第3期。
匡华安、武钢多:《梁彦德焊花闪亮在20米高空》,《哈尔滨日报》2011年7月1日。
李方诗等:《中国人物年鉴1989》,华艺出版社,1989。
李方诗等:《中国人物年鉴1990》,华艺出版社,1990。

李国昌：《铁人之歌》，作家出版社，1992。

李慧颖：《齐齐哈尔高新区　绘就老工业基地新蓝图》，《黑龙江经济报》2012 年 10 月 18 日。

李珂：《中国劳模口述史》，社会科学文献出版社，2018。

李铭：《大庆油田技术进步与可持续发展》，硕士学位论文，中国地质大学，2008。

李仕婧：《用创新锻造新时期高素质产业工人队伍》，《劳动报》2018 年 1 月 14 日。

李韦：《煤炭系统 73 人获全国劳模殊荣》，《中国煤炭报》2005 年 4 月 28 日。

李新民：《宁肯历尽千难万险也要为祖国献石油》，《光明日报》2013 年 8 月 8 日。

李业：《东安汽发供应商体系精益管理研究》，硕士学位论文，哈尔滨工业大学，2016。

李永安、高明岐主编《全国职工劳模大辞典》，中国工人出版社，1995。

搜狐新闻网，http://m. sohu. com/n/225182731/。

李长开、石浩：《穿越时空的红色记忆　人物篇》，《中国石油报》2011 年 7 月 1 日。

李智鹏：《技能创新团队的带头人》，《中国职工教育》2006 年第 1 期。

梁长山：《奉献与辉煌：辽宁劳动模范风采录》，辽宁人民出版社，2009。

辽宁省政协文化和文史资料委员会：《辽宁老工业基地建设纪实》，辽宁人民出版社，2014。

辽宁英模编写组：《辽宁英模》，辽宁人民出版社，2011。

刘波：《大庆油田注重发挥劳模领军示范作用——让劳模“响”起来“亮”起来》，中国石油网，http://news. cnpc. com. cn/system/2016/05/03/001590619. shtml，2016 年 5 月 3 日，最后访问日期：2018 年 7 月 10 日。

刘广州、涂良惠：《工会工作实用大全》，四川人民出版社，1991。

刘加临：《民族的脊梁　劳动模范》，二十一世纪出版社，2014。

刘深：《王进喜》，中国和平出版社，1996。

刘文：《走近劳模》，上海人民出版社，2017。

刘玉强：《志创百年辉煌——写在哈尔滨电机厂有限责任公司建厂60周年指际》，《企业文明》2011年第5期。

刘志民、刘继义：《黑龙江当代名人》，黑龙江人民出版社，1989。

柳鹏、刘晓东：《铝加工业的“金牌操作手”》，《中国知识产权报》2010年6月9日。

陆明山：《黑龙江省志－第二十四卷－电子工业志》，黑龙江人民出版社，2003。

陆仁发：《梁彦德的碳极电弧气割法》，《金属加工（冷加工）》1964年第3期。

栾传大：《价值观故事书系——敬业》，吉林文史出版社，2014。

栾传大：《价值观故事书系——志趣》，吉林文史出版社，2014。

罗建东、张一明：《精神动力长在　石油本色永存》，《中国石油报》2010年1月12日。

吕新宇：《铝合金建筑型材阳极氧化膜物理特性的评定》，《冶金标准化与质全》1997年第12期。

吕新宇：《我国铝及铝合金冷拉（轧）回管外形尺寸及允许偏差标准与日本、美国标准对比分析》，《冶金标准化与质量》1997年第11期。

马春忠：《马恒昌》，吉林文史出版社，2012。

马春忠：《一位开国劳模的家事》，中国工人出版社，2007。

马树林：《中外企业文化故事启示录》，企业管理出版社，2006。

孟庆璐：《习总书记一席话鼓舞了百万石油人》，人民网，http://energy.people.com.cn/n1/2016/0322/c71661-28218455.html，最后访问日期：2018年7月10日。

苗雪梅、刘少伟：《牡丹江市公交集团有限责任公司文明服务纪实》，《黑龙江工人报》2014年4月30日。

苗雪梅、张世光：《牡丹江用劳模精神助推经济社会发展》，《工人日报》2013年7月11日。

闵裕道：《知我大庆　爱我大庆》，广西民族出版社，1995。

敏杰：《机电设备的“主治医”——记全国劳动模范孙连海》，东北网，https://heilongjiang.dbw.cn/system/2005/04/28/050025659.shtml，最后访

问日期：2018 年 7 月 10 日。
那忠郁、陶丹丹：《热心为民服务　真情温暖万家》，《国家电网报》2013 年 8 月 26 日。
倪伟龄：《攀登采油科研“珠峰”的领路人》，《黑龙江日报》2006 年 4 月 20 日。
潘永文：《黑龙江巾帼之光》，黑龙江人民出版社，2003。
齐东平、白庆祥：《文化决定成败——中外企业文化镜鉴案例教程》，中国经济出版社，2008。
齐文化、李德茂：《现代企业领导指南》，辽宁人民出版社，1991。
强勇、李建平、范迎春：《煤城油城艰难脱困“新引擎”提速蓄能——从三个城市样本看黑龙江经济发展喜与忧》，《黑龙江日报》2016 年 9 月 1 日。
人民出版社编辑：《大庆“铁人”王进喜》，人民出版社，1966。
任明：《“热爱劳动”是劳模永远的本色》，张家港文明网，http://zjg.wenming.cn/，最后访问日期：2018 年 7 月 10 日。
汝信：《中国工人阶级大百科》，中国国际广播出版社，1992。
山东人民出版社：《中国工人阶级的先锋战士铁人王进喜》，山东人民出版社，1972。
时钟常：《黑龙江省志－第二十四卷－机械工业志》，黑龙江人民出版社，2003。
士心、东安、任文：《她像一块磁铁：记党的十四大代表全玉顺》，《党建》1992 年第 10 期。
寿孝鹤等：《中华人民共和国资料手册：1949～1985》，社会科学文献出版社，1986。
双鸭山市地方志编纂委员会：《双鸭山市志》，中国展望出版社，1991。
绥芬河市地方志编纂委员：《绥芬河市志》，黑龙江人民出版社，2000。
孙佰忠、谢平：《带出“龙头队”》，《黑龙江日报》2006 年 6 月 22 日。
孙佳薇、邢世国：《金牌工人王伟东》，《黑龙江日报》2005 年 4 月 27 日。
孙普选：《全国人大代表孙普选的心愿》，《齐齐哈尔日报》2008 年 3 月 26 日。
孙宇飞：《齐二机床马恒昌被评为全国“双百”人物》，《中国工业报》

2009 年 9 月 28 日。

唐骏华、白柱石:《井场上的“保镖”——记全国劳模、大庆钻井二公司 GW1205 钻井队项目经理李新民》,《现代职业安全》2009 年第 9 期。

唐骏华、刘辉、白柱石:《新铁人是这样炼成的——记全国劳动模范、大庆钢铁 1205 钻井队队长胡志强》,《中国石油企业》2010 年第 7 期。

唐李:《轨迹从这里延伸历史在这里重现》,《黑龙江日报》2015 年 12 月 28 日。

唐心怡、常雪梅:《马兵代表:弘扬工匠精神放飞青春梦想》,《黑龙江日报》2017 年 10 月 22 日。

田立英:《读懂铁人》,中共党史出版社,2012。

田晓旭:《弘扬马恒昌精神挺起民族装备工业脊梁——记马恒昌同志诞辰 100 周年纪念大会》,《数控机床市场》2007 年第 8 期。

童一秋:《红星闪闪进校园:劳模巡礼》,北京燕山出版社,2012。

万萍、郭俐君、由庆祝:《重振哈汽记哈尔滨汽轮机厂有限责任公司董事长,总经理曲大庄》,《中国工业报》2005 年 9 月 21 日。

万斯琴、李新民:《做铁人传人》,《中国企业报》2011 年 6 月 10 日。

王超逸、马树林:《最卓越的企业文化故事:软实力与企业文化力》,中国经济出版社,2009。

王汉平、佘文辉,赵恒等:《导弹筒盖系统的故障复现及结构改进》,《北京理工大学学报》2006 年第 2 期。

王进喜:《为革命艰苦奋斗一辈子》,黑龙江人民出版社,1977。

王进喜:《中国工人阶级的先锋战士铁人王进喜》,人民出版社,1972。

王明根、傅德华:《二十世纪中国人物传记资料索引》,上海辞书出版社,2010。

王强:《用青春编织银色的梦想》,《中国有色金属学报》2015 年 4 月 30 日。

王青:《谈谈马恒昌小组竞赛》,劳动出版社,1951。

王青云:《王进喜》,团结出版社,1999。

王喜双:《全国劳模、黑龙江建龙炼铁厂副厂长赵金国》,中国钢铁新闻网,http://www.csteelnews.com/special/1204/1213/201504/t20150430_281798.html,最后访问日期:2018 年 7 月 10 日。

王岩：《以科技创新为基础，恒丰纸业在创新中腾飞——访牡丹江恒丰纸业股份有限公司徐祥董事长》，《造纸信息》，2007 年第 10 期。

王彦：《超前性思维，创造性劳动——记热控专家华电能源股份有限公司佳木斯热电厂韩振东》，《黑龙江日报》2017 年 8 月 11 日。

王彦：《用普通车床创造科研生产奇迹》，《黑龙江日报》2016 年 11 月 24 日。

王兆义：《尖刀队里排头兵——记大庆钻井三公司 1202 钻井队长马军》，《大庆社会科学》1994 年第 5 期。

王哲：《白石山上的铁人——记全国劳模魏兴正》，《哈尔滨日报》2007 年 5 月 17 日。

王志武、刘恒、万新德：《高含水中后期油田稳产途径的实践与认识》，《大庆石油地质与开发》1992 年第 4 期。

王志武：《大庆油田开发的实践和展望》，《大庆石油地质与开发》1989 年第 3 期。

王志武：《继往开来　勇攀高峰　努力把油田稳产期延伸到 21 世纪》，《大庆社会科学》1995 年第 6 期。

王志武：《全心全意依靠工人阶级　不断提高企业管理水平》1990 年第 7 期。

王志武：《特载　大庆油田 30 年工作回顾和总结——王志武在石油企事业单位领导干部会议上的汇报》，《大庆年鉴》，1990。

王治军：《勇攀高峰的工人技师》，《工人日报》2011 年 3 月 28 日。

王忠孝、宋亚平、由庆祝：《辉煌巨变 60 年》，《中国工业报》2009 年 9 月 17 日。

吴菊华：《潜射导弹筒口压力场研究》，硕士学位论文，北京理工大学，2006。

吴利红、王伟东：《做知识型工人》，《黑龙江日报》2006 年 10 月 24 日。

吴利民：《中国铁道年鉴 2006》，中国铁道年鉴编辑部，2006。

吴宝三、曹锋：《马永顺传》，黑龙江人民出版社，1999。

吴义然、王思童：《哈尔滨电机厂：志创百年辉煌》，《电器工业》2012 年第 4 期。

武欣中：《传承马恒昌精神》，《黑龙江日报》2004 年 11 月 27 日。

向德荣、本书编写组：《劳模精神职工读本》，工人出版社，2016。

向德荣：《劳模精神职工读本》，工人出版社，2016。

邢永绵：《齐齐哈尔市志稿 - 工业志》，齐齐哈尔市志总编室，1999。
徐蕾：《创新采油技术的领路人——记中国著名采油工程专家王德民院士》，《中国发明与专利》2011 年第 9 期。
许俊德：《铁人王进喜》，吉林人民出版社，2013。
许梦醒、杨登峰：《马兵：不怕别人拿我和爷爷比》，《当代劳模》2013 年第 8 期。
许梦醒：《续写爷爷的传奇》，《工人日报》2013 年 9 月 3 日。
薛婧、李爱民：《哈锅站在世界锅炉技术最前沿》，《黑龙江日报》2016 年 6 月 17 日。
薛秀颖、王英武：《技校毕业的高技能人才》，《职业技术》2006 年第 11 期。
艳华、永亮等：《新中国劳动楷模——工农劳模卷》，团结出版社，2013。
杨凤城：《党的儿女　英模卷》，北京工业大学出版社，2016。
杨树德：《新中国英雄儿女传：商业服务篇》，河北少年儿童出版社，1999。
姚平、安静：《苏广铭和孙茂松》，《中国工人》1959 年第 14 期。
姚琦：《全国劳模韩振东：岗位上的“万能钉”解决难题他最行》，《中国职工教育》2010 年第 12 期。
伊春市地方志编纂委员会：《伊春市志》，黑龙江人民出版社，1995。
尹璐：《执着　奋进　热心》，《大庆日报》2011 年 3 月 25 日。
由庆祝、孙世岩：《超越渴望》，《中国工业报》2006 年 5 月 23 日。
于克勤：《“终生服务大油田，是我的荣幸”——记中国工程院院士、石油工业专家王德民》，《黑龙江经济报》2006 年 6 月 8 日。
于天夫：《“中国创造”的基石》，《哈尔滨日报》2006 年 4 月 30 日。
张福先、郑振龙：《踏着铁人足迹成长的民营企业家》，《大庆日报》2009 年 12 月 7 日。
张立红：《做知识型现代工人》，《中国航空报》2010 年 5 月 6 日。
张麟悟：《水轮机主轴临界转速的电子计算机计算探讨》，《大电机技术》1982 年第 3 期。
张麟悟：《水轮机主轴在扭矩作用下的有限元法应力计算》，《大电机技术》1982 年第 3 期。
张雅玉：《完善职工代表大会促进重组企业和谐发展》，《现代企业文化》

2012 年第 23 期。
张郁民、王峰泉、秦大雁：《云涌霞映炼塔情》，《中国石油报》2005 年 4 月 28 日。
赵化勇：《盛世中华脊梁风采——老劳模风采》，中国广播电视出版社，2010。
赵亮、姚建平：《马兵：和工友一起争做“能工巧匠”》，《黑龙江日报》2017 年 11 月 4 日。
赵鹏、孙昊、路敦英：《“大腕儿”工人尚维军》，《黑龙江日报》2006 年 4 月 28 日。
赵秋实：《为国争气的铁人王进喜》，吉林人民出版社，2011。
赵秋实：《为国争气的铁人王进喜》，吉林人民出版社，2011。
赵涛：《胡志强：踏着铁人脚步走》，《中国青年》2012 年第 11 期。
赵文昌、刘佩服、田春燕：《“智”者人生——记大庆油田公司第四采油厂二矿五区五队高级技师何登龙》，《中国石油企业》2006 年第 12 期。
郑少忠、孙杰：《牢记警字前面有个“民”——记黑龙江大庆市公安局铁人分局民警孙杰》，党建网，http://www.dangjian.cn/，最后访问日期：2018 年 7 月 10 日。
郑云：《东安汽发的进取心》，《时代汽车》2012 年第 10 期。
郑振龙、时阳：《创新，让他永远年轻》，《大庆日报》2009 年 12 月 8 日。
中工网，http://www.workercn.cn。
中共黑龙江省委党的生活杂志社编《铁人精神赞》，上海人民出版社，1990。
中共辽宁省委党史研究室：《新时期青少年学榜样读本》，万卷出版公司辽宁电子出版社，2013。
中共山东省委宣传部：《工人阶级的硬骨头：铁人王进喜》，山东文艺出版社，1996。
中国机械工业企业管理协会：《班组建设的旗帜》，机械工业出版社，2009。
中国企业管理年鉴编委会编《中国企业管理年鉴（1990）》，企业管理出版社，1990。
中国全国总工会：《中国工会百科全书（上卷）》，经济管理出版社，1998。
中国人物年鉴社：《中国人物年鉴（1998）》，中国人物年鉴社，1998。
中国商业年鉴社：《中国商业年鉴（1991）》，中国商业年鉴社，1991。

中国石油天然气集团公司思想政治工作部编《崇高榜样》，石油工业出版社，2010。

中华全国总工会：《中国工会百科全书》，经济管理出版社，1998。

中华人民共和国年鉴编辑部编《中华人民共和国年鉴2009》，中华人民共和国年鉴社，2009。

周慧钟等：《有翼导弹飞行动力学》，航空专业教材编写组，1983。

周丽艳、赵秋实：《石油工人一声吼　地球也要抖三抖》，吉林人民出版社，2011。

周霞：《十年坚韧结硕果，风雨路上铸辉煌——记牡丹江公交集团女子巴士车队成立十周年》，《人民公交》2011年第10期。

朱立彬：《不断拓宽党的群众工作基础　充分发挥工会、共青团组织桥梁纽带作用》，《科教政法》2012年第10期。

# 后　记

走近劳模，走向崇高，走进新时代，走入黑土地。

在中国共产党领导全国人民革命和建设的历程中，涌现出千千万万个英雄模范。他们的名字如璀璨的明星，照耀着后来人前行的道路，他们的功绩如不朽的丰碑，矗立在中华人民共和国的史册上，人生不能没有英模的引领。党的十九大报告提出，要“弘扬劳模精神和工匠精神，营造劳动光荣的社会风尚和精益求精的敬业风气”①。

今天，我们编写黑龙江省全国劳动模范和全国先进生产者的先进事迹，就是要弘扬“爱岗敬业、争创一流，艰苦奋斗、勇于创新，淡泊名利、甘于奉献”的劳模精神，让“劳动最光荣、劳动最崇高、劳动最伟大、劳动最美丽”蔚然成风。

合上这本沉甸甸的书稿，我们不禁发自内心由衷地赞叹。53 个劳动模范，无数个拼搏奋斗的鲜活故事，一个个熟悉的劳模形象，向我们走来，他们是新时代的劳模群体。他们中有的人可敬，有的人可爱，有的人可亲，有的人可贵，他们的事迹要薪火相传。

本书采用了国家社会科学基金重大项目《东北（辽宁）老工业基地“劳模文化”史料编纂及当代价值研究》课题组收集和整理的劳模史料。在编纂过程中，还集中收集参考了包括黑龙江省、辽宁省、吉林省档案馆的部分档案资料；中华全国总工会、黑龙江省总工会、大庆市总工会等相关文献资料；黑龙江省地方史志中的人物志、工业志、劳动志等相关文献；

① 习近平：《决胜全面建成小康社会 夺取新时代中国特色社会主义伟大胜利——在中国共产党第十九次全国代表大会上的报告》，人民出版社，2017，第 31 页。

记录梁军、铁人王进喜等劳动者亲力亲为的口述类史料，以及大庆铁人纪念馆等相关史料。在此基础上，力图客观还原和展现东北老工业基地黑龙江省全国劳模的崇高形象和事迹。

本书在编写过程中，得到中华全国总工会、黑龙江省总工会、黑龙江省档案馆、大庆铁人纪念馆、沈阳市图书馆、东北大学图书馆、东北大学马克思主义学院等相关单位同志的指导和帮助。同时，黑龙江省知名劳动模范、《东北（辽宁）老工业基地“劳模文化”史料编纂及当代价值研究》课题组主要成员在劳模史料征集、写作过程中，给予了鼎力指导与帮助。在此一并致谢！

本书主要侧重于东北老工业基地发展振兴过程中，涌现出的部分工业战线上的黑龙江省全国劳动模范，按照时间顺序，分为五章。第一章、第二章和第三章由田鹏颖主笔，第四章和第五章由李正鸿主笔。豆莹莹、杨雨檬、董任可、刘鑫棣、王慧、李明飞参与了全书的写作及资料收集整理全过程。全书由田鹏颖、李正鸿最终统稿，豆莹莹、李明飞校对。

由于黑龙江省全国劳模影响深远，群星璀璨，时间跨度较长，劳模所从事的领域众多，加之我们水平有限，书中难免有遗漏和不足之处，敬请各位学者、读者批评指正。

图书在版编目(CIP)数据

东北老工业基地劳模人物传. 黑龙江卷 / 田鹏颖,
李正鸿编著. -- 北京 : 社会科学文献出版社, 2018.11
(东北老工业基地劳模文化研究丛书)
ISBN 978-7-5201-3699-0

Ⅰ.①东… Ⅱ.①田… ②李… Ⅲ.①劳动模范-先
进事迹-黑龙江省-现代 Ⅳ.①K820.83

中国版本图书馆CIP数据核字(2018)第240688号

东北老工业基地劳模文化研究丛书
东北老工业基地劳模人物传(黑龙江卷)

---

编　　著 / 田鹏颖　李正鸿

出 版 人 / 谢寿光
项目统筹 / 曹义恒
责任编辑 / 岳梦夏

出　　版 / 社会科学文献出版社·社会政法分社(010)59367156
　　　　　地址:北京市北三环中路甲29号院华龙大厦　邮编:100029
　　　　　网址:www.ssap.com.cn
发　　行 / 市场营销中心(010)59367081　59367083
印　　装 / 三河市龙林印务有限公司

规　　格 / 开 本:787mm×1092mm 1/16
　　　　　印 张:14　字 数:222千字
版　　次 / 2018年11月第1版　2018年11月第1次印刷
书　　号 / ISBN 978-7-5201-3699-0
定　　价 / 79.00元

---

本书如有印装质量问题,请与读者服务中心(010-59367028)联系